APRENDA A VENDER E OPERAR VENDIDO
LUCRE COM A BOLSA EM ALTA OU EM QUEDA

DR. ALEXANDER ELDER

APRENDA A VENDER E OPERAR VENDIDO

LUCRE COM A BOLSA EM ALTA OU EM QUEDA

TRADUÇÃO
MAURÍCIO HISSA (BASTTER)
AUTOR DE *INVESTINDO EM OPÇÕES*

ALTA BOOKS
EDITORA
Rio de Janeiro, 2017

Aprenda a Vender e Operar Vendido — Lucre com a bolsa em alta ou em queda
Copyright © 2017 da Starlin Alta Editora e Consultoria Eireli. ISBN: 978-85-508-0146-9

Translated from original Sell and Sell Short, Copyright © 2009 by Dr. Alexander Elder. ISBN 978-0-470-18167-6. This translation is published and sold by permission of Dr. Alexander Elder, the owner of all rights to publish and sell the same. PORTUGUESE language edition published by Starlin Alta Editora e Consultoria Eireli, Copyright © 2017 by Starlin Alta Editora e Consultoria Eireli.

A editora não se responsabiliza pelo conteúdo da obra, formulada exclusivamente pelo(s) autor(es).

Marcas Registradas: Todos os termos mencionados e reconhecidos como Marca Registrada e/ou Comercial são de responsabilidade de seus proprietários. A editora informa não estar associada a nenhum produto e/ou fornecedor apresentado no livro.

Impresso no Brasil.

Obra disponível para venda corporativa e/ou personalizada. Para mais informações, fale com projetos@altabooks.com.br

---

Copidesque
Shirley Lima da Silva Braz

Editoração Eletrônica
Estúdio Castellani

Revisão
Jayme Teotônio Borges Luiz | Roberta Borges

Produção Editorial:
ELSEVIER EDITORA — CNPJ 42.546.531/0001-24

Erratas e arquivos de apoio: No site da editora relatamos, com a devida correção, qualquer erro encontrado em nossos livros, bem como disponibilizamos arquivos de apoio se aplicáveis à obra em questão.

Acesse o site www.altabooks.com.br e procure pelo título do livro desejado para ter acesso às erratas, aos arquivos de apoio e/ou a outros conteúdos aplicáveis à obra.

Suporte Técnico: A obra é comercializada na forma em que está, sem direito a suporte técnico ou orientação pessoal/exclusiva ao leitor.

CIP-Brasil. Catalogação-na-fonte
Sindicato Nacional dos Editores de Livros, RJ

E39a	Elder, Alexander, 1950- Aprenda a vender e operar vendido : lucre com a bolsa em alta ou em queda / Alexander Elder ; tradução Mauricio Hissa. – 1ª ed. – Rio de Janeiro : Alta Books, 2017. il. Tradução de: Sell&Sell Short Inclui bibliografia e índice ISBN 978-85-508-0146-9 1. Investimentos - Análise. 2. Ações (Finanças). 3. Especulação (Finanças). I. Título.
09-2534.	CDD: 332.63228 CDU: 336.761

Rua Viúva Cláudio, 291 — Bairro Industrial do Jacaré
CEP: 20970-031 — Rio de Janeiro - RJ
Tels.: (21) 3278-8069 / 3278-8419
www.altabooks.com.br — altabooks@altabooks.com.br
www.facebook.com/altabooks

Para Inna Feldman,
diretora do elder.com.
Seu cuidado, gentileza e integridade
ajudaram a desenvolver nossa empresa
na última década.

AGRADECIMENTOS

Em janeiro de 2007, enquanto o *bull market* atingia topos cada vez mais altos, eu jantava em Manhattan com Kevin Commins, meu editor na Wiley. Ele me perguntou que área não estava bem coberta na literatura dos *trades*, e respondi que eram as vendas e operações vendidas. Há centenas de livros sobre compras, mas há décadas não se publica um bom livro sobre vendas, informei a Kevin. Está na hora, porque este *bull market* está ficando velho; meus indicadores demonstram que, em 2009, podemos estar em um *bear market*. As pessoas não compram livros sobre vendas em *bull markets*. Se você conseguir que alguém escreva esse livro rapidamente, ele vai sair no clima certo – no meio de um *bear market*. "Quem você acha que poderia escrever tal livro?", Kevin me perguntou – e, daquele ponto até hoje, minha vida foi tomada por este projeto.

Estou agradecido aos bons amigos da John Wiley & Sons, com quem tem sido uma grande sorte produzir alguns livros para *traders*. Joan O'Neil, a produtora, fez com que eu me sentisse muito bem-vindo. A equipe produtora é altamente profissional e é um prazer trabalhar com eles. Paul diNovo, diretor artístico de meus livros, tem impecável bom gosto. Emilie Herman, Laura Walsh e Todd Tedesco são altamente produtivos e estão sempre à disposição para ajudar. Fora da Wiley, parece que, ao trabalhar neste livro com Joanna V. Pomeranz, Gabriella Kadar, Nancy W. Dimitry e Matt Kushinka, repeti a jornada com um grupo de velhos amigos. Ted Bonanno, meu agente, ajudou a manter a suavidade deste projeto como de tantos outros.

Minhas filhas ajudaram a editar este livro. Miriam é jornalista em Moscou e Nika está trabalhando em seu doutorado em Princeton, mas ambas encontraram tempo em suas agendas ocupadas para rever o manuscrito e fazer sugestões construtivas. Carol Keegan Kayne, a guardiã confiável contra a indolência e a imprecisão, fez a revisão final, corrigindo os erros que teriam passado pelos olhos de qualquer outra pessoa.

Kerry Lovvorn, *trader* em Alabama e meu codiretor do Grupo Spike, generosamente ajudou a produzir muitos dos gráficos deste livro. Jeff Parker, *trader* e membro do Grupo Spike na Carolina do Norte, leu o manuscrito e fez algumas perguntas difíceis que ajudaram a melhorar a obra. Patricia Liu prestou ajuda inestimável, à medida que eu lia o manuscrito para ela, para ter certeza de que ele fluía bem. Enquanto isso, Inna Feldman, minha administradora na elder.com, dirigiu a companhia sozinha por semanas, garantindo que eu tivesse tempo suficiente para escrever e editar.

Estou muito agradecido, sem a ajuda de vocês este livro provavelmente não veria a luz do dia, ou ainda que visse, a qualidade não seria a mesma. Muito obrigado!

Dr. Alexander Elder
New York
Março de 2008

O Autor

Alexander Elder, M.D., é *trader* profissional e professor de *traders*. É autor de *Como se transformar num operador e investidor de sucesso* e de *O guia prático: como se transformar num operador e investidor de sucesso*, considerados clássicos modernos entre os *traders*. Publicados pela primeira vez em 1993, esses best-sellers internacionais foram traduzidos para mais de 12 línguas e vêm sendo utilizados para educar *traders* pelo mundo. *Aprenda a operar no mercado de ações* foi nomeado um dos Livros do Ano da Barron em 2002. Seu *Entries & Exits: Visits to Sixteen Trading Rooms* foi nomeado Livro do Ano pela *Revista SFO*. Também escreveu *Rubles to Dollars: Making Money on Russia's Exploding Financial Frontier* e *Straying from the Flock: Travels in New Zealand*.

Dr. Elder nasceu em Leningrado e cresceu na Estônia, onde frequentou a escola de medicina aos 16 anos. Aos 23, enquanto trabalhava como médico de um navio, fugiu na Costa Africana e recebeu asilo político nos Estados Unidos. Trabalhou como psiquiatra na cidade de Nova York e deu aulas na Columbia University. Sua experiência como psiquiatra forneceu-lhe uma visão única na psicologia dos *trades*. Os livros, artigos e revisões do Dr. Elder fizeram com que ele se estabelecesse como um dos mais respeitados especialistas em *trading*. Muitos de seus próprios *trades* aparecem neste livro.

Criou os Campos de *Trades* – classes e palestras para *traders* durante um fim de semana. Também é fundador do Grupo Spike, cujos membros são *traders* profissionais e semiprofissionais. Eles dividem suas melhores escolhas de ações para *trades* e competem por prêmios entre eles. Dr. Elder continua a operar, conduz *webinars* para *traders* e faz palestras nos Estados Unidos e no exterior.

Os leitores deste livro são bem-vindos para solicitar uma subscrição grátis em sua *newsletter* eletrônica entrando em contato com seu escritório:

Elder.com
PO Box 20555, Columbus Circle Station
New York, NY 10023, USA
Tel.: 718.507.1033
e-mail: info@elder.com
website: www.elder.com

Prefácio à edição brasileira

Assim como os seres humanos devem inspirar e expirar, o mercado acionário deve ir para cima e para baixo. Se uma pessoa só pudesse inalar, seu pulmão explodiria. A redução dos preços praticados no mercado de ações é tão normal quanto exalar.

Árvores não crescem para alcançar o céu, e cada rali deve chegar a um fim. Surpreendentemente, a maioria dos *traders* e investidores só sabe como comprar durante os ralis e não está preparada para a queda dos preços. Isso é especialmente verdadeiro nos mercados emergentes. Os operadores dos Estados Unidos e de muitos países europeus têm uma longa experiência de quedas do mercado e até mesmo *crashes*. Houve um *crash* em Londres já em 1720, e o mercado dos Estados Unidos desabou em 1929. As melhores oportunidades de compra sempre surgem após *crashes* – assim como novas árvores em uma floresta crescem melhor após um incêndio.

Conforme a Bovespa explodiu de 10.000 pontos em 2002 e para mais de 70.000 pontos em 2008, uma nova geração de investidores e *traders* entrou no mercado sabendo apenas como comprar ações em alta. Agora, os *traders* mais sérios de mercados mais jovens, como o Brasil, estão aprendendo a operar no mercado em queda. Espero que a publicação deste livro no Brasil o ajude a proteger seus lucros durante as altas do mercado e se beneficiar nas quedas.

Na primeira parte, vamos discutir compra – como selecionar ações, gestão de riscos e como manter bons registros. Você vai saber por que cada *trade* merece um planejamento completo. Este plano deve conter três números – o preço pelo qual você vai comprar, o preço no qual vai realizar lucro e o preço a que irá colocar seu *stop* protetor. Discutiremos a forma de estabelecer os três números antes de comprar.

A segunda parte deste livro é dedicada à venda. Iremos rever várias regras e técnicas para a fixação de metas de lucro. Você aprenderá a transformar seu lucro no papel em dinheiro real. Vamos discutir também a proteção de suas operações. Cada *trade* deve ter uma ordem de *stop-loss* – um *trade* sem um *stop* é uma aposta. Juntos, vamos conhecer várias técnicas de colocação de *stop*: algumas para investidores de longo prazo, outras para *traders* de curto prazo.

Na terceira parte, vamos discutir técnicas que os profissionais adotam para lucrar na queda do mercado. O mercado é uma via de mão dupla, e devemos estar preparados para operar em ambas as direções. As ações caem pelo menos duas vezes mais rápido do que sobem. Operar vendido promete lucros mais rápidos do que nas compras, mas requer reflexos mais rápidos também. Aqui você vai ver como os profissionais operam na venda e tiram vantagem das quedas de preço.

Os mercados correm através de emoções humanas. Há sempre uma nuvem de otimismo feliz perto do topo e uma piscina de profunda ansiedade perto do fundo. Um *trader* inteligente se posiciona em oposição às emoções do público, tornando-se mais cauteloso durante os ralis de alta e indo às compras depois que o mercado cai.

Estou grato à Campus/Elsevier por publicar meu livro, trazendo-o para os *traders* brasileiros. O rápido crescimento da economia do Brasil garante que seu país verá novos ralis de alta nos mercados. Também assistirá a quedas à medida que o mercado amadurece. Estou olhando de perto o mercado brasileiro e faço comentários sobre ele a cada fim de semana em um blog em www.spiketrade.com. Espero que meu livro o ajude a proteger seus lucros durante os ralis de alta, a evitar danos maiores durante as quedas e se aproveitar dos *bear markets*.

Desejo-lhe sucesso!

Dr. Alexander Elder
Nova York, janeiro de 2009

Apresentação à edição brasileira

Como me especializei no mercado em operações com opções e na compra de ações para longo prazo (*Buy and Hold*), e nunca usei muita análise técnica, não havia me interessado muito pelos livros do Dr. Alexander Elder.

Claro que, como todo mundo que vive o mercado, conhecia sua fama e muitas de suas ideias. Como coordeno um fórum de mercado financeiro em www.bastter.com/forum, sempre me deparava com passagens de seus livros ou com pessoas interessadas em análises técnicas citando seus livros.

Quando a Editora Campus/Elsevier me propôs traduzir um livro do Elder, aceitei na hora. Já era mais do que hora de conhecê-lo e sempre gosto de ver outras abordagens do mercado diferentes da minha. Sempre há o que aprender com métodos diferentes do seu.

Mas qual não foi minha surpresa quando comecei a traduzir o livro e, ao invés de ver diferenças, cada vez via mais semelhanças. Sim, Elder é um *trader* que usa análise técnica e eu, um *holder* que usa fundamentos. Mas e daí?

Daí que, no fundo, o que conta mesmo é a gestão adequada de capital, o estudo sério para o desenvolvimento de estratégias próprias e o desenvolvimento do operador, sendo esta última parte, como sempre digo no fórum e o Elder confirma, a mais difícil de atingir.

Como eu já esperava, um *trader* sério e profissional que usa análise técnica não é um metido a oráculo deslumbrado com a bolsa que acha que vai ficar rico em alguns meses. Nada disso. A atividade do *trader* é altamente complexa e requer muito preparo. E a análise técnica é algo sério, e não uma fantasia de adivinhar o futuro. Não sou eu quem diz, é o Dr. Alexander Elder que demonstra em seu livro.

Para os *traders* de curto ou de longo prazo, este é um livro essencial, pois a maioria tem noções de como comprar, mas onde vender é o que decide o lucro de sua compra. E mais: neste livro, Elder demonstra também as oportunidades de operar vendido e ganhar com a queda do mercado. Um *trader* sério não pode chutar somente com uma perna. Claro que você pode se especializar em compras, mas essa tem de ser uma opção sua, e não fruto de sua ignorância quanto a vendas. E mesmo quem só compra tem de aprender onde vender o que comprou.

Para quem usa análise técnica, seja nos *trades* ou nas operações de prazos maiores, este livro é essencial, pois a abordagem da análise técnica por Elder é preciosa. Simples e direta. Ele demonstra de forma totalmente clara como traçar suas estratégias, como planejar e depois como executá-las. Como determinar preços-alvo para realizar lucros e preços de *stop* a fim de se proteger das perdas. Como li tantas vezes em meu fórum, hoje não tenho mais dúvida: Elder é um craque em análise técnica!

E os *holders* como eu? Temos muito a aprender neste livro, pois os conceitos de gestão de capital e de risco e, acima de tudo, a abordagem da parte emocional do operador servem a qualquer um que opera bolsa, não importa o período de suas operações. Por ser psiquiatra, Elder aborda como ninguém os aspectos psicológicos do operador de bolsa. E as pressões psicológicas são imensas, não importa como nem o que você opere na bolsa. As perdas em consequência do abalo emocional são extremamente comuns.

Eu poderia resumir que, para vencer na bolsa, você precisa de:

1. Conhecimento teórico sobre as estratégias que pretende implementar
2. Habilidade e preparo emocional para executar essas estratégias

Neste livro, Elder aborda magistralmente os dois aspectos. Vemos muitos livros abordando o item 1, mas não tantos sobre o item 2. E o item 2, que considero o mais complexo e difícil de desenvolver, é comum a todos os operadores de bolsa, não importa de que forma eles operem.

Depois de ler e traduzir este livro, sinto-me mais preparado para vencer na bolsa, pois são grandes os ensinamentos contidos nele. Recomendo-o a todos, e quem quiser tirar dúvidas sobre a tradução, o livro, as notas colocadas por mim ou simplesmente bater um papo sobre a bolsa, espero no www.bastter.com/forum.

Maurício "Bastter" Hissa

Introdução

Há um tempo para crescer e um tempo para decair. Um tempo para plantar e um tempo para colher.

Aquele lindo cachorrinho correndo para lá e para cá no seu escritório algum dia vai se tornar um cachorro velho e decrépito que você terá de levar ao veterinário para livrá-lo de seu sofrimento.

Aquela ação comprada com grande esperança e que você viu crescer agora entrou em decadência e está diminuindo seu capital ao invés de aumentá-lo. É hora de procurar uma saída.

Este é um livro sobre vendas.

Comprar é divertido. Cresce a partir da esperança, grandes expectativas, pulmões cheios de ar. Vender é difícil, um negócio difícil e muitas vezes triste, como levar aquele pobre cachorro velho ao veterinário para a misericordiosa injeção. Mas você precisa vender. E é disso que este livro trata.

E assim que conversarmos sobre vender – aquela realidade dura e fria no fim de quase todos os *trades** – não vamos mais parar. Vamos conversar sobre operar vendido.** Amadores não sabem como operar vendido e

---

*Nota do Tradutor: *Trades* quer dizer operações na bolsa e *trader*, um operador; como no Brasil usamos mais os termos em inglês, deixaremos assim no livro.

**Nota do Tradutor: Nos Estados Unidos, há dois termos para vendas: *Sell*, que denota a venda do que você tem, ou seja, apenas uma zeração de uma operação comprada anteriormente. E *Sell Short*, quando você realmente opera vendido, ou seja, vende o que não tem, pretendendo lucro se o ativo cair de preço, para recomprá-lo mais baixo. Não temos um termo em português que diferencie bem esta situação, portanto ao longo do livro utilizaremos "vendas" ou "vender" para operações em que se vende o que se tem e "operar vendido" para operações em que se inicia pela venda, vendendo o que não se tem, e pretendendo ganhar na queda do mercado.

têm medo disso, mas profissionais amam operar vendido e ter lucro nas quedas.

As ações caem muito mais rapidamente do que sobem, e um operador que sabe operar vendido dobra suas oportunidades. Mas antes de operar vendido, você tem de aprender a vender e vender bem.

Então vamos aprender a vender.

POR QUE VENDER?

Compramos quando estamos otimistas – ou com medo de perder uma boa coisa. Possivelmente você lê uma história sobre um novo produto ou ouviu rumores sobre uma fusão. Talvez você tenha feito uma busca técnica ou encontrado um padrão gráfico promissor na tela. Você tinha algum dinheiro na sua conta e ligou para o corretor ou foi no homebroker e colocou uma ordem de compra.

Você recebeu uma confirmação – agora você é proprietário da ação. É aqui que o estresse começa.

Se a ação fica de lado e não vai a lugar algum você fica inquieto. Será que você escolheu a ação errada de novo? Outras ações estão subindo – você deveria vender a sua?

Se a sua ação começa a subir, surge uma forma diferente de ansiedade. Será que já é hora de realizar lucros, será que você deve aumentar a posição, ou é melhor não fazer nada? Não fazer nada é difícil, especialmente para os homens que ouvem desde pequenos "Não fique aí parado, faça alguma coisa!".

Quando a ação cai, a ansiedade se mistura à dor: "Vou vender assim que voltar ao preço de compra."

Por mais estranho que possa parecer, a posição mais confortável psicologicamente para a maioria dos *traders* é uma pequena queda da ação. Não tão intensa para ser dolorosa e com a ação próxima do seu preço de compra não há provavelmente muita razão para vender. Sem nenhuma atuação necessária, você tem a desculpa perfeita para não fazer nada. É ótimo não ter de tomar decisões! É assim que um pequeno prejuízo pode ir gradualmente se tornando maior e pior.

Se você jogar um sapo em uma panela de água quente, ele irá pular, mas se você for aquecendo a água vagarosamente, você vai cozinhá-lo vivo. Os *traders* sem nenhum plano organizado e claro de venda podem ser cozidos vivos.

A pior hora para tomar qualquer decisão, incluindo a de vender, é quando você se sente na mira da arma. Por isso sugiro a elaboração de um plano antes de entrar em um *trade* (Veja, no Capítulo 3, "Como documentar seu plano operacional"). Um bom planejamento deve delinear as razões para entrar em um *trade*, e definir o preço de entrada, um *stop** protetor e um objetivo de lucro. Definir seus pontos de *stop* e de realização de lucros significa tomar a decisão de vender. Estabelecer essas decisões *antes* de entrar no *trade* permite que você use o cérebro em vez de ficar pulando por causa do calor, como o sapo.

Os psicólogos já provaram que a qualidade das decisões sob estresse é pior do que aquelas tomadas em estado mental calmo e relaxado. Você tem mais probabilidade de tomar melhores decisões, aumentar seus lucros, e reduzir suas perdas se elaborar um plano de venda *antes* de comprar uma ação.

Um plano escrito acarreta uma façanha incrível: aumenta seus lucros e diminui suas perdas!

Então por que não fazê-lo?

Duas razões. Primeiro, a maioria dos *traders* nunca teve a oportunidade de aprender o que você acabou de ler. Os iniciantes e os amadores simplesmente não têm esse conhecimento.

A outra razão é que as pessoas gostam de sonhar. Um plano escrito vai de encontro aos sonhos dourados dos *traders*. É uma sensação muito boa se encostar na cadeira e se perder em fantasias de riqueza fácil. Se sentar reto e escrever seus objetivos e um plano de contingência acabam com a fantasia.

Todos nós gostamos de sonhar acordados, mas já que você adquiriu este livro, vou presumir que escolheu o prazer do dinheiro de verdade e não o sonho de riqueza fácil. Você provavelmente quer aprender a vender para ganhar mais dinheiro enquanto arrisca menos.

Nesse caso, estamos na mesma página. Mas antes que você escreva seu plano de vendas, vamos rever alguns dos princípios básicos da compra. Também temos que discutir os dois fatores principais que separam os vencedores dos perdedores – gerenciamento de capital e um diário de *trades*. Com esse conhecimento estaremos prontos para focar nas vendas e operar vendido.

---

*Nota do Tradutor: *Stop* ou *Stop-loss* é o preço no qual você vai interromper a operação saindo do *trade*. No Brasil utiliza-se o termo em inglês.

SUMÁRIO

Introdução	XV
POR QUE VENDER?	XVI

PARTE I Como Comprar, Gerenciar Risco e Manter Registros	I
A DISTÂNCIA ENTRE PREÇO E VALOR	2
Capítulo 1 Como Comprar	5
OS TRÊS GRANDES DIVISORES	5
ANÁLISE TÉCNICA *VERSUS* FUNDAMENTALISTA	7
OPERAR NA TENDÊNCIA *VERSUS* CONTRATENDÊNCIA	10
O *TRADE* DISCRICIONÁRIO *VERSUS* SISTEMÁTICO	12
A CAIXA DE FERRAMENTAS DO *TRADER*	14
O ÍNDICE NOVO TOPO-NOVO FUNDO	19
Capítulo 2 Psicologia do Trading e Gestão de Risco	25
SUA MENTE COMO UMA FERRAMENTA OPERACIONAL	25
SOBRE SER DISCIPLINADO	27
SOBRE SER BENEVOLENTE CONSIGO MESMO	29
CONTROLE DE RISCO	32
A SOLUÇÃO DOS 2% – PROTEÇÃO CONTRA TUBARÕES	34
A REGRA DOS 6% – PROTEÇÃO CONTRA PIRANHAS	36
Capítulo 3 Sobre Manter Registros	39
BONS REGISTROS LEVAM A BOAS OPERAÇÕES	39
A PLANILHA DO *TRADER* – CONTABILIDADE BÁSICA	40
O DIÁRIO DE OPERAÇÕES – SUA CHAVE PARA O SUCESSO DURADOURO	41
COMO DOCUMENTAR SEU PLANO OPERACIONAL	48
O MÉTODO DE MARGRET – COLOQUE NA PAREDE	53
O MÉTODO DE FRED – UM *TRADE* CHIHUAHUA	54
COMO GRADUAR SEU DESEMPENHO	55
COMO GRADUAR SUAS ENTRADAS E SAÍDAS	56
COMO GRADUAR SUAS OPERAÇÕES	58
DOIS TIPOS DE COMPRAS	60

PARTE II Como Vender	65
OS TRÊS TIPOS DE VENDAS	67
Capítulo 4 Vendendo em um Alvo	69
VENDENDO EM UMA MÉDIA MÓVEL	71
VENDENDO EM ENVELOPES OU CANAIS	79
VENDENDO EM NÍVEIS DE RESISTÊNCIA	92

Capítulo 5   Vendendo em um *Stop* — 106

O TRIÂNGULO DE FERRO — 109
ORDENS A MERCADO OU LIMITADAS — 111
STOPS RÍGIDOS E FLEXÍVEIS — 113
UM MAU LUGAR — 115
REDUZINDO OS DESLIZES – ENCURTADOS POR UM CENTAVO — 121
O *STOP* DO NIC – ENCURTADO POR UM DIA — 123
QUANDO USAR *STOPS* MAIS AMPLOS — 130
STOPS MÓVEIS — 133
UM *STOP* NA ZONA DE SEGURANÇA — 136
STOPS MÓVEIS PELA QUEDA DA VOLATILIDADE — 138

Capítulo 6   Vendendo "Barulho do Motor" — 143

MOMENTUM ENFRAQUECENDO — 144
UMA SAÍDA DE "BARULHO DO MOTOR" DE UM *TRADE* DE CURTO PRAZO — 146
UMA SAÍDA DISCRICIONÁRIA DE UM *TRADE* DE LONGO PRAZO — 150
VENDENDO ANTES DOS BALANÇOS — 155
O MERCADO TOCA UM SINO — 160
OPERANDO COM O ÍNDICE NOVO TOPO-NOVO FUNDO — 165
A ÁRVORE DE DECISÓES PARA AS VENDAS — 167

PARTE III   Como Operar Vendido — 175

Capítulo 7   Operando Vendido em Ações — 179

SUAS PRIMEIRAS OPERAÇÕES VENDIDAS — 184
A ASSIMETRIA DE TOPOS E FUNDOS — 187
ABRINDO VENDAS NOS TOPOS — 189
OPERANDO VENDIDO EM TENDÊNCIAS DE BAIXA — 194
OPERANDO VENDIDO DE ACORDO COM FUNDAMENTOS — 198
ENCONTRANDO AÇÓES PARA ABRIR VENDA — 205
O INTERESSE NAS VENDAS — 210

Capítulo 8   Operando Vendido em outros Ativos — 216

OPERANDO VENDIDO EM FUTUROS — 217
LANÇANDO OPÇÕES — 226
FOREX — 235

Conclusão — 241

LIDANDO COM OS LUCROS – O DIVIDENDO PESSOAL — 243

Referências — 246

Índice — 248

PARTE I

COMO COMPRAR, GERENCIAR RISCO E MANTER REGISTROS

Massas de *traders* se amontoam nos mercados, atrás de lucros. Todo *trader* sério sabe que precisa de uma vantagem – um método para descobrir as oportunidades e colocar as ordens de compra ou de venda para ficar à frente da maioria dos competidores. Uma pequena vantagem, combinada com muita disciplina, é a chave para obter lucros sólidos.

Todo profissional sabe qual é sua vantagem e de onde provavelmente virão os lucros. Um iniciante não se preocupa com esses conceitos. Ele pode comprar hoje porque, na noite passada, leu sobre um fundo com ombro-cabeça invertido. Ele pode comprar amanhã porque certa notícia chamou sua atenção. Ele não tem um conceito claro sobre compras. Ele não tem vantagem alguma.

Todos nós passamos por esse estágio de ignorância inicial. Para se mover para além dele e passar ao *trading* lucrativo, é necessário que você tenha um conceito do que exatamente está tentando comprar ou vender.

Se você encontrar um nicho lucrativo, outros podem rapidamente vir para ele e reduzir seus retornos. Seus lucros estão sempre sob ameaça, enquanto os perigos estão sempre presentes. A competição é intensa. Para se manter com lucro nos mercados e manter a equidade, você precisa definir e programar um conceito de operações bem simples e à prova de balas.

A DISTÂNCIA ENTRE PREÇO E VALOR

Minha longa busca por uma vantagem me levou a estudar a diferença entre preço e valor. O conceito é bem simples: preço e valor não são a mesma coisa. O preço pode estar abaixo do valor, acima dele ou igual. A distância entre preço e valor pode ser grande ou pequena, e aumentando ou diminuindo em qualquer dado momento. Surpreendentemente, poucas pessoas estão cientes da janela sempre variável entre preço e valor, embora vejam imediatamente quando você aponta para elas.

O conceito é simples, mas transformá-lo em um método operacional não é tão fácil assim.

Todos sabem sobre o preço – você lê os números numa etiqueta de preços ou vê a cotação de uma ação na tela. Qualquer criança pode dizer o preço de uma bala. Todos nós conhecemos preços, mas poucas pessoas sabem definir valor. E acompanhar suas variações. Se você pode fazer isso, suas decisões de compra ou venda não se baseiam somente nos preços. Você pode comprar quando o valor estiver aumentando ou operar vendido quando o preço estiver muito acima do valor.

A maioria das decisões de compra se baseia na percepção, embora vaga, de que o preço está abaixo do valor. A maioria das pessoas compra quando pensa que a massa não reconhece o valor verdadeiro do instrumento negociado. Eles pensam que enxergam adiante da multidão e esperam ganhar dinheiro quando a massa finalmente consegue ver o que eles estão vendo e, com isso, empurra os preços para cima. Os traders compram quando pensam que algum evento futuro aumentará o valor de seu instrumento de negociação.

Eu me tornei ciente do *gap** entre preço e valor décadas atrás, durante uma rápida palestra dada por J. Peter Steidlmayer. Ao ouvir esse *trader* de

---

*Nota do Tradutor: No Brasil, o termo *gap* é usado no mercado com o mesmo significado que em inglês, denotando janela, distância, espaço, diferença. Quando o autor fala em *gap* entre preço e valor, quer dizer que há uma diferença entre ambos, tal como traduzido aqui, mas, ao longo do texto, também uso o termo *gap*, muito utilizado no mercado brasileiro.

Como Comprar, Gerenciar Risco e Manter Registros

pregão de Chicago, que também é autor, imediatamente percebi o valor do conceito. Naquela época, eu não tinha ideia de quantos anos eu gastaria tentando incluí-lo em minhas operações.

Poucos *traders* técnicos chegam a pensar ao menos sobre a diferença entre preço e valor. Analistas fundamentalistas estão muito mais antenados com essa ideia, mas não a possuem – os analistas técnicos também podem utilizá-la.

Faz sentido comprar abaixo do valor e vender acima dele.

Para implementar essa ideia, temos de responder a três questões – como definir valor, como acompanhar suas variações e como medir a distância entre preço e valor.

CAPÍTULO 1

Como Comprar

O *trading* de sucesso requer confiança; mas, de forma paradoxal, também demanda humildade. Você tem de perceber que os mercados são enormes e não há possibilidade de você aprender tudo que existe para conhecê-los. Seu conhecimento dos mercados nunca poderá ser completo.

Você precisa se especializar em determinada área de pesquisa e trading. É possível comparar os mercados financeiros com a medicina; um médico moderno não pode ser especialista em cirurgia, oftalmologia, psiquiatria, obstetrícia e pediatria. Tal conhecimento universal pode ter sido possível séculos atrás, mas o campo moderno da medicina se tornou tão grande que todos os médicos precisam se especializar. Eles precisam escolher uma ou talvez duas áreas e se especializar nelas. Fora dessas áreas, eles precisam saber apenas o suficiente para evitar problemas.

OS TRÊS GRANDES DIVISORES

Um *trader* sério precisa se especializar da mesma forma que um médico sério. Ele tem de escolher uma área de pesquisa e *trade* que o atrai. Aqui estão algumas das escolhas fundamentais que um *trader* tem de fazer:

- **Técnico *versus* Fundamentalista**
  A análise fundamentalista estuda os valores das companhias listadas ou as equações de oferta e procura para as *commodities*.* Os analistas técnicos, por outro lado, acreditam que a soma total do conhecimen-

---

Nota do Tradutor: *Commodities* são mercadorias como ouro, café, boi gordo, petróleo etc. Em geral, são negociadas nas Bolsas de Mercadorias e Futuros.

to acerca de qualquer mercado se reflete em seu preço. Os analistas técnicos estudam padrões gráficos e indicadores para determinar se os *bulls* ou os *bears** têm mais chances de vencer a rodada atual do jogo. Não precisa nem dizer que há alguma mistura entre as duas áreas. Muitas vezes, fundamentalistas sérios olham gráficos, enquanto analistas técnicos sérios podem ter alguma ideia dos fundamentos do mercado que estão operando.

- **Tendência e Contratendência**

  A maioria dos gráficos demonstra uma mistura de movimentos direcionais e áreas de *trades*. Os iniciantes se fascinam com tendências poderosas: se eles pudessem comprar no fundo, claramente visível no meio do gráfico, e se manter comprados durante o rali subsequente, poderiam ganhar muito dinheiro e de forma bem rápida. Os *traders* mais experientes sabem que as tendências, tão claras no meio do gráfico, vão se tornando cada vez mais confusas à medida que você aproxima o lado direito da tela. Montar em uma tendência é igual a montar um cavalo selvagem que tenta derrubar você a cada volta. Operar tendências é muito mais difícil do que parece. Ao mesmo tempo, um dos poucos fatos cientificamente provados sobre o mercado é que eles oscilam. Eles continuamente balançam entre estar sobreavaliados e subavaliados. Os *traders* contrários à tendência capitalizam essas variações do mercado conforme operam contra os extremos, tentando vender nos topos e comprar nos fundos.

- **Discricionários**** *versus* **Sistemáticos**

  Aplicar seus estudos e indicadores em um gráfico pode ser um processo excitante e sedutor. *Traders* discricionários estão sempre pesquisando seus indicadores e gráficos conforme decidem comprar, vender ou não fazer nada. Alguns *traders* gostam desse jogo, enquanto outros se estres-

---

*Nota do Tradutor: *Bulls* = Compradores. *Bull Market* = Mercado de alta. *Bears* = Vendedores. *Bear Market* = Mercado em queda. Os termos em inglês são constantemente utilizados pelos operadores brasileiros.

**Nota do Tradutor: No inglês, *discretionary traders*, que, na ausência de expressão melhor, foi traduzido como *traders* discricionários. No dicionário, o termo "discricionário" tem o seguinte significado que nos interessa: *livre de condições*; *não limitado* (*Dicionário Michaelis Online*). "Os *traders* discricionários seriam aqueles que mantêm a liberdade de decidir durante o *trade*, enquanto os *traders* sistemáticos utilizam regras fixas, que podem ser automatizadas." (Definição gentilmente cedida por Osvaldo Balé, O Alchemist.)

Como Comprar 7

sam com essa necessidade permanente de tomar decisões. Os *traders* de sistemas preferem encher um computador de dados, testar uma amostra de dados para comprar ou vender, e depois ligar o sistema e seguir seus sinais.

Outra decisão-chave nos mercados envolve decidir se o foco principal serão ações, futuros, opções ou forex. Você pode querer se especializar ainda mais, escolhendo um grupo específico de ações ou um ou dois futuros específicos. Não importa qual seja o ativo escolhido, será produtivo definir seu trabalho entre os três eixos: fundamentalista/técnico, tendência/contratendência e discricionário/sistemático. Ser claro quanto ao que você gosta ou não evitará que você fique pulando de mercado em mercado, da forma que muitos fazem.

É importante perceber que, em cada uma dessas grandes divisões, ambos os lados têm o mesmo valor. Sua escolha dependerá primariamente de seu temperamento. *Traders* profissionais tem uma mente aberta. Eles estão sempre curiosos sobre as opiniões dos outros e têm respeito em relação a eles. Somente os principiantes arrogantes se consideram melhores do que os que fizeram outras escolhas.

ANÁLISE TÉCNICA *VERSUS* FUNDAMENTALISTA

Um analista fundamentalista ocupa seu tempo calculando o valor da empresa que uma ação representa. Ele avalia os lucros da companhia, posição competitiva, administração e outros fatores. Os analistas fundamentalistas de *commodities* estudam oferta e procura de seus mercados. Por exemplo, quando as regiões plantadoras de laranjas de um país esperam um período de intensas nevascas e geadas, analistas fundamentalistas sabem que o valor da produção que sobreviver subirá e que os preços irão seguir. As grandes questões passam a ser qual porção da colheita provavelmente será perdida e o que acontecerá com a demanda em resposta a um aumento de preços.

Um analista técnico puro pode não se preocupar com os lucros, a geada ou uma onda de calor. Tudo que ele quer é a cotação, ou um símbolo, e uma história de transações que recuam até certa época. Ele espera captar algum padrão repetitivo a partir da história e operá-lo com lucro.

A pureza total e outras formas de extremismo podem atrair os iniciantes, mas um indivíduo mais maduro não tende a ver os mercados em preto e branco. É perfeitamente normal sentir-se mais atraído por análise técnica ou fundamentalista. Mas um *trader* experiente, seja ele fundamentalista ou técnico, não rejeita o outro ponto de vista mas tenta olhar os mercados por ambas as visões.

Não importa se você se inclina em direção à análise fundamentalista ou técnica, você precisa ter curiosidade acerca de como vive o outro lado. O grande Warren Buffett, provavelmente o maior analista fundamentalista e gestor de capital nos Estados Unidos, diz que pessoas que não olham para os preços são iguais a jogadores de cartas que não olham as cartas. Meu coração está na análise técnica, mas, sempre que me interesso por uma ação, gosto de fazer diversas perguntas fundamentalistas. Definitivamente, quero saber a que setor industrial ela pertence. Vou preferir operar a ação de um setor em crescimento como nanotecnologia ou telecomunicações a fazê-lo com uma ação de um setor decadente. Além disso, tendo a me manter longe de operar vendido em ações e futuros ligados ao setor de energia, por causa das minhas preocupações com o Hubbert's Peak,[1]* que prevê redução dos suprimentos de energia nos próximos anos.

O problema com a análise fundamentalista é que os valores mudam vagarosamente, enquanto os preços flutuam com rapidez para tudo que é lado. Um de meus alunos resumiu o problema quando disse: "Os preços estão conectados aos valores por um elástico de 1km" (veja a Figura 1.1).

Enquanto os fundamentalistas procuram por valor nas longas linhas e colunas de suas planilhas, um analista técnico pode identificar valores rapidamente em qualquer mercado utilizando apenas algumas ferramentas simples. Meu método favorito para descobrir valor é usando uma média móvel exponencial – duas médias móveis, para ser exato.

As médias móveis identificam os níveis de valores com os quais a maioria dos participantes do mercado concorda (veja Figura 1.2). Uma média móvel crescente mostra que o valor está aumentando, enquanto uma média móvel decrescente nos diz que o valor está caindo.

---

[1] De Deffeyes, Kenneth S. *Hubbert's Pek: The Impending World Oil Shortage* (Princeton University Press, 2003).

Nota do Tradutor: Hubbert's Peak – Teoria criada pelo eminente geologista King Hubbert, que afirmava que, por volta de 2004-2008, a extração de petróleo atingiria metade das reservas mundiais, ou seja, metade das reservas mundiais já teria sido consumida. Isso faria com que os preços do petróleo se tornassem progressivamente maiores.

Como Comprar

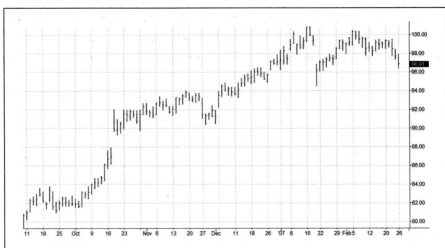

Figura 1-1 A dificuldade com a Análise Fundamentalista

O dilema do fundamentalista: este gráfico diário da IBM demonstra que, enquanto o valor da companhia está aumentando, a tendência de alta pode ser qualquer coisa, menos estável. Você pode ver movimentos violentos na direção da tendência, bem como contrário a ela. Dia após dia, os preços se modificam, com a companhia avaliada em 1% a mais ou 1% a menos, na ausência de qualquer notícia expressiva. Os preços estão ligados aos valores por meio de um elástico de 1km, fazendo com que o destino do fundamentalista seja bem mais difícil.

Um *trade* é um acordo entre um comprador e um vendedor. Como eles negociam no meio da massa de todo o mercado, seu *trade* representa um consenso momentâneo não só entre as duas pessoas, mas para toda a massa como um todo. Se toda piscada em sua tela representa um consenso temporário de valor, então uma média móvel representa uma fotografia composta, um consenso de longo prazo.

Uma média móvel mais rápida representa um consenso de curto prazo. Uma média móvel mais lenta representa um consenso de longo prazo. Chamo a área entre as duas linhas de "a zona do valor".

Usar médias móveis para identificar valor ajuda a diferenciar entre dois tipos diferentes de *trading*. Um *trader* que segue a tendência quer comprar quando os preços recuam em direção a uma média móvel crescente. Um *trader* contrário à tendência reconhece quando os preços se afastam muito da zona de valor, e se prepara para operar o retorno para a área de valor.

> ## Médias Móveis
>
> Um preço único não lhe diz se a massa está compradora ou vendedora – somente uma única foto não diz a você se alguém é otimista ou pessimista. Se, por outro lado, alguém trouxer 10 fotos de uma pessoa para um laboratório e fizer uma fotografia combinada, ela revelará as características típicas daquela pessoa. Se você atualizar a fotografia combinada todos os dias, poderá monitorar tendências de humor da pessoa.
>
> Uma média móvel serve como uma fotografia composta continuamente atualizada do mercado – ela combina os preços de diversos dias. O mercado é composto por grandes multidões, e uma média móvel identifica a direção do movimento da massa.
>
> A mensagem mais importante de uma média móvel é a direção de sua inclinação. Quando ela sobe, demonstra que a massa está se tornando mais otimista – compradora, com expectativa de alta. Quando cai, demonstra que a massa está se tornando mais pessimista – vendedora, com expectativa de queda.
>
> Adaptado de *Como se transformar num operador e investidor de sucesso*
> Dr. Alexander Elder
> Campus/Elsevier, 2004

OPERAR NA TENDÊNCIA *VERSUS* CONTRATENDÊNCIA

Dê uma olhada no gráfico da Figura 1.2, e os argumentos a favor ou contra a tendência, ou *trading* contratendência, para operar contra a tendência saltam sobre você. Você pode reconhecer facilmente uma tendência de alta: quando os preços correm do canto inferior esquerdo para o canto superior direito, não é necessário ser analista técnico para identificar um *bull market* (mercado em alta). Parece simples demais comprar e guardar – até você perceber que essa tendência, assim como qualquer outra, é clara e fácil de ver somente em retrospecto. Se você estivesse em uma posição comprada,* estaria pensando todo dia, talvez até toda hora, se a tendência de alta estaria acabando. Tentar montar e viajar numa tendência é como tentar montar um cavalo selvagem que fica tentando derrubá-lo e, algumas vezes, rola no chão para se livrar de você. Manter-se firme requer grande quantidade de trabalho mental!

---

*Nota do Tradutor: Da mesma forma que usam *short* para denotar uma posição vendida nos Estados Unidos, utilizam *long* para uma posição comprada. E por que isso? Há regras que impedem que se mantenha uma posição vendida em ações por um longo período, mas comprado pode-se ficar por quanto tempo quiser, até mesmo por anos. Daí os termos *short* (curto) para vendas e *long* (longo) para compras.

Como Comprar

O *trading* contra a tendência apresenta as próprias vantagens e desvantagens. Você pode ver como os preços ficam se ultrapassando ao longo dos tempos. Eles ficam se afastando do valor, somente para retornar para ele. Comprar abaixo do valor e operar vendido quando os preços sobem muito acima do valor tem uma atração adicional: os *trades* tendem a durar somente alguns dias. Eles requerem menos paciência e fazem com que você se sinta sob controle. No lado das desvantagens, o potencial de retorno de cada *trade* é menor.

Essa é uma escolha que você tem de fazer: você pode operar na direção de uma média móvel de longo prazo ou pode apostar no retorno dos preços para suas médias móveis depois de eles ficarem muito esticados. A primeira abordagem é chamada de seguir a tendência; a segunda, *trading* contra a tendência.

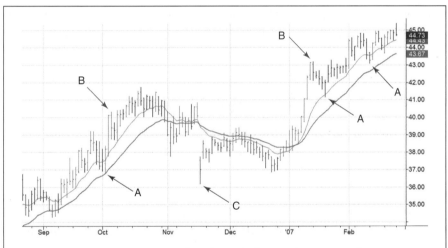

Figura 1.2 Médias Móveis Identificam Valor Gráfico Diário de MW (Men Wearhouse Inc.), Médias Móveis Exponenciais (MME) de 13 e 26 dias

A – Recuo para dentro do valor em uma tendência de alta – Compre!
B – Preço bem acima do valor – Venda!
C – Preço bem abaixo do valor – Compre!

A MME lenta raramente muda de direção; seu ângulo identifica os aumentos ou diminuições de valor. A MME rápida é mais volátil. Quando os preços recuam para a zona entre as duas linhas em uma tendência de alta, elas identificam boas oportunidades de compra. Os preços estão ligados aos valores com um elástico; você pode ver que os preços quase sempre se afastam das médias móveis apenas certa distância e depois voltam para perto delas. Quando o elástico é esticado ao máximo, ele o alerta para esperar uma reversão do movimento anterior, retornando ao valor.

Em seu brilhante livro, *Mechanical Trading Systems: Pairing Trader Psychology with Technical Analysis*, Richard Weissman traça uma clara distinção entre três tipos de *traders*: seguidores de tendência, *traders* de reversão contra a tendência e *day-traders*.* Eles têm temperamentos diferentes, exploram oportunidades diferentes e se deparam com desafios diferentes.

A maioria de nós recai em um desses estilos de *trades* sem pensar muito a respeito. Apenas alguns de nós tomam uma decisão consciente de negócios. Por exemplo, quando comecei a operar, muitas pessoas sérias e inteligentes me disseram que eu tinha de seguir a tendência. Fiz isso por muitos anos, mas meu coração não estava nisso. Depois de anos tentando ser seguidor de tendência, percebi que o que eu realmente queria fazer era operar contra a tendência. Desde então, estou bem mais feliz e produtivo. Muitos de meus amigos, contudo, somente operam tendências e não tocariam em um *trade* contra a tendência. Você tem de descobrir quem você é, e operar de acordo.

O *TRADE* DISCRICIONÁRIO *VERSUS* SISTEMÁTICO

Esta é outra grande divisória do *trading*, e você tem de saber bem de que lado está. Ambos são perfeitamente aceitáveis, mas há um abismo entre eles. Você pode até construir uma ponte entre eles, mas, por favor, não tente pular de um para o outro no meio de um *trade*.

Um *trader* discricionário olha para um gráfico, lê seus sinais, e coloca uma ordem de compra ou de venda. Ele monitora o gráfico e, em algum ponto, percebe que os sinais que fizeram com que ele montasse a posição inicial desapareceram ou reverteram. Então, ele decide colocar uma ordem contrária à inicial e completa seu *trade*.

Um *trader* sistemático não tolera esse grau de incerteza. Ele não deseja ficar tomando decisões a cada passo. Sua solução é estudar dados históricos, criar um sistema que teria tido um bom desempenho no passado, afiná-lo e ligar. De agora em diante, ele deixa seu sistema rastrear o mercado e gerar sinais de compra e de venda.

Nota do Tradutor: Operadores de curto prazo fazem operações que normalmente duram, no máximo, um dia, muitas vezes apenas algumas horas ou até minutos. O *day-trader*, por definição, é uma operação que é aberta e fechada no mesmo dia.

Como Comprar

Nenhum dos dois tipos de *trade* garante, por si só, o sucesso. Os iniciantes perdem dinheiro com ambos os sistemas, mas de formas distintas. Quando um *trader* discricionário iniciante me mostra alguns sinais em seus gráficos, normalmente está ignorando outros, tão fortes quanto ou até mais poderosos, que apontam em outra direção. Um *trader* sistemático iniciante tem grande chance de cair na sina do ajuste da curva. Ele passa o tempo polindo seu telescópio, que olha para trás, até ter um sistema que teria funcionado perfeitamente no passado – se ao menos o passado se repetisse com exatidão no futuro... mas isso raramente ocorre.

Eu me sinto atraído pelo *trade* discricionário devido à sua liberdade. Considero extremamente atraente abordar o mercado como uma folha de papel em branco, estudar índices gerais e setores industriais, e decidir se você vai operar comprado ou vendido. É prazeroso estabelecer parâmetros de entrada e de saída, aplicar regras de gerenciamento de capital, determinar o tamanho do *trade* e finalmente colocar minha ordem. Há uma noção de responsabilidade e tensão quando se tem de monitorar o *trade* e decidir se é recomendável sair como o planejado, pular fora um pouco mais cedo ou se manter posicionado por mais tempo. Também me sinto atraído pelas operações contra a tendência, mas a maior parte dos métodos descritos neste livro também pode ser utilizada pelos seguidores de tendência.

Traders sistemáticos tentam capitalizar nos padrões repetitivos dos mercados. Os que são bons sabem que, apesar de a situação se repetir, não se repete à perfeição. A qualidade mais valiosa de um bom sistema é sua robustez. Um sistema é dito robusto quando continua a ter bom desempenho mesmo quando as condições do mercado se modificam. Há boa quantidade de literatura sobre o desenvolvimento de sistemas e um bom ponto de partida é o livro de Robert Pardo *Design, Testing and Optimization of Trading Systems*. Logo depois de escrevê-lo, Bob se tornou um gestor de sucesso implementando seus métodos no mundo real. Poucos autores podem dizer isso.

Raramente, a decisão de ser um *trader* discricionário ou de sistemas se baseia em análise de custo-benefício. A maioria decide com base em como se sente com as escolhas da vida em geral. Quando entrevistei Fred Schutzman para meu livro *Entries & Exits*, ele declarou:

O *trading* sistemático funciona para nós porque elimina a emoção das operações. Eu não sou bom em tomar decisões. Sou mais um pesquisador, um cientista. Posso falar com o computador e ele pode fazer os *trades* para mim... se pudermos programar conceitos, posso continuar analista e o computador irá operar sem emoções. Estou fazendo as análises e o computador opera minhas pesquisas e estudos. Ele puxa o gatilho se a condição existir... T*rading* sistemático não é para qualquer um – muitas pessoas não gostam de dar todo o poder a um computador. Eles querem se manter responsáveis por suas decisões.

De forma paradoxal, no extremo superior da escala de performance, há um surpreendente alto nível de convergência entre o *trading* discricionário e o sistemático. Um bom *trader* sistemático tem de permanentemente tomar decisões que, para mim, se parecem com as do *trader* discricionário: quando ativar o Sistema A, quando colocar de lado o Sistema B devido à má performance, quando incluir um novo mercado naqueles que ele normalmente opera ou quando retirar um mercado da lista. Ao mesmo tempo, *traders* discricionários têm um número de regras rígidas que parecem bem sistemáticas. Por exemplo, de forma alguma, vou entrar em um *trade* contra o Sistema de Impulso Semanal, descrito a seguir, e você não poderia me pagar para comprar acima da linha canal superior ou operar vendas abaixo da linha do canal inferior nos gráficos diários. É possível associar, de certa forma, as abordagens sistemática e discricionária – mas não tente fazê-lo no meio de uma operação. Não troque seus cavalos bem no meio de um rio que você está tentando cruzar.

A CAIXA DE FERRAMENTAS DO *TRADER*[2]

Quando fiz meu primeiro *trade* na vida, o pior aconteceu. Ganhei dinheiro. Aquele momento de sorte criou a ilusão de que *trading* era fácil. Comecei a pular em outros *trades* – com um resultado previsível.[3]

Naqueles distantes anos pré-Internet, tive sorte em encontrar um cavalheiro em Los Angeles chamado Donald Mack que dirigia um negócio intitulado "The Investment Centre Bookstore" (Livraria de Investimentos). Devo ter me tornado seu maior cliente. Minha fantasia era que, se eu lesse tudo que havia para ser lido e aprendesse sobre todos os métodos, certamente encontraria um fazedor de dinheiro.

---

[2]Esta seção apresenta uma versão resumida. Para detalhes completos, veja *Aprenda a operar no mercado de ações* (Campus/Elsevier, 2005).

[3]Recentemente, me ofereci para dar um curso "Dinheiro e *Trading*" em uma escola local. Uma das melhores coisas que poderiam acontecer naquela classe seria perdermos alguns dólares em nosso primeiro *trade*. As crianças ficaram chateadas, mas isso fez com que todos ficassem mais atentos e serviu como um bom começo de ano.

Como Comprar

Já recuperado e tendo reconstruído minhas finanças que haviam sido devastadas, sabia que tinha de me educar. Comecei a ler com voracidade sobre os mercados. Eu pesquisava as fontes e as referências em todos os livros que lia, e depois lia esses livros também.

Mais uma vez, o resultado era previsível, e lá estava eu de volta à minha antiga atividade, trabalhando e poupando para reconstruir minha pequena conta. Ainda que eu tenha perdido dinheiro, toda aquela leitura me deixou algo positivo – uma boa visão geral do campo, dos mercados.

À medida que os anos passavam, continuei a operar e a estudar os mercados, e foi se tornando cada vez mais claro para mim que nessa área "menos é mais".

Sempre que olhamos para um gráfico, lidamos com apenas cinco tipos de dados – cada barra tem um preço de abertura, máxima, mínima e um preço de fechamento, além do volume. Se você opera futuros, inclua contratos em aberto. Não faz o menor sentido utilizar uma longa lista de ferramentas e indicadores para analisar esses cinco números. Uma abundância de ferramentas apenas aumenta o nível de barulho e a confusão. Estabeleci uma regra de "cinco balas no pente" – o que me permite usar no máximo cinco indicadores em qualquer gráfico. Você pode usar seis se precisar desesperadamente de mais um, mas nunca mais do que isso. Eu me dou bem com apenas quatro: médias móveis, envelopes, MACD e Índice de Força.

Isso não quer dizer que você deve usar os mesmos indicadores. Você deve se sentir perfeitamente confortável utilizando outros – apenas tenha certeza de que entende como seus indicadores são construídos, o que eles medem e os sinais que dão. Ninguém pode se tornar mestre em tudo que existe nos mercados, assim como os médicos não podem ser especialistas em todas as áreas da medicina. Você precisa escolher uma pequena quantidade de ferramentas com as quais você se sente confortável.

Muitas vezes, os iniciantes no mercado ficam fascinados pelas ferramentas operacionais da análise técnica. Eles imaginam que, se conseguirem pegar o programa "certo", os indicadores "certos" e o arranjo "certo", os lucros entrarão naturalmente. Nada poderia estar mais longe da verdade! Embora as ferramentas técnicas sejam importantes, elas são responsáveis por apenas uma pequena parte do sucesso de um *trader*. Você tem de focar também na psicologia do *trading*, gestão de capital e risco e nos registros de suas operações. Cada um desses fatores é como uma perna da cadeira, e a análise técnica é apenas uma delas. Uma cadeira com apenas uma perna só serve como lenha.

Minha Caixa de Ferramentas

Minha abordagem se baseia no *trading system** Triple Screen (Tela Tripla) que criei nos anos 80 e que continua a ser desenvolvido até hoje. Como qualquer mercado pode ser analisado em diversos períodos de tempo, o Triple Screen insiste que você comece por definir seu período de tempo favorito no qual aprecia trabalhar, como gráficos diários, *intraday*** de uma hora ou semanais. Assim que você souber qual é seu favorito, não olhe para ele! Você tem de ir para o período um nível acima, tomar sua decisão estratégica lá e retornar para seu período favorito a fim de tomar uma decisão tática – onde comprar ou vender – e depois operar na direção do período maior.

Já que meu período favorito tende a ser diário, uso gráficos semanais para tomar decisões estratégicas e retorno aos gráficos diários para implementá-las. Os gráficos semanais e diários são minhas duas primeiras telas. A terceira tela é o método de entrada, para o qual você pode usar um gráfico *intraday* ou simplesmente colocar a ordem usando um gráfico diário.

MÉDIAS MÓVEIS

O preço é um consenso de valor no momento de um *trade*. Uma média móvel (MM) reflete um consenso médio de valor em sua janela de tempo. Se o preço é um instantâneo, uma média móvel é uma fotografia combinada ou composta. Ela oferece duas mensagens importantes para os *traders*. Primeiro, sua inclinação identifica a direção das variações no humor público geral. Uma média móvel crescente reflete aumento do otimismo (*bulls*), enquanto uma MM decrescente reflete o aumento do pessimismo (*bears*).

Outra importante função da MM é a diferenciação entre o que chamo de "*trades* de valor" e os *trades* da "teoria do mais tolo". Na verdade, uma pessoa que compra bem acima da média móvel está falando: "Eu sou um tolo, estou pagando caro, mas tenho esperança de encontrar um tolo maior do que eu lá na frente." Há bem poucos tolos nos mercados financeiros, e uma pessoa que fica constantemente comprando acima do valor provavelmente não vai vencer na longa estrada. Ela pode ter sorte vez ou outra, mas comprar próximo ao valor é uma estratégia bem mais sensível. Gosto de usar duas médias móveis exponenciais (MME) em meus gráficos, uma mostrando o consenso de valor de longo prazo e outra de curto prazo. Chamo a área entre as duas médias de "zona de valor". Há diversos tipos de médias móveis, mas sempre adoto as exponenciais. MMEs são mais sensíveis aos preços novos e menos sensíveis aos antigos.

ENVELOPES OU CANAIS

Um dos poucos fatos cientificamente provados sobre os mercados é que os preços oscilam acima e abaixo do valor. Você poderia dizer que os mercados

---

*Nota do Tradutor: A tradução literal seria um sistema de operações programadas. No Brasil, muitas vezes, utiliza-se em inglês mesmo, como no texto.

**Nota do Tradutor: Gráficos *intraday* são aqueles em que cada barra equivale a um período menor do que um dia, como horas ou minutos.

são maníaco-depressivos – subindo muito e caindo muito, somente para retornar à normalidade da zona de valor.

Há diversos tipos de canais, e meu favorito é um envelope reto – as linhas acima e abaixo da média móvel exponencial (MME), ambas paralelas a ela. Um canal bem desenhado serve como uma boa camisa, cobrindo o corpo dos preços, ficando somente os preços mais extremos – o pescoço e os pulsos – fora da camisa. Os amadores adoram operar rompimentos, mas os profissionais tendem a procurar oportunidades de compra próximas à linha inferior do canal e oportunidades de operar vendidos próximas à linha superior do canal.

Alguns operadores gostam de usar canais de desvio padrão, normalmente chamados de *Bollinger Bands*, que se expandem e contraem em resposta à volatilidade do mercado. Eles só são úteis para *traders* de opções porque a volatilidade é um fator-chave na precificação das opções. Se você opera ações, futuros ou forex é melhor ficar com os envelopes retos.

LINHAS DE MACD E HISTOGRAMA-MACD

O MACD – Moving Average Convergence-Divergence (Convergência-Divergência das Médias Móveis) – é um indicador cuja linha rápida representa o consenso de curto prazo de valor, e a linha lenta o consenso de longo prazo. Quando a linha rápida sobe acima da linha lenta, mostra que os *bulls* (compradores) estão no comando, e quando a linha rápida está abaixo da linha lenta, os *bears* (vendedores) estão dominando.

O Histograma-MACD mede a força dos *bulls* e *bears* rastreando a diferença entre as duas linhas de MACD. Quando o *spread**** entre elas aumenta, isso demonstra que o grupo dominante está se tornando mais forte – é uma boa hora para operar naquela direção. Divergências entre picos e fundos do Histograma-MACD e os preços são alguns dos sinais mais fortes na análise técnica.

Linhas de MACD e Histograma-MACD derivam de três médias móveis exponenciais de preços de fechamento. Sua disposição – 12, 26 e 9 – migraram para programas de computador e se tornaram padrão em muitos sistemas. Usei essas médias para ilustrar o indicador.

Quais médias você deve usar? Se você quer usar as mesmas que todo mundo, use 12, 26 e 9, porque a massa é basicamente preguiçosa e usa os valores padrão. Você também pode escolher arranjos um pouco mais rápidos ou um pouco mais lentos. Pense a respeito e experimente os diversos valores ou use os padrões.

ÍNDICE DE FORÇA

Todo mundo olha os preços, mas é o volume que os move. O volume reflete a intensidade do compromisso dos *traders*, o calor de sua exuberância, a profundidade de seu medo. Em vez de olhar para uma tabela plana de volume, uso Índice de Força, que liga o volume às variações de preços. As divergências

---

*Nota do Tradutor: Distância, diferença. No mercado, é muito comum dizer sobre a distância do preço do melhor pagador para o melhor vendedor. O termo é utilizado dessa forma no mercado brasileiro.

entre o Índice de Força e os preços me dizem quando uma tendência está enfraquecendo e pronta para reverter. Por outro lado, topos mais altos do Índice de Força me dizem que a tendência está forte e provavelmente vai continuar.

O SISTEMA DE IMPULSO

Esse sistema identifica fases de alta e de queda em qualquer mercado ou período por meio da combinação de dois indicadores. A curva (inclinação) da média móvel rápida identifica a inércia do mercado, enquanto a inclinação do Histograma-MACD identifica a pressão (impulso) dos *bulls* ou dos *bears*. O Sistema de Impulso dá um sinal de compra quando tanto a MME quanto o Histograma-MACD se elevam, e um sinal de venda quando ambos decaem. Quando os dois indicadores engrenam na mesma marcha, denotam períodos definidos de mercado comprador (*bulls*) ou vendedor (*bears*). Tão importante quanto isso: o Impulso demonstra quando os *bulls* ou *bears* estão escorregando, e uma tendência começa a enfraquecer.

Um dos graduados de meus Campos de Treinamento de *Traders*, um programador brilhante chamado John Bruns, programou o Sistema de Impulso para diversos softwares populares de mercado, colorindo cada barra de acordo com o Sistema de Impulso. Quando a média móvel exponencial (MME) e o Histograma-MACD sobem ao mesmo tempo, o mercado está engrenado para alta e a barra fica verde. Quando ambos caem, os *bears* estão no comando e a barra é vermelha. Quando ambos os indicadores apontam em direções opostas, a barra é azul.

O Sistema de Impulso	A Inclinação da MME	A Inclinação Histograma-MACD	Indicação
Verde	Para cima	Para cima	Compra ou fique de fora, não opere vendido
Vermelho	Para baixo	Para baixo	Opere vendido ou fique de fora, não compre
Azul	Para cima	Para baixo	Compra ou venda
Azul	Para baixo	Para cima	Compra ou venda

O Sistema de Impulso trabalha melhor como um método de censura ou veto. Quando o impulso é verde, você pode comprar ou ficar de fora, mas nenhuma operação vendida é permitida. Quando o impulso está vermelho, você pode abrir operações vendidas ou ficar de fora, mas a compra está proibida. Espero o Sistema de Impulso "sair do verde" antes de iniciar operações vendidas e "sair do vermelho" antes de partir para compras.

Alguns programas não permitem que os usuários mudem as cores de suas barras com base em formatação condicional, mas você ainda pode identificar o Impulso verde ou vermelho pelo acompanhamento das curvas da média móvel exponencial (MME) e do Histograma-MACD.

Adaptado de *Entries & Exits*
Dr. Alexander Elder
John Willey & Sons, Inc., 2006

Como Comprar

A crença infantil dos iniciantes no poder da análise técnica normalmente é acompanhada de uma grande preguiça. Toda semana, recebo e-mails de pessoas que perguntam pelos "ajustes exatos" das médias móveis, MACD e outros indicadores. Alguns dizem que querem ganhar tempo pegando meus números e pulando toda a pesquisa para que possam ir direto para os *trades*. Poupar o tempo de pesquisas, nada! Se você não fizer as próprias pesquisas, não vai ter a confiança necessária durante os inevitáveis períodos de perdas.

Acredito que o *trading* de sucesso se baseia em três "Ms" – Mente, Método e *Money* (Dinheiro). Seu Método – os indicadores e as ferramentas – é apenas um dos componentes dessa equação. Igualmente importante é sua Mente – sua psicologia operacional – e o *Money* (Dinheiro), ou controle de risco. A manutenção de registros adequados de seu histórico de operações liga esses três "Ms" em uma sólida estrutura de trabalho.

Em alguns momentos, falaremos sobre a Mente, o *Money* (Dinheiro) e como manter registros. Mas, antes de entrarmos nisso tudo, vamos ficar um pouco mais com as ferramentas operacionais e rever o que penso ser o melhor dos principais indicadores do mercado de ações – o Índice Novo Topo-Novo Fundo.

O ÍNDICE NOVO TOPO-NOVO FUNDO

A maioria dos *traders* presta atenção aos principais índices de mercado que são oferecidos a eles já prontos, como o Dow, a Nasdaq e o S&P. Há um indicador de mercado adicional que olha bem mais à frente. Acredito que o Índice Novo Topo-Novo Fundo (NH-NL para *New High-New Low*) é o melhor indicador entre os principais do mercado de ações. Eu o acompanho todos os dias para confirmar minha posição compradora ou vendedora. Dá um pouco de trabalho produzir o NH-NL, embora a fórmula seja bem simples:

NH-NL = (Novos Topos ou *Highs*) menos (Novos Fundos ou *Lows*)

É muito fácil acompanhar o NH-NL manualmente, já que os dados necessários são publicados todos os dias nos principais jornais. Por exemplo, na véspera em que eu produzia este texto, havia 51 novos topos no mercado e 98 novos fundos, o que nos dava um NH-NL de menos 47. No

Índice Novo Topo-Novo Fundo

Uma empresa aparece na lista dos novos topos quando está mais forte do que esteve em um ano. Isso demonstra que um rebanho ávido por compras está perseguindo suas ações. Uma empresa aparece na lista de novos fundos quando está mais fraca do que já esteve em um ano. Isso demonstra que uma multidão quer vender a ação.

O Índice Novo Topo-Novo Fundo rastreia as ações mais fortes e mais fracas na bolsa e compara seus números. Ele mede o balanço de poder entre os líderes em força e os líderes em fraqueza. Essa é a razão pela qual o NH-NL é um dos indicadores principais do mercado de ações. Índices gerais como o S&P 500 tendem a acompanhar a tendência do NH-NL.

Você pode visualizar as ações na Bolsa de Valores de Nova York como um regimento. Se cada ação é um soldado, os novos topos e novos fundos são os oficiais. Novos topos são os oficiais que lideram o ataque para cima de um monte, enquanto os novos fundos são os oficiais que estão desertando e correndo montanha abaixo. O Índice Novo Topo-Novo Fundo demonstra se há mais oficiais liderando o ataque montanha acima ou correndo montanha abaixo.

Quando o NH-NL sobe acima de seu ponto central, demonstra que a liderança dos *bulls* (compradores) está mais forte. Quando o NH-NL cai abaixo de seu ponto médio, demonstra que a liderança dos *bears* (vendedores) está mais forte. Se o mercado explode para um novo topo e, ao mesmo tempo, o NH-NL sobe para um novo pico, isso demonstra que a liderança dos *bulls* está crescendo e que a tendência de alta provavelmente vai se manter. Se o mercado entrar em um rali de alta, mas o NH-NL ao mesmo tempo cair, isso demonstra que a tendência de alta está com problemas. Um regimento em que os oficiais estão desertando tem grande chance de recuar e sair correndo.

Um novo fundo no NH-NL mostra que a tendência de queda tende a persistir. Se os oficiais estão recuando mais rapidamente do que os soldados, é provável que o regimento seja afugentado e derrotado. Se as ações caem, mas o NH-NL reverte para cima, isso demonstra que os oficiais não estão mais recuando. Quando os oficiais recobram o moral, todo o regimento pode se recuperar e voltar a lutar.

Adaptado de *Como se transformar num operador e investidor de sucesso*
Dr. Alexander Elder
Campus/Elsevier, 2004

Como Comprar

dia anterior, vimos 43 novos topos e 130 novos fundos, resultando em um NH-NL de menos 87. Se colocarmos esses números em um gráfico diário, isso nos dá três linhas: Novos Topos, que eu gosto de colocar em verde, Novos Fundos, que coloco em vermelho, e o NH-NL diário, que coloco em alguma cor neutra.

Configurar o NH-NL semanal é um pouco mais complicado, já que você tem de decidir quando sua semana termina. Eu costumava construir esse indicador adicionando números diários para a semana anterior, mas, no ano passado, passei a configurar o NH-NL semanal como a soma total de cinco dias de NH-NL.[4] Por exemplo, enquanto escrevo este texto em uma manhã de quarta-feira, meu NH-NL semanal para a noite passada se soma com o NH-NL de segunda e terça-feira desta semana, bem como com a quarta, a quinta e a sexta-feira da semana passada.

Surpreendentemente, poucos vendedores de softwares para o mercado oferecem os números do Novo Topo e Novo Fundo, mas, mesmo quando eles oferecem somente esses números, isso não basta. Eles têm de ser processados de uma maneira como a descrita para que sejam úteis para analistas e *traders*. Alguns vendedores de softwares processam seus dados de formas estranhas cuja lógica me ilude. Kerry Lovvorn, meu coadministrador do grupo Spike, despendeu bastante tempo e energia para desenvolver um método de nossa propriedade para localizar esses dados e transferi-los para a *Tradestation*. Ele envia atualizações à noite do NH-NL para todos os membros de nosso grupo Spike e dos grupos Spike de espectadores, e quando está ocupado, faço isso por ele.

Gosto de acompanhar o NH-NL para todas as ações listadas nos gráficos semanais e diários (veja as Figuras 1.3, 1.4 e 1.5). O NH-NL semanal ajuda a identificar topos e fundos principais, enquanto o gráfico diário é útil para o *timing* de menor prazo.

Outro aspecto extremamente importante desse gráfico semanal é que suas divergências de queda sinalizam aos *traders* quando vender (zerar) suas posições compradas e passar a operar vendido. Observem que os topos são mais amplos do que os fundos e que as sinalizações para vendas são menos precisas do que os sinais de compra próximos aos fundos.

---

[4] Essa mudança me faz lembrar de uma frase com a qual finalizei meu primeiro livro: "Continuo a aprender e, como *trader*, me reservo o direito de saber mais amanhã do que sei hoje."

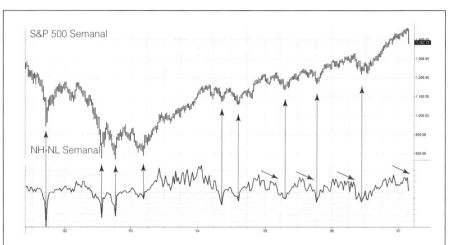

Figura 1.3 Índice Novo Topo-Novo Fundo Semanal do S&P 500

Setas Verdes – Quedas Fortes
Setas Vermelhas – Divergências de Fundo

Esse gráfico acompanha o comportamento do NH-NL semanal durante o *bull market* de 2003 a 2007. Ele tem dois aspectos que se destacam. O primeiro é que todos os fundos de alguma importância são identificados por uma queda forte do NH-NL. Quando o NH-NL cai alguns milhares abaixo de zero, identifica o fim de um *bear market* e o início de um novo *bull market*. Esse gráfico demonstra apenas três dessas ocorrências, mas é possível ver mais delas em um gráfico de prazo bem maior (não mostrado). Em um *bull market* em andamento, uma queda semanal abaixo de –1.000 (menos mil) identifica o fim da queda e uma grande oportunidade de compra. Os picos para cima não têm esse mesmo significado.

Como Comprar

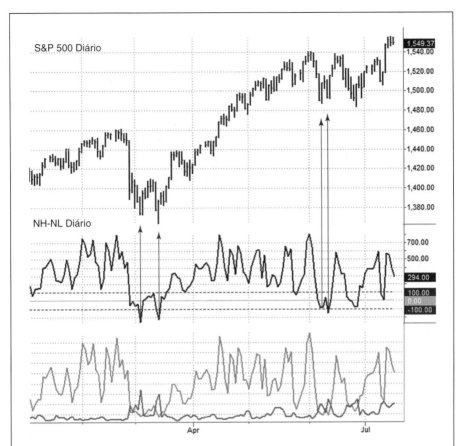

Figura 1.4 Índice Novo Topo-Novo Fundo Diário do S&P 500

Linha Vermelha – novos topos
Linha Verde – novos fundos
Azul – NH-NL
Setas Verdes – quedas fortes

Esse gráfico acompanha o comportamento do NH-NL diário em 2007. Sempre que o NH-NL cai abaixo de zero, enquanto o *bull market* está no comando, ele envia um sinal de compra. Quando ele se torna negativo, marca um breve desequilíbrio em favor dos *bears* durante um *bull market*. Este é o momento em que muitos ficam com medo e se tornam pessimistas, mas o NH-NL ajuda a contrabalançar sua queda psicológica. Você pode ver que o gráfico diário do NH-NL proporciona excelentes sinais de compra durante um *bull market*, mas não é tão útil assim para identificar os topos do mercado.

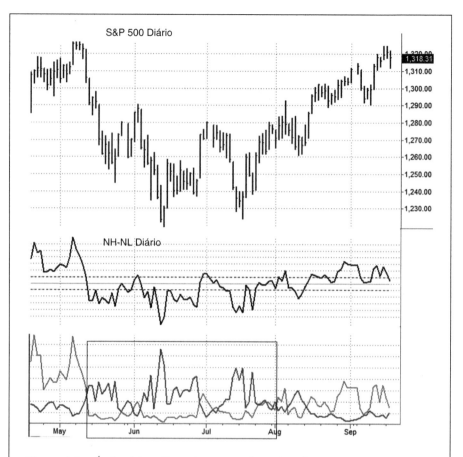

Figura 1.5 Índice Novo Topo-Novo Fundo Diário do S&P 500

A caixa mostra o fundo do verão de 2006 – novos fundos permaneceram acima dos novos topos por quase três meses.

O período em que o NH-NL permanece abaixo de zero nos dá uma indicação importante acerca da durabilidade da tendência de alta a seguir. Tendências de alta fortes crescem a partir de fundos sólidos, quando o NH-NL permanece negativo por dois ou três meses. Se o NH-NL fica somente alguns dias abaixo de zero, isso demonstra que o fundo não é muito sólido. Mesmo que se siga um rali, é provável que aquele rali, construído sobre fundações fracas, provavelmente termine rapidamente e seja seguido por forte queda.

Outra mensagem desses gráficos é que você ganha muito por manter boas anotações – um diário visual de suas operações e de suas pesquisas. Você tem de se lembrar do que passou para poder lucrar no futuro.

CAPÍTULO 2

Psicologia do Trading e Gestão de Risco

Quais ferramentas operacionais você usa? Provavelmente, você tem um computador, alguns programas de análise e bancos de dados. Provavelmente visita diversos sites relacionados a *trading* e investimentos e tem uma estante cheia de livros de mercado. Se você pensa que esses objetos eletrônicos e físicos são as ferramentas que sustentam suas operações, negligenciou um instrumento operacional extremamente importante.

SUA MENTE COMO UMA FERRAMENTA OPERACIONAL[1]

Sua mente é uma ferramenta bem mais importante que um computador ou um livro.

Suas emoções, esperanças e medos têm um impacto imediato e permanente na forma como você opera. Se seu computador congela enquanto você está fazendo seu trabalho de casa ou se sua conexão com a Internet sai do ar no meio de um atarefado dia de *trades*, você imediatamente vai reconhecer esses eventos como graves obstáculos a suas operações. Mas na verdade, o que ocorre no interior de sua cabeça tem um impacto maior no sucesso ou fracasso de seu trabalho do que qualquer tecnologia.

Sua mente está sempre trabalhando, mas é humanamente impossível processar todos os sinais que entram nela de todas as direções. Os dados

---

[1]Esta seção apresenta uma versão resumida. Para os detalhes completos, por favor veja *Como se transformar num operador e investidor de sucesso.*

que você recebe através de seus olhos e ouvidos são tantos que sua mente tem de fazer um monte de filtragem automática para se poupar de ser inundada por informações em excesso, sobrecarregada e entrar em colapso. Com uma cascata de sensações entrando em você da vida em geral e dos mercados em particular, sua mente precisa classificar automaticamente o que deve ser visto e o que deve ser descartado. A maioria das pessoas não está ciente desse processo de filtragem. Na verdade, o que você pensa que são os sinais objetivos do mercado tendem a ser mensagens altamente filtradas.

Uma vez que você se torna ciente desse processo de filtragem predominantemente inconsciente, consegue ver que a maioria dos *traders* não responde tanto ao mercado, mas muito mais ao que está em sua cabeça. Quando as pessoas operam com base em seus medos e fantasias, e não na realidade dos mercados, provavelmente os resultados serão ruins. Isso explica por que tantos *traders* perdem dinheiro e são expulsos dos mercados.

Para ilustrar esse processo de filtragem inconsciente, vamos sair dos mercados por um instante e verificar o que acontece nos escalões superiores do governo.

O presidente dos Estados Unidos dispõe, virtualmente, de fontes ilimitadas de informação – mas não há como uma pessoa processar tudo que está disponível para ele. Ele acaba dependendo de assistentes confiáveis, como ministros de gabinete, para processar os dados em sua área de expertise e fornecer resumos ao presidente. Esses ministros, por sua vez, dependem de seus assistentes nas áreas mais especializadas para processar as informações e fornecê-las a eles. Trata-se de um sistema lógico, criado para funcionar bem. Ele falha quando o homem no topo fala para o homem abaixo quais informações ele acredita serem corretas. Isso faz com que eles sejam influenciados a escolher as informações que confirmem as ideias preconcebidas.

Por exemplo, pense no Iraque – em vez de informações verdadeiras sendo filtradas a partir do campo, foi dito às agências de inteligência que procurassem armas de destruição em massa. Como se viu bem mais tarde, elas não existiam, mas agências desviadas para o exagero produziram "evidências" frágeis mas suficientes para o presidente autorizar a invasão. Ainda estamos lidando com as consequências do processo de decisão altamente falho.

Psicologia do Trading e Gestão de Risco

O que podemos fazer como *traders* para evitar a fabricação de evidências distorcidas? Como evitar a armadilha de comprar ou vender porque "vemos" algo que queremos ver no mercado, que não está lá de fato?

Grande parte deste livro é dedicada ao reconhecimento de boas sinalizações para *trades*. Antes de continuarmos, quero que você perceba o fato extremamente importante de que sua mente é parte do processo de tomada de decisões. Seus medos, desejos e fantasias causam maior impacto em suas operações do que todas as médias móveis e linhas de tendências combinadas. Você tem uma grande capacidade de se enganar – mas seu sucesso depende de você conseguir enxergar a realidade.

Se sua mente é um instrumento operacional, teremos de organizar um sistema para processar as informações. Seu processo de tomada de decisões deve ser transparente e imparcial. Em seguida, você poderá aprender a partir de sua experiência e se tornar um operador melhor seguindo em frente.

SOBRE SER DISCIPLINADO

Sempre que administro um simpósio de *traders*, há alunos que pedem ajuda para se tornar mais disciplinados. Algumas vezes, brinco dizendo que vou amarrar as pessoas nas palmeiras para discipliná-las. Deixando as piadas de lado, a questão ainda é como se manter disciplinado após se graduar em um simpósio ou curso ou acabar de ler um livro. Vamos considerar diversos pontos essenciais.

- **Alguns *traders* estão destinados a falhar**
  Os mercados produzem um número sem-fim de tentações. Pessoas impulsivas provavelmente receberão nada além de sofrimento quando forem operar. Os que bebem demais ou fazem uso de drogas têm poucas chances de ser bem-sucedidos como *traders*. Eles podem até conseguir vencer alguns *trades* devido à sorte, mas sua expectativa de longo prazo é triste. Já escrevi sobre a aplicação dos princípios dos Alcoólicos Anônimos nas operações de mercado em meu primeiro livro, *Como se transformar num operador e investidor de sucesso*. Se a bebida, sua alimentação ou qualquer outro comportamento estiver fora de controle, é melhor não operar até tratar e resolver seu vício ou distúrbio. Pessoas obsessivas ou excessivamente ambiciosas que

não toleram perder nem um centavo sequer têm pouca chance de vencer no mercado com *trades*.

- **Mantendo registros: ações são mais importantes do que promessas**
  É fácil conversar sobre disciplina em um fim de semana, quando o mercado está fechado, mas quero ver como você se comporta diante de um painel de cotações ao vivo quando os mercados estão abertos. Todas as suas promessas e boas intenções não vão virar dinheiro – a não ser que você aja para transformá-las em realidade. Por isso, repito tanto que manter registros detalhados é essencial para o *trading* de sucesso. Você tem de fazer seus planos operacionais e comparar seu desempenho com essas anotações. Estamos prestes a discutir um sistema simples de manter registros. Sua habilidade de seguir aquele sistema será uma excelente forma de prever seu sucesso ou fracasso. Se você mantém bons registros operacionais, suas chances de ter sucesso serão bem maiores. Se você falha nesse aspecto, suas chances são bem pequenas.

- **A solidão é essencial**
  Muitos se sentem estressados pelos mercados. Eles respondem a isso se aconchegando uns aos outros, seguindo os outros e aplicando as mesmas fórmulas e operações que os outros. Para se tornar um *trader* de sucesso, você deve tomar as próprias decisões. Você tem de se isolar dos outros enquanto está traçando seus planos e os colocando em prática. Isso não significa se tornar ermitão – é uma boa ideia conversar e trocar sugestões com outros *traders*. Mas você não deve falar de seus planos operacionais enquanto os traça e aplica. Fique sozinho com seu *trade*, aprenda tudo que puder, tome as próprias decisões, registre seus planos e coloque-os em prática em silêncio. Você pode discutir seus *trades* com as pessoas em quem confia depois de esses *trades* terem sido desmontados – mas nem um momento sequer antes. Muitos temem a solidão, mas você precisa dela para ser um bom *trader*.

Tal como meu avô costumava falar: "A estrada para o inferno está pavimentada de boas intenções." Mesmo uma pessoa responsável pode se perder e ser dominada por emoções diante de uma tela de cotações do mercado. Não basta prometer ser bom e disciplinado. Você precisa fazer

Psicologia do Trading e Gestão de Risco

um plano e segui-lo quando for operar. Você precisa preencher seu diário de operações após cada operação e registrar as consequências de seus atos. Também é importante lembrar que, se sua disciplina ocasionalmente falhar, não é o fim do mundo, mas um aviso para que você retorne ao caminho certo. Se você escorregar enquanto tenta manter uma dieta, não significa que deva desistir e sair por aí comendo de tudo. Apenas corrija seu erro e retome o plano original.

SOBRE SER BENEVOLENTE CONSIGO MESMO

Pode parecer que *traders* indisciplinados estão se divertindo, mas essa é normalmente uma falsa aparência. Perdedores podem ser extremamente duros e abusivos contra si mesmos. Eles ficam quebrando as regras e se machucando, quebrando e se machucando.

Por exemplo, um *trader* encontra uma ação da qual gosta e a compra. A ação sobe, mas, alguns dias depois, ela para e parece que está pronta para reverter. O novato vende com lucro – e se sente bem por mais ou menos um dia. Então a tendência de alta retorna e a ação sobe com força. Agora, o *trader* sente muita dor porque não está mais posicionado. Se ele tivesse se mantido na ação, seu lucro teria sido muito maior. Como ele reage? Provavelmente se socando na cabeça.

Ao invés de se congratular por ter identificado corretamente a tendência e conseguido algum lucro, ele se sente desapontado e com raiva. Em seu próximo *trade*, provavelmente vai assumir riscos maiores e ficar além da tendência. Em seguida, vai se bater por isso também e sair do próximo *trade* muito cedo.

Esse pobre rapaz deveria estar celebrando o fato de ter conseguido acertar dois *trades* em três, em vez de estar se punindo. Ele estava certo no mercado e certo no ponto de entrada – mas prematuro na saída. Com duas decisões corretas em três resultando em lucro, ele está bem à frente da maioria dos participantes do mercado. Ele deveria dar uns tapinhas em suas costas e depois fazer uma boa anotação de seus *trades*, documentando as entradas e saídas. Deveria revisitar esses registros em um mês e depois novamente em dois meses, atualizando seu diário com gráficos novos. Deveria celebrar seu feito e aproveitar ao máximo a experiência daquele *trade* para seu aprendizado.

Ficar se punindo e batendo em si mesmo não vai fazer com que você seja um *trader* melhor.

Pense em outra situação: um *trader* observa uma ação atraente, estuda-a e faz uma anotação mental para continuar a acompanhá-la e provavelmente comprá-la. Logo esquece o plano. Conforme se diz, uma "nota mental" não vale o pedaço de papel em que ela é escrita! Algumas semanas depois, volta a olhar para a ação e vê que ela subiu bastante. Sua análise estava correta, mas sua atenção não.

O que o *trader* faz? Ele bate em si mesmo, como se isso fosse fazer algum bem.

Uma abordagem bem mais saudável seria se congratular por sua boa habilidade em escolher ações. Ele merece um tapinha nas costas por ter considerado aquela ação maravilhosa. Provavelmente, poderá encontrar outra tão boa e, na próxima vez, estará mais alerta e não vai perder o sinal de compra. Ele vai se beneficiar de consertar sua forma de manter registros e anotar planos. Esse *trader* necessita de um sistema para documentar suas descobertas e mantê-las em sua visão, de modo que se possa agir de forma rápida, algo que discutiremos mais adiante neste livro. O fato de ele ter encontrado a ação é muito bom – tudo de que precisa agora é melhorar o sistema de anotação.

Você tem de parar de se punir quando os *trades* dão errado. Você tem de celebrar suas conquistas e realizações e se aproveitar com bom senso de suas deficiências para melhorar as operações. Manter boas anotações e registros vai ajudá-lo a identificar e corrigir seus erros, e permitir que suas realizações brilhem ainda mais.

Os iniciantes subestimam a importância da psicologia. Sua mente é componente essencial de seu sucesso (ou fracasso). Você não jogaria seu laptop no chão se ele congelasse e isso fizesse com que você perdesse algumas cotações. Neste mesmo espírito, por favor, não bata em sua pobre cabeça quando ela perde alguma coisa – trate-a com gentileza, e ela vai servi-lo melhor.

Enquanto trabalhava neste capítulo, recebi um e-mail de Nils Gajowiy, *trader* e professor de *traders* na Alemanha:

> Em um seminário para *traders* iniciantes, conversamos sobre a importância de um plano de operações por escrito e o impacto negativo das emoções nas operações. De repente, um dos participantes perguntou: "Você pode me dizer alguma coisa positiva sobre as emoções? Fico ouvindo que elas nos levam a tomar as decisões erradas, desviar do planejamento inicial etc. Elas têm algum aspecto positivo?"

Psicologia do Trading e Gestão de Risco

Fiquei pensando que emoções positivas são fortes motivadoras que aumentam nossa força em muitas áreas. Temos um ditado na Alemanha: "Quando você está apaixonado, pode mover as montanhas." Olhei em todos os meus livros e verifiquei que ninguém nunca havia escrito uma palavra sequer sobre o impacto positivo das emoções nos *trades*. Você tem algumas sugestões sobre este tópico?

Espero que meus comentários anteriores sobre tratar a si mesmo com gentileza e celebrar até mesmo sucessos parciais irão ajudar a responder à pergunta de Nils. Deixe-me listar alguns pontos adicionais:

- **É melhor não operar quando você estiver mal-humorado.**
  Lembre-se de que mesmo um bom *trader* tem apenas uma pequena vantagem no mercado. Qualquer coisa que reduza essa vantagem vai deslocar o balanço de poder contra você. Sentir-se calmo, relaxado e de bom humor é extremamente importante para seu sucesso. Se você tem uma grave dor de dente ou um problema com sua esposa ou um de seus filhos o está chateando, é melhor tirar uma folga dos mercados.

- **Se você está estressado ou preocupado, fique de fora dos mercados até que seu estresse pessoal desapareça.**
  Os mercados exigem que você pense e aja com rapidez. Você tem de entrar no fluxo das coisas e tomar decisões inteligentes e rápidas, sem ficar ruminando ou se preocupando. Os mercados mandam uma corrente de informações que você tem de processar e agir tão rápido como se estivesse em cima de uma prancha de surf.

- ***Traders* de sucesso amam o jogo mais do que os lucros.**
  Nos domingos, com meu trabalho de fim de semana completo e os planos para a semana seguinte já traçados, é um prazer pensar na abertura do próximo pregão. Um surfista provavelmente tem um sentimento semelhante à noite, ao saber que irá para a praia na manhã seguinte. Essa boa sensação vem de estar preparado. Mesmo que o oceano fique agitado e jogue meus planos para fora d'água, ele só pode me arranhar um pouco, mas não me machucar!

Quando comecei a entrevistar as pessoas para *Entries & Exits*, foi uma surpresa para mim ver quantos homens queriam falar a respeito de seu amor por suas esposas. Um após outro, todos falavam com grande sentimento sobre a confiança, o apoio e o encorajamento que sentiam em casa. Uma pessoa com uma vida pessoal feliz tem uma vantagem, enquanto alguém com uma vida pessoal complicada e triste está sempre em dúvida e estressado. Uma pessoa que vai para casa e encontra uma esposa que o recebe com amor e um sorriso e não tem de gastar um grama sequer de energia mental descobrindo os diversos ângulos de um relacionamento pessoal tenso está em posição muito melhor quando senta diante de um computador para analisar gráficos e tomar decisões.

CONTROLE DE RISCO[2]

Quando as apostas de um jogo sobem, a espontaneidade e a tranquilidade saem pela janela. Quando as apostas se tornam perigosamente elevadas, as pessoas ficam rígidas com a tensão e seu desempenho deteriora.

A vantagem que os vencedores têm sobre os perdedores nos mercados financeiros é bem pequena. Se você começar a operar de um tamanho que o deixa tenso, seu desempenho vai piorar, e você vai começar a perder. Um dos objetivos primordiais do gerenciamento de capital é fazer sua mente ficar tranquila, provendo uma rede de segurança para sua conta. O gerenciamento de capital inteligente é um reflexo da psicologia operacional saudável. Ele permite que você se concentre nos *trades* e não se preocupe com as perdas.

Imagine o que aconteceria se você viesse ao meu escritório e eu lhe oferecesse $20 para subir em uma mesa de conferência, andar até a extremidade e pular no chão. Você provavelmente ficaria surpreso, abriria um sorriso e pegaria meu dinheiro. O sorriso logo desapareceria se eu aumentasse minha oferta para $2 mil, mas o desafiasse a andar não em uma mesa, mas em uma plataforma, tão larga quanto a mesa, que ligasse os telhados de dois prédios de escritórios. Mesmo que o dia estivesse bem calmo e sem vento, suas pernas provavelmente tremeriam e você se sentiria extremamente tenso. Fisicamente, a tarefa não iria mudar, mas a nova oferta aumentaria consideravelmente seu risco. O medo impediria que você completasse a tarefa.

---

[2]Esta seção apresenta uma versão resumida. Para mais detalhes, ver *Aprenda a operar no mercado de ações*.

Psicologia do Trading e Gestão de Risco

À medida que um *trader* se afunda em temores e medos, vai se tornando mais rígido, menos adaptável e com uma tendência maior de tomar as decisões erradas. Quando você jogar com apostas fora da área de conforto, vai começar a perder dinheiro.

Trading é como andar na corda bamba. Para se sentir tranquilo, com vontade de jogar, aventureiro e pronto para explorar os esconderijos, as cavernas, as fendas dos *trades*, você precisa de uma rede de segurança. Se, por acaso, você pisar em falso, se desequilibrar e cair, a rede vai salvá-lo. Você não vai se machucar – terá somente alguns arranhões. Ter uma rede de segurança vai diminuir o perigo e melhorar seu desempenho como *trader*.

Um dos problemas mais comuns entre os *traders* é o medo de apertar o gatilho. Ouvi tanta gente reclamando disso que incluí um capítulo inteiro sobre o tema em *Entries & Exits* e como fazer para superar essa dificuldade. Em poucas palavras, o medo de apertar o gatilho resulta de operar grande demais. Se você tivesse algo como $20 sendo arriscado em um *trade*, apertaria aquele gatilho rapidamente e com força, sem hesitação. Um *trader* com medo de apertar o gatilho deve se afastar por algum tempo dos *trades* e reduzir drasticamente seu tamanho. Ele pode aumentar o tamanho apenas devagar e gradualmente.

Os mercados financeiros estão infestados de vendedores de produtos cujas propagandas vulgares dizem que fazer dinheiro é fácil, desde que você compre suas mercadorias. Na verdade, o mercado é um lugar muito perigoso, em que a maioria dos *traders* perde dinheiro. Uma conta que perdeu metade do valor inicial é tão boa quanto uma conta morta. Você pode financiar uma nova conta, mas a velha está acabada. A maioria das contas é destruída de uma de duas maneiras: pela mordida de um tubarão ou pela mordida de uma piranha.

Uma mordida de tubarão é uma perda única desastrosa que devasta tanto a conta que ela, virtualmente, praticamente não tem chance de se recuperar. Uma pobre iniciante que perde um terço de seu capital terá de gerar um retorno de 50% no capital restante apenas para voltar ao ponto de partida. A vítima de um ataque de tubarão quase sempre perde muito mais do que dinheiro; perde sua confiança, fica com medo e não consegue voltar a puxar o gatilho. Não importa qual seja seu método e estilo, você deve fazer todo o possível para evitar a mordida de um tubarão.

Seguir a Regra dos 2% vai manter qualquer perda em sua conta dentro de um tamanho pequeno e suportável.

A piranha é um peixe agressivo que vive nos rios da América do Sul. Seu maior perigo vem do fato de que ela vive em cardume. Um boi descuidado que cai em um rio infestado de piranhas é reduzido a uma coleção de ossos descendo a correnteza. Um boi esperto teria fugido após as primeiras mordidas.

A Regra dos 6% definirá a série de perdas após as quais você deve sair dos mercados e esperar na margem.

Os dois pilares do gerenciamento de capital são as Regras dos 2% e dos 6%.

Muitas vezes, os iniciantes sentem-se fascinados pelos indicadores técnicos. Eles tendem a gastar a maior parte do tempo olhando para gráficos e tentando reconhecer padrões. Os *traders* experientes sabem muito bem que psicologia e gerenciamento de capital são tão importantes quanto. Os profissionais tendem a gastar quase tanto tempo calculando ângulos de gerenciamento de capital quanto análises de mercado.

A SOLUÇÃO DOS 2% – PROTEÇÃO CONTRA TUBARÕES

A Regra dos 2% proíbe que você arrisque mais do que 2% do capital em sua conta de mercado em um único *trade*.

Quando os iniciantes ouvem essa regra pela primeira vez, muitos a entendem errado. Eles consideram que uma pessoa com uma conta de $100 mil só pode comprar $2 mil em ações. Isso está totalmente errado! Essa regra não limita o tamanho de sua posição – só limita seu risco.

Claro que, se você está planejando segurar sua posição até zero, o tamanho máximo teria de ser realmente de $2 mil. Por outro lado, se você fizer algo muito mais sensível e usar um *stop*,* seu risco por ação vai diminuir, e o tamanho que você pode operar aumenta.

- A distância de seu preço de entrada para o nível de *stop* define o risco máximo em dólares (reais) por ação.

Nota do Tradutor: Ponto predeterminado em que você sairá de sua operação realizando prejuízo. Tenta determinar um prejuízo máximo para a operação se for executado.

Psicologia do Trading e Gestão de Risco

Regra dos 2%

A habilidade de encontrar bons *trades* não garante o sucesso. Nenhuma quantidade de pesquisa lhe fará algum bem, a não ser que você se proteja dos tubarões. Eu já vi *traders* fazerem 20, 30 e até (uma vez) 50 *trades* lucrativos consecutivos e, ainda assim, acabar perdendo dinheiro. Quando você está numa maré vencedora, é fácil sentir-se invencível. E então uma perda desastrosa leva todos os lucros e acaba com seu capital. Você precisa do repelente de tubarões da boa gestão de capital. A regra única mais importante é limitar as perdas de qualquer *trade* isoladamente a uma pequena fração do capital em sua conta.

Limite a perda de qualquer *trade* a 2% do capital em sua conta de mercado

Suponha que você esteja operando uma conta de $50 mil. Você deseja comprar a ação XYZ, atualmente sendo negociada a $20. Seu alvo de lucros está em $26, com um *stop* em $18. Quantas ações de XYZ você pode comprar? Dois por cento de $50 mil é $1 mil – esse é o risco máximo que você pode aceitar. Comprar a $20 e colocar um *stop* a $18 significa que você vai arriscar $2 por ação. Divida o risco máximo aceitável pelo risco por ação para descobrir quantas ações você pode comprar. Dividindo $1 mil por $2, resulta em 500 ações. Esse é o número máximo em tese. Na prática, ele tem de ser menor porque você tem de pagar comissões e estar preparado para algum erro, e tudo isso tem de caber abaixo do limite de 2%. Então, o limite superior desse *trade* estaria em 400, e não em 500.

Os pobres iniciantes normalmente acham que 2% é um percentual muito baixo. Por outro lado, os profissionais dizem que 2% é muito alto e eles tentam arriscar menos. Os bons *traders* tendem a ficar bem abaixo do limite de 2%. Sempre que amadores e profissionais estão em lados opostos de um argumento, você sabe que lado escolher. Tente arriscar menos que 2% – ele é simplesmente o limite máximo permitido.

Adaptado de *Aprenda a operar no mercado de ações*
Dr. Alexander Elder
Campus/Elsevier, 2005

- A Regra dos 2% define o risco máximo para a posição toda.
- Sabendo o risco por ação e o risco total permitido, é fácil calcular o número máximo de ações que você pode negociar.

Por exemplo, você pode decidir comprar uma ação a $12,48 e colocar um *stop* a $10,98. Isso significa que você estará arriscando $1,50 por ação. Assumindo que você tem $100 mil na conta, aplicando a Regra dos 2%, ela diz a você que o risco máximo permitido é de $2 mil. Ao dividir esse total permitido de risco de $2 mil pelo risco por ação de $1,50, você pode fazer um *trade* com 1.333 ações. Você deve arredondar esse número para baixo, para 1.300, ou até menos. Tenha em mente que as comissões e os possíveis erros têm de estar abaixo do limite de risco total de 2%. Você pode comprar uma posição menor se desejar, mas nunca ultrapasse o limite de 2%! Retornaremos a esse conceito no capítulo sobre *stops* e o Triângulo de Ferro.

Dois anos atrás, fui voluntário para ensinar em um curso chamado "Dinheiro e *Trading*", em uma escola próxima de meu escritório. Para fazer com que a experiência fosse mais real para a garotada, abri uma conta de $40 mil para operarmos na classe. Eu disse aos alunos que, se no fim do ano escolar tivéssemos perdido dinheiro, eu assumiria o prejuízo. Mas, se tivéssemos lucro, eu doaria metade para a escola e dividiria a outra metade entre os membros da classe. E então defini a lei: a Regra de 1%. Já que iniciamos com $40 mil na conta, eu disse aos alunos que o risco máximo em qualquer *trade* seria de $400. Por exemplo, os alunos ficaram excitados com a Nokia e queriam comprá-la a $18 com um *stop a* 16,75 (arriscando $1,25 por ação). A Regra de 1% permitiu que eles operassem 300 ações. À medida que nossa conta crescia, o risco permitido crescia junto, mas nunca podíamos exceder 1% do capital a cada momento.

Um operador com uma conta maior pode variar a Regra dos 2%, dependendo de seu nível de confiança em um *trade* planejado. Por exemplo, ele pode definir comprometimento pequeno, médio e grande como arriscar 0,5%, 1% e 2% de sua conta. E então ele pode arriscar 0,5% nos *trades* regulares, 1% em um *trade* mais importante e 2% de risco somente para os *trades* mais promissores.

A REGRA DOS 6% – PROTEÇÃO CONTRA PIRANHAS

Conforme o mercado passa por estágios, os ralis de alta são substituídos por quedas ou acumulações (mercado lateral). Seu estilo de operar pode estar antenado com o estágio atual do mercado ou fora de sintonia com ele. Por isso, você tem de se proteger da possibilidade de uma série de *trades* perdedores que danifiquem severamente o capital em sua conta.

Você pode seguir a Regra dos 2%, ou até reduzi-la para 1%. Ainda assim, quando as perdas começam a se empilhar, sua conta pode começar a afundar. A tendência natural do ser humano é correr atrás, aumentar a intensidade quando as coisas estão ruins e fazer mais *trades*. Na verdade, uma resposta bem melhor é dar um tempo e ficar um período de fora. A Regra de 6% o força a fazer justamente isso, colocando um limite na perda mensal de sua conta.

Psicologia do Trading e Gestão de Risco

A Regra dos 6% requer que você pare de operar para o resto do mês após suas perdas acumuladas para aquele mês atingirem 6% do capital de sua conta.

Toda boa operação deve ter início com esta pergunta de gestão de capital: A regra dos 6% permite que eu opere? Você sabe o quanto perdeu durante o mês. Você também sabe quanto dinheiro está exposto ao risco de perdas em suas operações que ainda estão abertas. Agora some os dois e pergunte – tenho risco suficiente disponível em minha conta para abrir outro *trade*?

A Regra dos 6%

A maioria dos *traders* em uma fase de perdas fica tentando operar para sair do buraco. Muitas vezes, os perdedores pensam que um *trade* vencedor está logo ali na esquina. Eles ficam abrindo *trades* cada vez maiores, metendo-se em buracos cada vez maiores. A coisa mais inteligente a fazer seria diminuir o tamanho de seus *trades* e, em seguida, dar um tempo para rever seu sistema. Um *trader* pode proteger-se dos tubarões com a Regra dos 2%, mas ainda precisa de proteção contra as piranhas. A Regra dos 6% vai salvá-lo de ser mordido até a morte.

Sempre que o valor de sua conta cair 6% abaixo do fechamento no mês anterior, pare de operar pelo restante do mês.

Calcule seu capital na conta de operações de mercado todos os dias, incluindo dinheiro na conta, investimentos e posições abertas. Pare de operar assim que seu capital perder 6% em relação ao valor do último dia do mês anterior. Feche todas as posições que ainda estiverem abertas e passe o restante do mês assistindo de arquibancada. Continue a monitorar os mercados, acompanhe suas ações e indicadores favoritos, faça *trades* simulados se desejar. Reveja o sistema operacional.

Você pode ter mais de três posições de uma vez se arriscar menos de 2% por *trade*. Se você arrisca somente 1% do capital de sua conta, pode abrir seis posições antes de chegar ao limite de 6%. A Regra dos 6% protege seu capital, com base no fechamento do mês anterior, sem contar com qualquer lucro adicional que você possa ter feito este mês.

Sempre que você tiver tendo bons resultados, e o valor de sua conta aumentar no fim do mês, a Regra dos 6% permitirá que você opere maior no mês seguinte. Se você operar mal e o tamanho de sua conta diminuir, o tamanho que você vai operar no mês seguinte vai diminuir. A Regra dos 6% o encoraja a aumentar seu tamanho quando você está ganhando e parar e operar mais cedo quando está perdendo.

Adaptado de *Aprenda a operar no mercado de ações*
Dr. Alexander Elder
Campus/Elsevier, 2005

Se suas perdas para o mês corrente mais seu risco nos *trades* abertos o expõem a um risco total de 6% no capital de sua conta, você não pode abrir outro *trade*. Quando ensinei à classe no colégio a arriscar somente 1% por *trade*, a Regra dos 6% significava que nunca poderíamos ter mais de seis posições em qualquer momento. A classe operou com bastante cuidado e nunca chegou ao limite de 6%.

A Regra dos 2% e a Regra dos 6% fornecem direcionamentos para "piramidar" – somar posições vencedoras. Se a ação que você comprou sobe com intensidade, você pode ir elevando seu *stop* para cima do *breakeven* * e então pode comprar mais da mesma ação. Você deve lidar com cada adição com um *trade* separado e se certificar de que o risco da nova posição não é maior do que 2% do capital em sua conta e que o risco total de sua conta se mantenha abaixo de 6%.

A maioria dos *traders* passa por transtornos emocionais, ficando eufórico nos topos e deprimido nos fundos, e perdendo dinheiro para tubarões e piranhas através dos mercados. Se você quer ser um *trader* de sucesso, as Regras dos 2% e dos 6% vão converter suas boas intenções na realidade do *trade* mais seguro.

Nota do Tradutor: Ponto em uma operação em que você sairia empatado, ou seja, preço a partir do qual você passa a ter lucro.

CAPÍTULO 3

Sobre Manter Registros

Sempre que você abrir um *trade*, deve ter dois objetivos. O primeiro, claro, é ganhar dinheiro. O segundo é se tornar um *trader* melhor.

Você pode atingir o primeiro objetivo em alguns *trades*, mas não em todos. Há uma quantidade justa de aleatoriedade no mercado, e mesmo os *trades* mais bem planejados podem terminar mal. Mesmo um *top trader* não pode vencer todos os *trades* – esse é um fato da vida.

Por outro lado, tornar-se um *trader* melhor é essencial e um objetivo bastante alcançável em todos os *trades*. Não importa se você ganha ou perde, tem de se tornar um operador melhor na conclusão de cada *trade*. Se você não conseguir, o *trade* terá sido desperdiçado. Toda a energia e o tempo gastos com análises, todos os riscos que você assumiu com seu dinheiro terão sido desperdiçados. Você tem de estar sempre aprendendo a partir de suas experiências, ou então está só brincando de fazer *trades*, e não desenvolvendo uma atividade séria. A ausência de registros expõe alguém que diz querer ser um *trader* como sonhador e impostor.

BONS REGISTROS LEVAM A BOAS OPERAÇÕES

A melhor forma de aprender a partir de sua experiência é mantendo bons registros de suas operações.

Manter bons registros permite que você transforme experiências passageiras em memórias sólidas. Sua análise de mercado e suas decisões de comprar ou vender se tornam depósitos em seu banco de dados. Você pode sugar essas memórias, reexaminá-las e depois utilizá-las para ir se tornando um *trader* melhor. Fazer anotações permite que você mantenha o foco e utilize sua "memória extracranial". A mente humana tem uma quantidade limitada de memória que está disponível instantaneamente (o que o pessoal dos computadores chama de RAM).

As regras de gerenciamento de capital que acabamos de discutir irão ajudá-lo a sobreviver às inevitáveis fases difíceis e duras. Os métodos de registros que vou dividir com vocês vão fazer com que seu aprendizado cresça constantemente, e seu desempenho irá na mesma direção. Juntos, gerenciamento de capital e bons registros de suas operações, criam uma fundação sólida para sua sobrevivência e sucesso. O restante – análises e métodos –, você pode aprender neste livro, em meus outros livros ou naqueles escritos por outros autores sérios.

Quase qualquer pessoa pode fazer um *trade* inspirado, acertar o mercado e ver os lucros entrando. Não importa o quão inspirado, um único *trade* ou até mesmo alguns *trades* não vão fazer com que você seja um vencedor. Você tem de estabelecer um padrão de *trades* cujo balanço no longo prazo seja bem-sucedido.

A prova de uma estratégia de sucesso é o aumento do capital. Ver seu capital aumentar trimestre após trimestre e ano após ano é a verdadeira prova do talento de um *trader*. O trabalho de um *trader* é muito duro. Nós tendemos a ficar um pouco arrogantes e descuidados após uma grande vitória ou uma série de vitórias. Essa é a hora em que, ao nos sentirmos invencíveis, começamos a devolver nosso capital e lucros para o mercado.

Qualquer *trader*, mesmo o pior apostador e perdedor, eventualmente vai acertar uma e ter algum lucro. Um único lucro ou uma série de lucros não prova absolutamente nada e não tem qualquer importância no longo prazo. Até um macaco jogando dardos em uma página de ações ocasionalmente vai pegar uma ação vencedora. Nosso desafio mais importante é manter uma curva ascendente em nosso capital.

Para isso, você tem de manter bons registros.

Você precisa de dois registros. Todos os números relacionados com seus *trades* devem ir para uma planilha e o registro visual de seus *trades* deve ir para seu diário.

A PLANILHA DO *TRADER* – CONTABILIDADE BÁSICA

Sempre que converso com *traders*, impressiona-me como poucas pessoas mantêm registros de seus *trades* em planilhas. Muitos confiam em suas

Sobre Manter Registros

corretoras, mas ainda que sua corretora provavelmente seja bem precisa, seus extratos não fornecem o nível adequado de informações. Por isso, recomendo que você utilize a própria planilha. Minha companhia, www.elder.com, oferece a planilha básica demonstrada a seguir sem qualquer custo, como um serviço público para os *traders*. Você pode nos enviar um e-mail em info@elder.com e pedir o modelo.

Conhecimento básico de planilhas é altamente desejável para *traders*. Se os iniciantes ocupassem 10% do tempo que gastam olhando para indicadores e investissem esse tempo para aprender o básico do Excel, ganhariam bem mais. Você não tem de se tornar expert em planilhas, mas a simples habilidade de manipular números vai dar a você um nível muito mais alto de controle sobre suas operações (Figura 3.1).

A Figura 3.1 mostra os cabeçalhos, bem como algumas linhas de minha própria planilha, com meus *trades*. O texto explica o significado de cada coluna.

A planilha básica leva apenas alguns minutos para atualizar depois de cada *trade*. O que você vê na parte superior é apenas uma aba. Em minha planilha pessoal, tenho uma aba para cada conta e uma aba para o resumo geral em que coloco o valor total de cada conta semanalmente para acompanhar a evolução de meu capital.

Se você quer uma planilha mais avançada, recomendo *Trader's Governor*, programada por meu velho amigo James (Mike) McMahon. Ela calcula risco, avalia os *trades*, soma o capital geral e muito mais. É bastante poderosa, mas leva mais tempo para se aprender a usá-la do que essa simples, que demonstrei.

O DIÁRIO DE OPERAÇÕES – SUA CHAVE PARA O SUCESSO DURADOURO

As pessoas que gostam de explorar e de aprender sempre cometem erros. Pessoas curiosas e inteligentes inevitavelmente cometem erros. Alguém que nunca comete erros é um indivíduo com uma mente pouco desenvolvida que fica em sua concha, nunca inova e sempre repete as mesmas coisas. Sempre que contrato pessoas, digo a elas que espero que elas cometam erros – isso faz parte da descrição de seus trabalhos! Também digo a elas que o que me deixa furioso é quando as pessoas repetem os mesmos erros.

Figura 3.1 Uma Planilha Básica para Manter Registros de Operações

A. Fonte, grupo. Sempre quero saber de onde vem o que escolho – minha própria pesquisa, o grupo Spike, já citado, *webinars** etc. Claro que processo os dados dos outros por meio de meu próprio sistema e assumo total responsabilidade por cada *trade*.

B. Fonte, individual. Se a escolha da ação veio de um grupo como o Spike ou de um *webinar*, anoto o nome do indivíduo cuja sugestão operei. Algumas pessoas obtêm resultados excelentes, enquanto outras, apesar de parecerem bem espertas, levam-me a prejuízos. Quero classificar a qualidade das dicas com que me deparo.**

C. Símbolo. Pode-se também adicionar uma coluna para o nome da empresa.

D. Quantidade. Se eu sair dessa posição em mais de um *trade*, incluo uma coluna ao lado desta e divido minha compra em duas ou mais colunas, dependendo de quantas vezes dividi a saída da posição.

E. Compra ou Venda. Uso a autoformatação do Excel para colorir uma célula, dependendo de ter sido uma operação comprada ou vendida. Os profissionais se sentem confortáveis ao operar em ambos os lados.

F. Preço de entrada

G. Data de entrada

H. Ordem de entrada (deixe em branco se sua entrada foi no preço da ordem). Se você não utilizou uma ordem limitada e/ou ela foi executada a um preço diferente do de sua ordem, anote o preço que você colocou na ordem aqui.

I. Diferenças na entrada. Calcula o dinheiro ganho ou perdido e colore as células de verde ou vermelho, dependendo do resultado. Quando se utilizam ordens limitadas, normalmente a diferença é positiva.

J. Comissão (corretagem) da entrada. Se você inserir uma coluna mais tarde (veja o ponto D), lembre-se de dividir a comissão.

K. Preço de saída.

L. Data de saída.

M. Ordem de saída (igual à coluna H)

N. Diferença na saída (igual à coluna I)

O. Comissão (corretagem) na saída

P. Taxas cobradas na venda

Q. P/L. Lucro ou prejuízo bruto, sem contar as comissões e taxas, mas contando as diferenças na compra ou venda, se houver.

R. Líquido. Lucro ou prejuízo líquido, descontadas comissões e taxas.

S. Líquido, Spike. Tantos de meus *trades* vêm do grupo Spike que tenho uma coluna especial em minha planilha só para eles.

T. Líquido, *webinars*. Mesma ideia da coluna S.

U. V, W, X – Essas quatro colunas mostram as notas de performance de cada *trade*; nós as exploraremos em capítulo posterior.

*Nota do Tradutor: Seminários na Internet; daí o nome *webinar*, que vem de *seminar* (seminário)
**Os grupos de Espectadores do Spike e os *webinars* são abertos ao público – não há nada de secreto em receber essas dicas. Para mais informações, acesse www.elder.com.

Sobre Manter Registros

Cometer erros é sinal de que se está aprendendo e explorando. Repetir erros é sinal de preguiça, irresponsabilidade ou alguns problemas neuróticos. Há um belo conselho em um antigo ditado russo que diz: "Não pise no mesmo calombo duas vezes!"

A melhor forma de aprender a partir de seus erros nos *trades* e de suas vitórias é mantendo um Diário de Operações. Ele permite que você converta a alegria do sucesso e a dor das perdas em ouro da experiência.

Um Diário de Operações é um retrato ilustrado de seus *trades* (veja a Figura 3.2). Ele documenta suas entradas e saídas utilizando gráficos marcados com setas, linhas e comentários. Faço uma entrada em meu diário para cada compra ou venda. Para ter certeza de que meu diário está sempre atualizado, tenho uma regra – nada de café da manhã até meu diário do dia anterior estar completo. Isso me encoraja a atualizar o diário antes de o mercado abrir e um novo dia de negociações ter início.

É importante documentar todos os *trades*. A única exceção a essa regra seria o *day-trade* muito ativo. Se você faz uma dúzia de *trades* por dia, pode se permitir criar uma entrada no diário a cada três ou quatro *trades*.

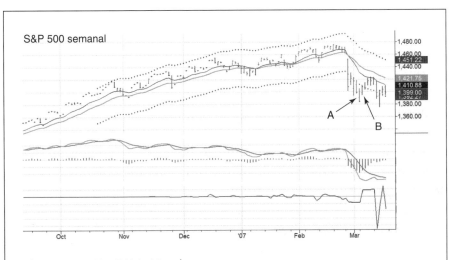

Figura 3.2 Um Diário Visual

A. Segunda-Feira, 5/3/2007: Fiz 21 *trades*, cobrindo as vendas e entrando nas compras.
B. Terça-Feira, 6/3/2007: Trabalhei até as 14h30, atualizando meu diário.

Por que um diário ilustrado além do uso da planilha?

Você provavelmente carrega consigo fotos de pessoas e coisas de que gosta. Em sua carteira, bolsa ou computador, você tem fotografias de sua esposa, namorada, marido, filhos, cachorro, casa, carro. Agora quero que passe também a carregar fotos de seus *trades*, para que passe a conhecê-los intimamente e os compreenda melhor do que antes. Criar e manter um Diário de Operações é a melhor forma de aprender a partir de sua experiência.

Em fevereiro de 2007, uma variedade de sinais que discutiremos mais adiante neste livro me fez ficar extremamente pessimista no mercado de ações. Passei a operar pesado na venda de ações e índice futuro, bem como comprar opções de venda de índices. Quando o mercado de ações desabou, eu estava bem posicionado na venda. Quando meus indicadores sinalizaram que um fundo poderia ser provável, passei horas realizando lucros, cobrindo as vendas. No dia seguinte, em vez de ir para o escritório, trabalhei desde o início da manhã até as 14h30 documentando os *trades* que eu havia acabado de fechar. Se eu tivesse de optar entre os lucros de ter conseguido pegar aquela queda ou ter meu Diário, escolheria este último! Sempre posso ter novos lucros se continuar a usar meu Diário, mas sem ele os lucros podem rapidamente se transformar em perdas.

Para manter um Diário de Operações, recomendo utilizar dois programas baratos e disponíveis. Você pode adicioná-los a qualquer programa que esteja usando para a análise de mercado. Um deles vai ajudá-lo a capturar e editar imagens, enquanto o outro vai ajudá-lo a armazenar e restaurar seus registros diários.

A melhor ferramenta para tirar fotos de seus gráficos e fazer anotações neles é um programa chamado SnagIt (www.snagit.com). Ele torna muito fácil capturar imagens de qualquer programa de gráficos, desenhar e escrever neles e colá-los em seu diário. O Windows oferece uma utilidade *Printscreen* que tira fotos de sua tela, mas nada se compara com a facilidade, a versatilidade e o prazer de usar o SnagIt. Eu o uso quase diariamente para atualizar meu diário ou para trocar ideias de *trades* com meus amigos. Sempre que enviamos e-mails, tendemos a anexar gráficos capturados e marcados com o SnagIt, em vez de escrever longas mensagens.

Sobre Manter Registros

Meu programa de escolha para manter um diário de operações é o Microsoft Outlook.[1] Trata-se de um programa muito poderoso, mas a maioria das pessoas só o utiliza para enviar e-mails. Passei a acreditar que o Outlook é o melhor programa para me manter organizado, focado, relaxado e no controle da situação – e não somente nos mercados, mas para a vida em geral.[2]

As instruções para usar o SnagIt e o Outlook estão incluídas nos dois programas. Os comentários a seguir apenas fazem referência a algumas funções importantes desses programas.

Vá para a aba Calendários no Outlook, crie um novo calendário e coloque o nome de Operações (ou *Trading*). Você pode ver qualquer calendário no formato diário, semanal ou mensal. Eu prefiro o formato mensal, que serve como um índice para todos os meus *trades*, tanto fechados quanto abertos (veja a Figura 3.3). Recentemente, comecei a manter dois calendários – um para as operações regulares e outro para as posições de longo prazo que ficam abertas por meses ou ainda mais.

Com dois colegas *traders* mencionados em outros locais neste livro, Kerry Lovvorn e Jeff Parker, criamos um *add-on* para manter Diários no Outlook que chamamos de AK-47. Inicialmente, nós o criamos para nosso próprio uso, mas depois oferecemos ao público e você pode ver sua descrição em www.elder.com.

---

[1]Comecei a manter meu primeiro diário de operações anos atrás, em um grande caderno. Eu costumava imprimir gráficos em preto e branco em uma impressora antiga, recortava-os e colava-os no caderno com fita adesiva. Em seguida, marcava os sinais de *trades* com caneta colorida. Alguns anos depois, passei para um diário eletrônico, criando um arquivo do Word para cada *trade*. Era complicado manter ambos os diários, e era difícil achar alguma coisa no Word quando eu queria estudar um *trade* antigo. Finalmente, Kerry Lovvorn (www.kerrylovvorn.com), um ex-aluno de meus seminários que se tornou meu codiretor no grupo Spike, me mostrou como colocar meu diário no Microsoft Outlook. Isso fez com que eu passasse a ter total controle de minha história como operador. Depois, encontrei operadores que mantinham seus diários em um programa intitulado Lotus Notes.

[2]Se você perceber que seu trabalho e anotações estão fora de controle, há dois livros que recomendo. Em *A arte de fazer acontecer*, David Allen ensina um sistema para trazer simplicidade e clareza para sua vida. Em *Total Workday Control*, Michael Linenberger demonstra como implementar esses princípios no Outlook. Li ambos os livros diversas vezes, fiz diversas anotações e incluí em minha vida e trabalho muitas de suas recomendações. Eles causaram forte impacto positivo em minha vida.

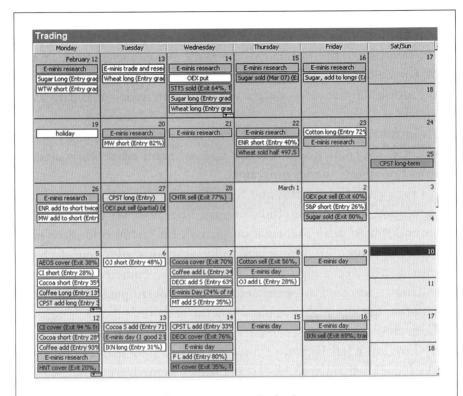

Figura 3.3 Um Diário de Operações no Outlook
Veja a descrição do significado das cores na Figura 3.4.

Sempre que você clica em um calendário para entrar com um novo registro para um *trade*, o Outlook permite que você rotule aquela entrada. Os rótulos aparecem na visão mensal e, se você definir um sistema de regras para colorir os rótulos, cada um deles vai carregar uma mensagem (veja a Figura 3.4).

A maioria de minhas entradas no Diário inclui dois gráficos – um semanal e um diário. Dependendo do *trade*, posso também incluir um gráfico mensal ou *intraday*. As Figuras 3.5 e 3.6 mostram o exemplo recente de uma entrada no Diário.

Um *trader* sem diário é como uma pessoa senil. O pobre homem não consegue aprender nada: você pode ensiná-lo hoje como fechar suas calças, mas amanhã ele vai esquecer novamente. A maioria dos *traders* perdedores está presa, repetindo os mesmos erros continuamente. O Diário Operacio-

Sobre Manter Registros

Figura 3.4 Classificando as Entradas em um Diário de Operações

O calendário no Outlook oferece uma lista de cores – você pode assinalar um nome para cada cor, o que faz os rótulos serem imediatamente reconhecíveis. Aqui estão as cores que escolhi, mas você pode escolher livremente.

Nenhuma. Entrada de um *trade* que já foi fechado. Sempre que saio de um *trade*, faço duas coisas. Crio uma nova entrada no diário, documentando aquela saída, mas também volto à entrada anterior que fiz para aquele *trade* e troco o rótulo para "Nenhuma".
Vermelho. Saída de um *trade* que resultou em prejuízo.
Amarelo. *Trade* aberto. Quando entro em um *trade*, coloco seu rótulo em amarelo. Sempre que dou uma olhada em meu diário no Outlook, os rótulos amarelos chamam a atenção, lembrando-me de que esses *trades* estão abertos e eu tenho de administrá-los.
Lilás. *Trade* planejado. Uma vez iniciado, troco o rótulo para amarelo, correspondente a um *trade* aberto.
Verde. Lucro.
Azul. Lucro com demérito. Tive lucro nesse *trade*, mas menos do que deveria, ou violei uma de minhas regras.
Marrom. Pesquisa (um *trade* virtual apenas para estudos).

nal o ajuda a quebrar esse círculo vicioso. Manter e rever o Diário Operacional vai elevar você ao nível de um ser humano que pensa e aprende.

Agora, antes de irmos para o próximo capítulo, você gostaria de ver como saí daquele *trade* em que operei vendido na DB? Já vimos minha entrada, mas e se eu dissesse a você que esqueci como saí do *trade*? E se eu balançasse meus dedos no ar e dissesse que a DB caiu de preço e eu cobri a venda em algum lugar? Que utilidade essa informação teria para você?

Não muita.

Espero que, por ora, eu já tenha convencido você de que é essencial manter um Diário de Operações. Você me promete que vai manter um? Em caso positivo, vou abrir meu Outlook mais uma vez e trazer o *trade* de saída. Dê uma olhada nas Figuras 3.7 e 3.8.

Você pode ver que a saída também é graduada. O grau de 45% não foi muito bom, mas a nota do *trade* foi muito boa. O lucro de $9 em 1 mil ações foi um bom pagamento. Veja a nota "Fique de olho na ação para uma possível nova operação vendida". O *trade* não tem de acabar quando você sai de uma

Figura 3.5 Diário de Operações – DB,* Entrada, Gráfico Semanal

Esse gráfico semanal exibe a fonte de uma ideia de *trade* – o e-mail de um amigo que fez uma varredura no mercado e dividiu os resultados comigo. As setas vermelhas em diagonal marcam divergências de baixa. As setas verticais mostram que a ação tende a quedas agudas. Há também uma observação desaprovando minha conduta em um *trade* anterior em que fui muito precipitado. Eu estava bastante pessimista em relação ao mercado de ações e impaciente após perder uma entrada em um *trade* que veio de meus próprios estudos.

*Nota do Tradutor: DB e RL são símbolos de ações negociadas na Bolsa de Nova York.

posição. Há muito para rever, muito para aprender e você pode continuar fazendo planos para o futuro. Espero que este exercício o tenha ajudado a se convencer de que é muito importante manter um Diário de Operações. Você precisa documentar seus sucessos e falhas e aprender com eles.

COMO DOCUMENTAR SEU PLANO OPERACIONAL

Acredito que o melhor formato para criar um plano operacional é similar ao Diário que acabamos de rever. Quando você pesquisa um grande número de ações, pode manter algumas notas sobre as potencialmente interessantes em uma planilha ou um caderno com três colunas: Data, Cotação e Comentário. A ideia é estreitar sua busca para apenas poucas ações com boas possibilidades. Uma vez que você passe a contar apenas com alguns candidatos, é hora de trabalhar neles e construir um plano de ação para cada uma que for promissora.

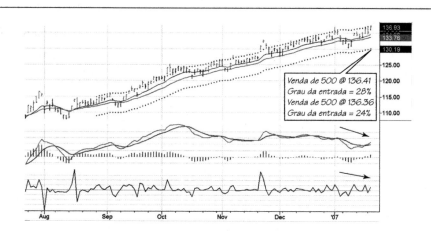

Figura 3.6 Diário Operacional – DB, Entrada, Gráfico Diário

O gráfico diário mostra mais divergências de baixa e um rompimento falso de topo (sinal importantíssimo que discutiremos mais tarde). Ele documenta minha entrada no *trade* e a graduação (notas) da qualidade de minhas duas ordens de venda em uma escala de 100 pontos. Discutiremos como graduar as compras e as vendas mais adiante em outro capítulo. Hoje, com esses gráficos à minha frente, recupero a experiência daquele *trade* e isso me permite aprender com ele. O que fiz direito? O que fiz de errado? Como poderia ter melhorado minha entrada no *trade*?

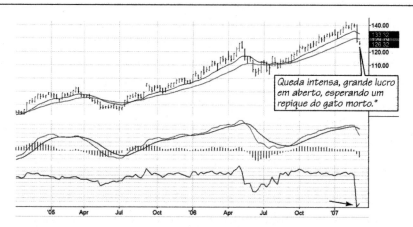

Figura 3.7 Diário Operacional – DB, Entrada, Gráfico Semanal

O gráfico semanal demonstra que o preço caiu abaixo da zona de valor, sob as duas médias móveis. Uma queda intensa do Índice de Força denota potencial fundo. O Histograma-MACD caiu para perto da zona em que reversões de alta tendem a ocorrer.

*Nota do Tradutor: Termo figurativo usado nos mercados americanos, *dead cat bounce*, descreve o padrão de uma queda espetacular seguida de uma alta moderada e temporária, antes de retornar à tendência de queda. Deriva da noção de que "mesmo um gato morto vai quicar se for jogado de uma grande altura".

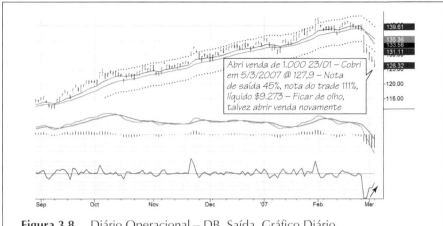

Figura 3.8   Diário Operacional – DB, Saída, Gráfico Diário

O gráfico diário demonstra que os preços estão bastante esticados para baixo, saindo de seu canal. Ao mesmo tempo, há sinal de compras no Índice de Força. Os vendidos fizeram uma bela viagem, mas toda viagem tem de chegar ao fim. As chances de ela continuar não são muito boas.

Quando você encontra uma ação que considera que pode negociar nos próximos dias, crie um plano com o mesmo formato do Diário mostrado. Capture um gráfico semanal usando o SnagIt, marque os sinais com setas e linhas e escreva nele. Cole o gráfico com todas as marcações em uma nova entrada em seu Calendário dentro do Outlook. Agora, capture um gráfico diário, marque-o e cole na mesma entrada no Outlook, abaixo do gráfico semanal. Nomeie essa entrada no Calendário pelo nome da ação e rotule como um *trade* planejado para que você possa facilmente reconhecê-lo. Salve e feche sua nova entrada.

Vá ao site de sua corretora e coloque uma ordem ou ordens para seus *trades* planejados. Certifique-se de que sua corretora envia a você um alerta imediatamente após sua ordem ser executada. Assim que você souber que está em um *trade*, é uma boa ideia colocar logo a ordem de *stop-loss* e de realização de lucros utilizando um OCO (*One Cancels Other* – uma cancela a outra).* A mecânica exata de colocar ordens não faz parte do escopo deste livro – isso é algo que você tem de verificar em sua corretora.

---

*Nota do Tradutor: No Brasil, desconheço a existência desse tipo de facilidade; portanto, se uma das duas ordens for executada, cancele manualmente a outra. De qualquer forma, informe-se em sua corretora se já há a possibilidade de contar com essa facilidade de cancelamento automático.

Sobre Manter Registros 51

Uma vez que você tenha criado um plano para operar determinada ação, adicione a cotação para sua lista de monitoração na janela de cotações do programa que você utiliza para a análise de mercado. O tamanho da tela do computador limita o tamanho da janela de cotações, o que, na verdade, é uma boa coisa. Eu só quero monitorar o número de ações que cabem em uma única tela, sem dividir minha atenção em dúzias de cotações. Aprecio o fato de que essa janela (Figura 3.9) mostra os índices principais do mercado, como o S&P 500, assim como seções separadas para minhas posições

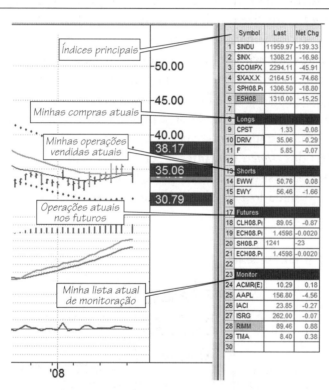

Figura 3.9   A Janela de Cotações em Minha Estação de Trabalho

Minha janela de cotações sempre acompanha os últimos preços e as variações do dia.
Essa é a disposição que desejo ver sempre que abrir meu programa de cotações. Ela mostra todos os dados mais importantes de uma só vez: os índices principais, minhas posições nas ações e nos futuros e minha lista de monitoração. O gráfico (cortado nesta figura) está à esquerda, a lista à direita. Ajustei minha Estação de Trabalho para que, sempre que eu clique em um símbolo na janela de cotações à direita, o gráfico correspondente apareça automaticamente na janela à esquerda.

compradas e vendidas nos futuros. Dei o nome da seção inferior de Monitor, e coloquei as ações que estou analisando para possíveis *trades*.

Também anoto as mensagens principais do *trade* em meus gráficos, especialmente o preço e o tamanho de minha entrada, assim como o alvo e o *stop*. Quando os mercados se tornam ativos, é fácil ficar confuso. Essa é a razão pela qual escrever nos gráficos é bastante útil, como demonstra a Figura 3.10.

Assim que você executar o plano e entrar em um *trade*, mova sua entrada no Calendário do Outlook do dia em que fez o plano para o dia em que iniciou o *trade*. Atualize o gráfico e inclua um gráfico *intraday* se quiser. Adicione alguns comentários relevantes – o tamanho do *trade*, a nota para a entrada (vamos discutir isso mais adiante), quaisquer comentários sobre a qualidade de sua entrada ou os sentimentos que o *trade* evocou. Troque a cor do rótulo de lilás (*Trade* Planejado) para amarelo (*Trade* Aberto), depois clique em salvar e fechar. Todo o processo de trocar o registro de um plano para uma entrada tomou apenas alguns minutos.

A maioria dos *traders* iniciantes se sente descontrolada e dominada pelos mercados. Esse sistema de criar planos e monitorar *trades* é uma ferramenta que vai ajudá-lo a controlar suas operações. Quando seu trabalho se

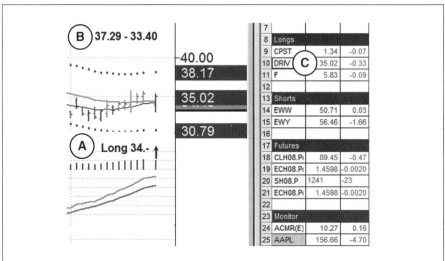

Figura 3.10   Fazendo Anotações nos Gráficos e na Janela de Cotações

A. Mostra o dia de compra e o preço
B. Faz eu me lembrar do alvo e do *stop*
C. O *trade* em questão

Sobre Manter Registros 53

tornar mais organizado, você estará em uma posição muito mais forte para começar a retirar lucros do mercado.

Mesmo um plano ruim é melhor do que não ter plano algum, desde que você o registre. Se você mantém bons registros, vai poder reconhecer qualquer falha em seu método e consertá-la. Faça isso por tempo suficiente, e talvez você pare de errar! Então é chegado o momento em que seu capital estará pronto para começar a aumentar.

O MÉTODO DE MARGRET – COLOQUE NA PAREDE

Além do diário de alta tecnologia que acabamos de rever, quero oferecer a você um método de baixa tecnologia para acompanhar suas operações.

Você pode olhar para um gráfico e ver um belo *trade* começando a nascer – só que ele ainda não está lá. Você pode perceber uma ação caindo com pouco volume em direção à sua área de suporte de muitos anos. Você pode dizer a si mesmo: "Se cair mais um pouco e o suporte aguentar, vou comprar." Parece um bom plano, mas quais as chances de você lembrar-se dele daqui a três semanas, quando a ação realmente cumprir o esperado? Nessa época, você estará olhando para outras ações e sonhando com outros *trades*, esquecido do fato de que sua primeira escolha está fazendo exatamente o que você esperava que ela fizesse. Talvez você só perceba algumas semanas depois, quando, por acaso, deparar com o gráfico da ação e verificar que ele está de acordo – você perdeu outra compra fantástica!

Os melhores *trades* vão acontecendo devagar. Você começa a acompanhá-los e tem de esperar que mais peças do quebra-cabeça apareçam antes que você possa apertar o gatilho e colocar uma ordem para comprar ou entrar na venda. Enquanto isso, você tem de manter um olho no *trade* que está se desenvolvendo.

Há alguns anos, fiquei bastante impressionado com um sistema de baixa tecnologia que minha grande amiga Margret utilizava para acompanhar seus potenciais *trades*. Margret, que morreu no mês passado, era uma *trader* espetacular. Eu a convidei para ser entrevistada para meu livro *Entries & Exits*, mas ela declinou. Era modesta, até mesmo envergonhada, tinha uma vida simples, vivia no Caribe e não queria chamar a atenção.

"Minha sobrinha me deu $18 mil para eu operar para ela", Margret me disse certa vez, "e eu transformei em $60 mil. Agora ela pensa que talvez eu saiba o que estou fazendo". "Sua sobrinha está certa!", eu lhe disse.

Em uma de minhas primeiras visitas à sua casa de praia, percebi que sua mesa ficava em um nicho, do tamanho de seu pequeno quarto, de frente para o corredor. Esse nicho tinha algumas estantes com os livros de Margret e papéis, mas também diversos quadros com gráficos presos por alfinetes. Ela me explicou que, sempre que via um *trade* começando a nascer, imprimia o gráfico e o marcava com caneta vermelha, mostrando o que a ação tinha de fazer para que ela a comprasse. Margret pregava aqueles gráficos nas paredes de seu nicho de trabalho. Sempre que ela se sentava à sua mesa, via os gráficos com os sinais desenhados. Não havia possibilidade de essa mulher, que cresceu pobre, deixar passar uma boa oportunidade de *trade*.

Se você decidir implementar o método de Margret, certifique-se de retirar os gráficos da parede depois de entrar no *trade* ou decidir que não vai mais entrar neles. Tenha certeza de que os gráficos que estão em sua parede sejam frescos e atualizados.

O MÉTODO DE FRED – UM *TRADE* CHIHUAHUA

Aprendi esse método de implementar planos operacionais com um velho amigo que veio dar aulas em um de meus seminários. Fred Schutzman é consultor de investimentos em *commodities* e, ainda que ele tenha vindo para ensinar, também gostava de assistir às minhas aulas. Um dia, eu estava demonstrando um *trade* que começava a aparecer e se desenvolver, dizendo que iria colocar um alerta eletrônico em minha corretora. Eu gostaria de receber uma mensagem quando a ação atingisse determinado nível predeterminado.

"Por que você não coloca uma pequena ordem nesse nível, em vez de um alerta?", perguntou Fred.

Então, dei-me conta de que colocar uma ordem e receber um comprovante tinha um significado emocional inteiramente diferente de receber um e-mail. Um e-mail a mais no meio da confusão de um dia atarefado de trabalho será só um dado a mais. Seria bem diferente receber o comprovante de compra ou venda de algumas ações. Suponha que eu esteja planejando comprar um lote de 1.000 ações e tenha colocado uma ordem para apenas 10 ações no preço de gatilho do *trade*. No momento em que eu recebesse a confirmação de compra daquelas 10 ações, teria de reanalisar os gráficos e tomar uma decisão – comprar mais 990 ações completando o

Sobre Manter Registros 55

trade, ou vender aquelas 10 ações, assumindo uma pequena perda, porque minha visão daquela ação se modificara.

Há uma grande diferença entre ver a foto de uma mulher e abraçar uma de verdade. Há uma grande diferença entre ler um e-mail sobre um *trade* potencial e entrar em uma posição verdadeira, não importa quão pequena ela seja.

Gostei tanto da sugestão de Fred que passei a utilizá-la imediatamente. Anos mais tarde, dei um nome a esse método – *trade* Chihuahua. O chihuahua é um cachorro pequeno, tão pequeno que você pode colocá-lo no bolso, mas, ainda assim, é um cachorro verdadeiro. Conheci uma mulher na República Dominicana que mantinha um grupo de cachorros grandes em sua casa para proteção. Os cachorros grandes dormiam quase o dia inteiro, mas ela também tinha alguns chihuahuas que estavam sempre atentos. Sempre que eles ouviam alguém se aproximando da cerca, começavam a latir e então os cachorros grandes acordavam e iam investigar o que estava acontecendo.

É por isso que quando estou afastado de minha tela e preciso colocar um alerta para algum futuro *trade*, prefiro colocar uma ordem chihuahua. Recentemente, um amigo me deu um presente – a foto de um chihuahua no pé de um dinamarquês. Coloquei a fotografia em meu escritório e continuo a utilizar ordens de gatilho, em vez de alertas estéreis.

COMO GRADUAR SEU DESEMPENHO

Uma pessoa que opera sem graduar ou medir seu desempenho é como alguém que se diz corredor profissional, mas não tem um relógio com cronômetro. Somente um corredor amador pode trotar em volta do quarteirão sem um cronômetro, para fazer algum exercício enquanto olha a vista. Um indivíduo que se diz corredor profissional, mas não tem um cronômetro e não registra seus treinamentos e tempos, é um brincalhão.

Não existe esse negócio de *trade* por lazer ou de brincadeira. Há o *trade* competitivo e o que perde, e nada além disso no meio. Se você tem uma atitude séria sobre vencer – e, se você não tem, não deveria estar nos mercados –, deve arrumar um cronômetro antes da próxima volta na pista.

Há muitas formas de medir a performance no mercado. Recomendo classificar seus *trades* em três escalas: a nota da compra, a nota da venda e – o mais importante – a nota geral.

Como graduar seu desempenho

Imagine dois amigos fazendo um curso na universidade. Ambos têm as mesmas habilidades e o mesmo preparo, mas um faz testes semanalmente, enquanto o outro espera o teste final. Se todos os fatores forem iguais, qual provavelmente receberá uma nota maior no fim do ano? O que esperou ou o que foi fazendo testes semanais?

A maioria dos sistemas educacionais testa os estudantes em intervalos regulares. Os testes fazem com que as pessoas preencham as falhas em seu conhecimento. Os estudantes que fazem testes durante o ano tendem a ter notas melhores no fim do ano. Testes frequentes ajudam a melhorar a performance.

O mercado está sempre nos testando, mas a maioria dos *traders* não se importa em verificar suas notas. Eles se alegram com seus lucros ou jogam os comprovantes de *trades* perdedores no lixo. Ficar contando vantagem e ficar se punindo não fazem de você um *trader* melhor.

O mercado gradua todos os *trades* e coloca os resultados em um quadro, só que a maioria dos *traders* não tem ideia de para onde olhar. Alguns contam dinheiro, mas essa é uma medida muito grosseira, que não compara o desempenho nos diferentes mercados em diferentes preços. Às vezes, você pode ganhar mais dinheiro em um *trade* errado, em um mercado grande e caro, do que em um *trade* bem elaborado em um mercado mais estreito e mais difícil de operar. Qual deles revela habilidade mais apurada? O dinheiro é importante, mas nem sempre oferece a melhor medida do sucesso.

Adaptado de *Aprenda a operar no mercado de ações*
Alexander Elder
Campus/Elsevier, 2005

COMO GRADUAR SUAS ENTRADAS E SAÍDAS

As duas notas mais básicas para cada *trade* são as de compra e venda, que medem a qualidade de sua compra e de sua venda. Acompanhá-las vai ajudar a aumentar seu nível de competência quando entra ou sai de *trades*, não importa o resultado deles.

Você pode medir a qualidade de sua compra e venda comparando os preços de negociação com a variação diária. Quando você compra, quer negociar o mais próximo do fundo do dia quanto possível. Quando vende, quer negociar o mais próximo do topo do dia quanto possível.

$$A \text{ Nota para a Compra} = \frac{o \text{ topo do dia menos o preço de compra}}{o \text{ topo do dia menos o fundo do dia}}$$

Sobre Manter Registros

O resultado é expresso em percentual: se você compra no fundo do dia, sua nota é 100% e, se compra no topo, sua nota é 0%. Notas abaixo de 25% são ruins; acima de 75%, soberbas; e entre 25% e 75%, satisfatórias.

$$A \text{ Nota para a Venda} = \frac{\text{o preço de venda menos o fundo do dia}}{\text{o topo do dia menos o fundo do dia}}$$

O resultado é expresso como um percentual. Se você vende no topo de um dia, sua nota é 100%, e se você vende no fundo, sua nota é 0%. Aqui também você quer ter uma nota acima de 75% para uma nota excelente, enquanto qualquer coisa abaixo de 25% é ruim.

Sempre que opero, meu objetivo é conseguir notas acima de 50% em minhas entradas e saídas. Isso significa comprar abaixo da média do dia e vender acima da média.[1] Certa vez, uma analista de mercados que não era *trader* me disse que uma pessoa que colocasse suas ordens randomicamente pegaria, em média, metade da variação do dia. Longe disso! Uma indústria inteira de *traders* profissionais vive de comprar baixo e vender alto. Quando os *insiders** e os profissionais pegam as compras mais baixas e as vendas mais altas, sobra para o público comprar alto e vender baixo. Graduar suas entradas e saídas faz você prestar atenção às suas ordens e execuções, e leva a uma performance melhor ao longo do tempo.

Se você retornar à Figura 3.1, vai compreender o significado das colunas U e V. Elas graduam a qualidade de minhas entradas e saídas dos *trades* demonstrados na planilha. Quando você opera na compra, a entrada é uma compra e a saída, uma venda. Quando você opera vendido, a sequência é revertida – primeiro uma venda e depois uma compra.

---

[1] Em geral, o mercado atrai pessoas inteligentes, mas, ocasionalmente, você se depara com uma exceção. Recentemente, apresentei esse sistema de graduar os *trades* em uma conferência institucional em que um jovem levantou a mão e perguntou se eu decidia meu ponto de entrada durante o dia ou após o fechamento. Depois de recuperar o fôlego, respondi que ainda estou atrás de uma corretora que aceite minha ordem para operar aos preços do dia anterior.

**Nota do Tradutor: Insiders* são pessoas no mercado com informações privilegiadas, que conhecem os fatos antes das massas e se beneficiam disso. Como exemplo, alguém que tem acesso ao balanço de uma empresa antes de ele ser divulgado. No mercado brasileiro, utiliza-se o termo em inglês, que será mantido no livro.

Parece fácil – comprar na metade inferior de uma coluna e vender na metade superior –, mas, a rigor, é muito difícil. Psicologicamente, é fácil comprar na alta e vender na baixa. Atribuir notas às suas entradas e saídas e seguir as tendências delas para medir seu progresso fazem você se tornar um *trader* mais afiado, exigente e de mais sucesso. Saber que, no fim do dia, você terá de dar uma nota o ajuda a desistir de pegar ralis de alta no meio e vender nos fundos.

COMO GRADUAR SUAS OPERAÇÕES

O objetivo dos *trades* é ganhar dinheiro, mas é possível usar o dinheiro para medir a qualidade de cada *trade*? Acredito que a quantidade de lucro ou prejuízo nos dá apenas uma medida grosseira da qualidade de um *trade*.

A quantidade de dinheiro em sua conta no fim de um mês ou trimestre é extremamente importante para construir sua curva de capital. Essa curva dá uma medida precisa de seu desempenho como *trader*. O dinheiro não é uma boa medida para *trades* isolados porque a quantidade que você ganha ou perde em um único *trade* depende bastante do tamanho do *trade*, bem como da volatilidade do mercado naquele momento.

A melhor forma de medir sua performance em *trades* isolados é verificar o número de pontos ganhos ou perdidos em relação à volatilidade recente do mercado. O que tem sido um movimento normal do mercado nos últimos meses? Qual percentual desse movimento você pegou no último *trade*? As respostas a essas questões será uma boa medida de seu desempenho naquele *trade*.

Quais parâmetros devemos utilizar para medir a qualidade de um *trade*? Um canal bem desenhado no gráfico diário serve como excelente reflexo da volatilidade recente daquele mercado. A nota de nosso *trade* vai demonstrar qual o percentual do canal que conseguimos capturar.

Para *swing trades*,* uso um canal em volta da média móvel mais longa no gráfico diário. Para *day-trades*, uso um canal em um gráfico de cinco minutos, também centralizado em volta da média móvel mais longa.

Um dos poucos fatos cientificamente comprovados dos mercados financeiros é que eles flutuam acima e abaixo do valor. Como psiquiatra, posso

---

Nota do Tradutor: *Swing trades* estariam no meio do caminho entre os *day-trades*, que levam um dia, e o *trade* de tendência, que chega a durar meses, durando, em média, de alguns dias a algumas semanas.

Sobre Manter Registros

dizer que o mercado é maníaco-depressivo. Quando ele se torna maníaco, os preços se elevam acima da linha superior do canal. Quando se torna depressivo, os preços caem abaixo da linha inferior do canal. Enquanto os preços ficam variando entre mania e depressão, meço a qualidade de cada *trade* pelo percentual do canal que ele capturou.

$$\text{A Nota do } Trade = \frac{\text{preço de saída menos o preço de entrada}}{\text{linha superior do canal menos a linha inferior do canal}}$$

Meço a altura do canal – a linha superior menos a linha inferior – no dia da entrada de um *trade*. Se você olhar a Figura 3.1, vai ver que a coluna W acompanha o percentual do canal capturado em cada *trade*. Essa é a me-

---

Canais

Uma média móvel reflete o consenso médio de valor, mas qual o significado do canal?

A linha superior do canal reflete o poder dos *bulls* (compradores) de empurrar os preços para cima da média móvel – o consenso médio de valor. Ela marca o limite normal do otimismo do mercado. A linha inferior do canal reflete o poder dos *bears* (vendedores) de empurrar os preços para baixo da média móvel – o consenso médio de valor. Ela marca o limite normal do pessimismo no mercado. Um canal bem desenhado ajuda a diagnosticar mania e depressão.

A maioria dos programas de mercado desenha canais de acordo com a seguinte fórmula:

Linha superior do canal = MME* + MME X Coeficiente do Canal
Linha inferior do canal = MME – MME X Coeficiente do Canal

Um canal bem desenhado contém a maioria dos preços, com apenas alguns extremos pulando para fora. Ajuste o coeficiente até o canal conter aproximadamente 95% de todos os preços para os últimos meses. Os matemáticos chamam isso de canal do segundo desvio padrão. A maioria dos programas de mercado desenha os canais com bastante facilidade.

Procure os Coeficientes de Canal adequados para qualquer mercado por tentativa e erro. Fique ajustando até o canal englobar aproximadamente 95% de todos os preços, deixando somente os mais altos topos e mais baixos fundos do lado de fora. Desenhar um canal é como experimentar uma camisa. Escolha o tamanho em que todo o corpo fica confortável, deixando somente os pulsos e o pescoço de fora.

Adaptado de *Aprenda a operar no mercado de ações*
Dr. Alexander Elder
Campus/Elsevier, 2005

*MME = Média Móvel Exponencial.

dida mais importante para qualquer *trade*. Ainda que você obtenha uma nota de 100% em sua entrada e em sua saída, se receber uma nota baixa para seu *trade* em geral, ele é um fracasso. Não é um fracasso total, é claro – desde que você mantenha bons registros, pois, assim, estará aprendendo com seus fracassos e com suas vitórias.

E a coluna X na Figura 3.1? Aqui, volto ao antigo sistema escolar e chamo todos os *trades* que capturam mais de 30% do canal de um *trade* nota A. Alguns *trades* chegam até a ser A+. Qualquer *trade* que capture 20% a 30% de um canal ganha uma nota B; 10% a 20%, C; abaixo de 10%, um C-; e, abaixo de zero, ele se torna um *trade* nota D. Se, agora, você retornar à Figura 3.3, que mostra meu Calendário do Outlook, vai entender por que alguns rótulos para *trades* vencedores são coloridos de verde (lucro) e outros de azul (lucro com demérito). Não basta ter lucros – também é importante receber uma boa nota pelo desempenho.

Dar notas a toda entrada e saída, bem como a todo *trade*, vai fazer com que você passe a ter uma atitude exigente e séria em relação a seu trabalho. Como *trader* privado, você não tem chefe nem diretor. Para vencer, tem de ser seu próprio chefe, e isso é o que graduar seus *trades* vai fazer por você.

Se gostou do sistema de graduação que acabei de mostrar, você pode expandi-lo ainda mais. Por exemplo, você pode querer incluir uma coluna em sua planilha medindo o custo de seus *trades* – o custo total de comissões, taxas e erros, dividido pelo lucro bruto daquele *trade*.

DOIS TIPOS DE COMPRAS

Certa vez, ouvi uma frase que ficou comigo por anos – um homem que tinha uma loja de flores disse que tinha de "comprar bem para vender bem". As flores têm de ser vendidas rapidamente, antes de murchar. Comprar a um preço baixo confere ao dono da loja mais lastro nos preços. Se os negócios ficam lentos, ele pode reduzir seus preços de venda e ainda ter lucro. Comprar bem – conseguindo um preço baixo – o ajuda a vender bem.

À medida que vamos chegando ao fim de nossa pequena discussão sobre compras, temos de abordar seus dois tipos principais. Um é a compra de valor: "Compre baixo (barato), venda alto (caro)." O outro é a compra de *momentum*: "Compre alto (caro), venda ainda mais alto (caro)."

Um comprador de valor tenta identificar valor e comprar próximo dele. Ele quer vender quando os preços se tornam sobreavaliados. Para ajudar a

Sobre Manter Registros

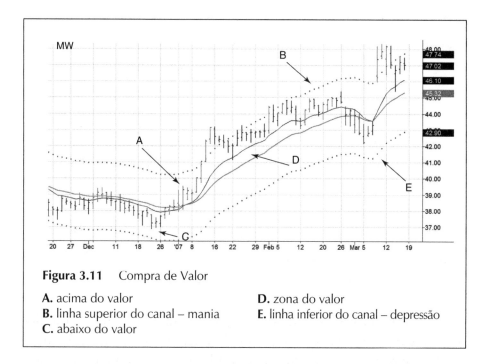

Figura 3.11 Compra de Valor
A. acima do valor
B. linha superior do canal – mania
C. abaixo do valor
D. zona do valor
E. linha inferior do canal – depressão

definir o valor, coloco duas médias móveis em um gráfico e chamo o espaço entre elas de zona de valor (veja a Figura 3.11). Para ajudar a definir as zonas sobreavaliadas e subavaliadas, incluo canais em meus gráficos diários e *intraday*. O espaço acima da linha superior do canal identifica as áreas de mania, e o espaço abaixo da linha inferior, a zona de depressão.

Nos *trades*, não temos o luxo de atirar em um alvo fixo – o alvo fica se mexendo. Os preços variam com muita rapidez, mas a zona de valor se movimenta bem mais lentamente. O conceito da zona de valor dá ao *trader* um alvo que se movimenta um pouco mais lento que os preços.

Discutiremos as táticas de vendas usando o conceito de valor em um posterior capítulo, mas mesmo uma olhada rápida na Figura 3.11 vai mostrar que o conceito de comprar abaixo do valor e vender na zona sobreavaliada tem lógica.

Trading de *momentum* exige uma abordagem completamente diferente para compra e venda. O gráfico na Figura 3.12 mostra como uma ação, depois de passar diversos meses em uma estreita área, rompeu para cima da linha de resistência e subiu com força. Algumas semanas mais tarde, depois de uma correção que não chegou nem à linha de resistência anterior, a ação voltou a acelerar e subiu com mais força ainda.

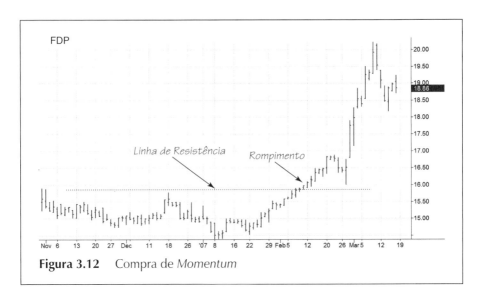

Figura 3.12 Compra de *Momentum*

Aqui, o momento de comprar sempre foi aquele em que a ação demonstrou força, superando o topo do dia anterior. Mas onde você venderia? Em retrospecto, esse ponto teria vindo durante o rompimento falso acima de $20 – mas isso se tornou claro somente alguns dias mais tarde. Como você poderia decidir o ponto de venda com a vantagem apropriada? Nosso próximo capítulo é dedicado a questões sobre vendas.

Ambos os gráficos que acabamos de rever demonstram que a forma como vendemos dependerá da razão pela qual compramos e como o fizemos. Você é primariamente um *trader* de valor ou de *momentum*? E como tomar essa decisão?

Esta é uma das muitas situações em que as pessoas tomam decisões de mercado com base em emoções, e não em fatos concretos. Tomamos algumas das decisões mais importantes da vida assim, e não é necessariamente uma má coisa. Algumas pessoas são induzidas, por temperamento, a comprar barato e vender caro, pois suspeitam de tendências. Outras fazem um rastreamento do mercado, em busca de tendências, pulando nelas e tentando sair antes de uma reversão significativa.

Só você pode decidir se deseja ser um *trader* de valor ou de *momentum*. Eu não posso fazer essa escolha por você. Não importa o que você decida, por favor, compreenda que ter um plano para compras e vendas vai colocá-lo milhas à frente de sua competição. Não importa qual seja seu método, uma pessoa com um plano tem uma clara vantagem nos *trades*.

Sobre Manter Registros

Lembre-se: sua meta é um instrumento operacional. Quando ela fica embaçada no calor de um dia de negócios, como normalmente ocorre, a qualidade de suas decisões vai deteriorar. Ter um plano vai mantê-lo ligado aos momentos mais tranquilos anteriores ao *trade*, quando você está em uma posição bem melhor para tomar decisões.

Quando você vem para o mercado a fim de operar vendido, saber se você é um *trader* de valor ou de *momentum* e ter um plano de saída lhe dará uma tremenda vantagem sobre as massas de *traders* impulsivos.

Lembre-se: Compre bem para vender bem!

PARTE II

Como Vender

Discutimos como comprar, gerenciar risco e manter registros. Vai dar muito trabalho implementar essas lições – mas é exatamente o tipo de trabalho que vai colocá-lo à frente da massa no mercado.

Agora é hora de entrarmos nas vendas.

Se todos os *trades* são uma jornada, é melhor viajar com um mapa. Isso vai ajudá-lo a encontrar o caminho para o alvo ou a retornar ao ponto no qual começou e fechar sua posição. Um mapa não garante o sucesso, mas ele o ajuda a reconhecer quando você sai da estrada e tem de retornar. É mais provável que um *trader* sem um mapa fique vagando sem rumo e desperdice energia e capital.

Colocar um plano no papel tem um efeito psicológico poderoso na maioria das pessoas. Reduz o estresse e aumenta a lucratividade. Tomamos nossas melhores decisões quando nos sentimos relaxados. Redigir um plano e executá-lo a partir do papel o ajuda a reduzir a tensão, pois separa suas duas tarefas: de analista e operador.

Dê a seu "analista" o luxo da paz e da tranquilidade, enquanto ele pensa e redige seu plano. Dê a seu "operador" o luxo da simplicidade no meio da ação – dê a ele um mapa e deixe-o correr com ele. Em condições de focar apenas a execução das decisões. Mantenha os dois papéis separados. Deixe o analista pensar. Deixe o operador executar. Deixe que eles trabalhem como um time, ao invés de ficarem pisando um no dedo do outro, como em uma dança enlouquecida.

O Psicótico Sr. Mercado

Warren Buffett, um dos investidores de maior sucesso na América, gosta de dizer que, quando você compra uma ação, torna-se parceiro de um sujeito maníaco-depressivo que ele chama de Sr. Mercado. A cada dia, o Sr. Mercado corre até você e oferece para ou comprar sua ação ou vender a dele. A maior parte do tempo, você vai ignorar o sujeito porque ele é psicótico. Eventualmente, o Sr. Mercado se torna tão deprimido que oferece a ação dele por uma miséria – e essa é a hora em que você deve comprar. Noutras épocas, ele se torna tão maníaco que oferece um preço totalmente doido por sua ação – e aí é quando você deve vender.

A ideia de Buffet é brilhante em sua simplicidade, mas bem difícil de aplicar na prática. O Sr. Mercado varre a maioria das pessoas porque seu humor é altamente contagioso. Elas querem vender quando o Sr. Mercado está deprimido e comprar quando ele está maníaco.

Temos de manter nossa sanidade. Precisamos de critérios objetivos para decidir o quão alto é muito alto e o quão baixo é muito baixo. Buffett toma suas decisões baseado na análise fundamentalista e em uma intuição fantástica. *Traders* podem utilizar a análise técnica.

Adaptado de *Aprenda a Operar no Mercado de Ações*, Alexander Elder
Campus/Elsevier, 2005

Você pode ver esta seção do livro como um menu para os vendedores. Ou pode escolher somente um item que o atrai e viver bem só com ele. Ou pode escolher diversas abordagens para vendas e combiná-las.

Algumas das escolhas do menu são mais apropriadas a diferentes condições do mercado. Alguns métodos são fáceis de combinar – como utilizar tanto um alvo de lucro quanto uma ordem de *stop-loss*. Outras táticas não podem ser combinadas – você pode vender próximo de uma linha de canal ou em uma zona de resistência distante, mas não em ambas. Assim como na cozinha, alguns itens no menu combinam bem, enquanto outros não. Essa é a razão pela qual você tem de definir com clareza qual método vai usar para vendas. Redigir seu plano vai trazer grandes benefícios.

Também tem de estar claro qual o período em que você vai operar. Trata-se de um *trade* de posição que vai durar meses, um *swing trade* de algumas semanas ou dias ou apenas um *day-trade*?

Se for um *day-trade*, você tem de estar com seu dedo no gatilho quando estiver sentado em frente à tela de cotações. Um dos maiores erros dos perdedores crônicos é converter um *day-trade* que deu errado em uma posição de longo prazo. Por outro lado, ficar acompanhando um monitor normal-

Como Vender

mente é contraproducente para uma posição de longo prazo. Um *trader* que olha demais o monitor quase sempre perde sua posição, pois sai muito cedo em qualquer sinal precoce, e perde a tendência principal que estava almejando. A clareza de propósitos é uma virtude do bom operador.

OS TRÊS TIPOS DE VENDAS

Sempre que você planejar comprar uma ação, pergunte a si mesmo se pretende mantê-la pelo resto de sua vida e deixá-la para seus herdeiros. Já que a resposta mais comum é "não", a próxima pergunta tem de ser: *O que vai fazer com que você venda esta ação?*

Obviamente, você compra porque espera que a ação suba de preço. O quanto ela tem de subir para que você diga "Chega!" e a venda? Você tem um preço específico ou uma área em que vai considerar seriamente a venda? Há um padrão de preços ou de indicadores que vai dizer a você que a tendência de alta está terminando e que é hora de realizar lucros? Não preciso dizer que a melhor hora para responder a essas perguntas é antes de entrar no *trade*.

E se você estiver errado sobre o rali e a ação começar a cair, ao invés de subir? Quanto ela tem de cair para que você acione o *stop* e pule fora? O pior momento para tomar essas decisões é quando você possui a ação que está caindo. À medida que ela cai mais e mais, aparecerão sinais de que a ação está sobrevendida, da exaustão da queda e de reversão. Se você não aceita assumir uma perda, pode ficar se iludindo por um longo período e acabar tendo um prejuízo enorme. O melhor momento para tomar a decisão de quando se livrar de uma ação é antes de comprá-la.

Finalmente, você pode decidir vender se uma ação não se movimentar dentro de um período específico ou se ela deixa sinais de um preço ou de um indicador suspeitos. O que essa ação tem de fazer para desafiar sua primeira impressão otimista para ela? Chamo esse tipo de venda "agindo em resposta ao barulho do motor". À medida que você adquire mais experiência, seus ouvidos vão sintonizar melhor esses barulhos.

Resumindo: você pode dividir as decisões quanto a vendas em três categorias principais:

1. Vender em um alvo de lucro acima do mercado.
2. Estar preparado para vender abaixo do mercado, utilizando um *stop* protetor.

3. Vender antes de a ação atingir um alvo ou um *stop* – porque as condições do mercado se modificaram e você não deseja mais manter a ação.

Agora, vamos rever essas três escolhas, uma de cada vez. Lembre-se: o *trading* é um campo enorme e ninguém pode se especializar em todas as áreas. É bom conhecer muitos métodos. Você vai precisar selecionar o que o atrai mais e se treinar para se tornar bom naquela área.

CAPÍTULO 4

VENDENDO EM UM ALVO

Você compra uma ação quando espera que ela suba. Se você imaginasse a possibilidade de comprá-la mais em conta, esperaria por um preço mais baixo.

Assim que você selecionar uma candidata à sua compra, deve fazer algumas perguntas:

1. Onde você pensa que está o alvo de realização de lucros – quanto parece que essa ação vai subir?
2. Quanto precisa cair para convencê-lo de que sua decisão de comprar foi errada e chegou a hora de cortar as perdas?
3. Qual a relação entre risco-retorno dessa ação, e qual a relação entre retorno e lucro potencial?

Os *traders* profissionais sempre fazem essas três perguntas. Os jogadores não se preocupam com nenhuma delas.

Vamos começar cuidando da primeira questão. Qual o alvo de realização de lucros da ação?

Uma boa forma de estabelecer um alvo para um *swing trade* é utilizar ou uma média móvel ou um canal. Uma boa maneira de estimar um alvo de realização de lucros para um *trade* de longo prazo é verificando o suporte e a resistência de longo prazo.

Entrar em um *trade* é como se jogar em um rio com uma forte correnteza. Você pode andar para cima e para baixo na margem do rio em busca de um lugar para pular. Algumas pessoas passam a vida toda na margem, tentando viver da forma mais segura possível. Você está seguro na margem: sua pele está seca e seu dinheiro está rendendo juros em uma conta remunerada. Uma das poucas coisas nos *trades* sobre as quais você tem total controle é o momento em que decide se jogar para dentro. Não permita que a inquietação ou a ansiedade o empurrem para dentro antes da hora, antes de você encontrar um bom ponto para pular.

Enquanto você está na margem procurando um lugar para pular, há outra área importante a ser explorada. Você tem de olhar corrente abaixo, onde a correnteza passa por cima de rochas, criando rodamoinhos e turbulências. Você tem de explorar a margem distante por locais seguros para sair da água. Você tem de estabelecer um alvo de realização de lucros para seu *trade*.

Décadas atrás, quando comecei a operar, eu tinha a ilusão de que entraria em um *trade* e depois sairia quando chegasse "a hora certa". Eu tinha medo de estabelecer um ponto para realizar lucros porque isso reduziria meu lucro potencial. É quase certo que um amador que entra em um *trade* sem uma ideia clara do alvo de lucros vai se sentir confuso e perder o poder de decidir corretamente. Não é surpresa alguma que, naquele tempo, havia pouco lucro para mim, mas nenhuma limitação de perdas.

Kerry Lovvorn tocou no ponto com precisão quando declarou durante sua entrevista para *Entries & Exits*: "As pessoas desejam ganhar dinheiro, mas não sabem o que querem dos mercados. Se eu estou montando um *trade*, o que espero dele? Você começa em um trabalho – você conhece qual será seu salário e seus benefícios nele, o que vai receber por aquele trabalho. Ter um ponto para a realização de lucros funciona melhor para mim, embora, algumas vezes, isso me leve a vender precocemente."

Neste capítulo, vou mostrar a você diversos *trades* de meu diário, incluindo uma entrada, uma saída e o acompanhamento. Já que este é um capítulo sobre vendas, vou focalizar nas saídas dos *trades* de compra, cobrindo as entradas somente o suficiente para fornecer uma ideia geral das razões para o *trade*.

Antes de começarmos, quero comentar nos gráficos de acompanhamento deste livro. Alguns deles podem impressionar, com minha saída bem no topo, mas muitas vezes você vai ver que mais dinheiro foi deixado na mesa do que retirado dela.

Iniciantes que olham gráficos se hipnotizam por fortes tendências. *Traders* mais experientes sabem que as grandes tendências ficam claras apenas em retrospecto. Todos os *trades* são perfeitamente visíveis no espelho retrovisor, mas o futuro é vago, inconstante e embaçado. Entrar em um *trade*

Vendendo em um Alvo

é como montar um cavalo selvagem em um rodeio. Quando você sai pelo portão, sabe que, se conseguir ficar montado no cavalo por 50 segundos, será considerado um grande cavaleiro e vai ganhar um prêmio. O tempo para montar uma longa distância virá mais tarde e em outro tipo de cavalo. Vamos discutir a venda de posições de longo prazo mais adiante, neste capítulo.

Quando você olhar os *trades*, a maioria de meu diário de operações pessoal, preste atenção a diversos aspectos. Perceba que eu graduo todos os *trades* de três formas – para a qualidade de minha entrada, para a qualidade de saída e, mais importante, para a qualidade total do *trade*. Sempre escrevo minha fonte para a ideia do *trade*. Pode ser meu próprio trabalho, uma dica da Spike ou algo de um *webinar*. Eu tenho células em minhas planilhas de registros que traçam uma relação de preço/lucro para cada uma de minhas fontes, por razões óbvias. Quero saber a quem devo escutar no futuro e a quem devo ignorar.

Agora estamos prontos para começar a estabelecer alvos de realização de lucros. Vamos discutir as ferramentas disponíveis para nós. Minhas favoritas são:

1. Médias Móveis
2. Envelopes e Canais
3. Zonas de Suporte e Resistência
4. Outros Métodos

VENDENDO EM UMA MÉDIA MÓVEL

Robert Rhea, que foi analista técnico proeminente durante a primeira metade do século XX, descreveu os três estágios de um *bull market* (mercado de alta). Durante o primeiro estágio, os preços se recuperam do excesso de sobrevendas do anterior mercado *bear* (de queda) – eles sobem de níveis profundamente subavaliados de volta para o valor. No segundo estágio, os preços em alta refletem a melhora dos fundamentos. Finalmente, durante o terceiro e último estágio, os preços sobem com força em razão de entusiasmo, otimismo, euforia e ambição – as pessoas compram "porque os preços sobem para sempre". Rhea, que trabalhou muito para popularizar a Teoria de Dow, estava falando de *bull markets* que duraram diversos anos. Eu descobri que podia aplicar esse conceito em períodos mais curtos.

Já discutimos como as médias móveis refletem um consenso de valor de prazo mais longo. Quando os preços caem abaixo de uma média móvel e a arrastam para baixo, um movimento *bear* está se formando. Quando os preços deixam de cair e a média móvel fica de lado, temos de estar atentos à possibilidade de que o urso* esteja morto.

Os mercados funcionam em um sistema de dois partidos. Quando o partido dos ursos perde o poder, podemos antecipar que a próxima eleição irá para os touros. A primeira medida dos touros no poder seria retornar os preços ao valor, de volta para a média móvel.

Essa abordagem de comprar abaixo do valor e estabelecer o alvo de realização de lucros na zona de valor funciona especialmente bem em gráficos semanais. O sistema de *trades* (*trading system*) Triple Screen ou Tela Tripla (veja "Minha Caixa de Ferramentas" nas páginas 16-19) orienta que se tomem decisões estratégicas nos gráficos semanais e elas sejam executadas nos gráficos diários, quando você toma as decisões táticas de compras e vendas.

Recentemente, recebi o e-mail de um *trader* amigo meu sobre uma ação que ele estava operando. Kerry chamou a atenção para o fato de que a ação havia rompido abaixo de seu fundo de muitos anos e depois se estabilizara. Sempre que analiso uma ação que não vejo há muito tempo, abro seu gráfico semanal (Figura 4.1) e o espremo para que toda a história caiba em uma tela. Quero, em apenas uma olhada rápida, saber se a ação está cara ou barata, em relação à sua própria história. EXTR,** com um topo acima de $120 e um fundo próximo de $3, estava sendo negociada abaixo de $3,50, o que respondia de forma absolutamente clara a essa questão.

Em seguida, expando o gráfico semanal da ação e revejo sua história nos últimos dois ou três anos (veja a Figura 4.2). Esse formato permite que eu identifique padrões de preços e de indicadores de longo prazo. Aqui, você pode observar que os preços da ação romperam recentemente abaixo do suporte de longo prazo, no valor de $4,05. A queda se estabilizou e a tendência mudou de queda para acumulação (de lado). Tanto o Histograma-

---

*Nota do Tradutor: Como já se disse, *bull market* ou mercado do touro é o mercado de alta, enquanto *bear market* ou mercado do urso é o mercado de queda. Aqui, o autor usou o termo urso mesmo, o animal, obviamente sinalizando o mercado de queda. No texto, algumas vezes ele utilizará metaforicamente os animais touro e urso sinalizando o mercado de alta ou de queda.

**Nota do Tradutor: Símbolo na Nasdaq da empresa Extreme Networks Inc.

Vendendo em um Alvo

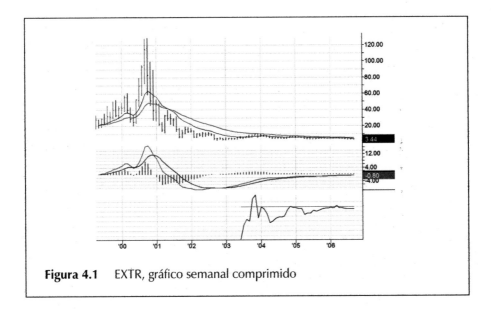

Figura 4.1   EXTR, gráfico semanal comprimido

MACD quanto o Índice de Força começaram a subir – um sinal de alta. Eu decidi que um rali de alta poderia acontecer e levar os preços para a zona de valor no gráfico semanal. Essa zona se situava entre $3,67 e $3,96, entre as duas médias móveis.

Na extremidade direita do gráfico semanal (veja a Figura 4.2), EXTR faz um rompimento falso para baixo – um dos sinais mais fortes de alta na análise técnica. Ele é confirmado por uma divergência de alta nas linhas de MACD.

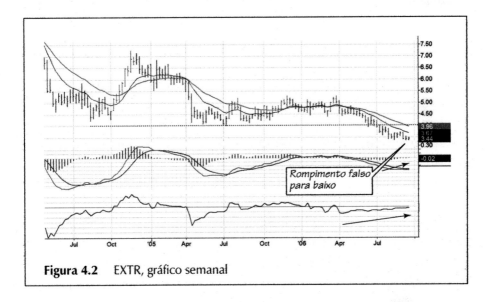

Figura 4.2   EXTR, gráfico semanal

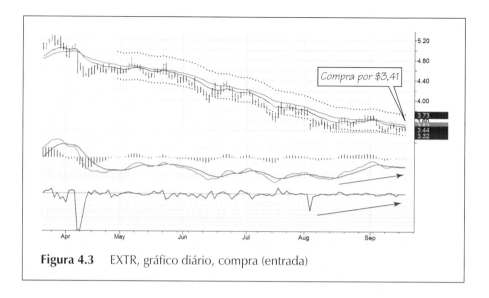

Figura 4.3 EXTR, gráfico diário, compra (entrada)

Além disso, a divergência de alta do Índice de Força está enviando uma mensagem importante – a tentativa de rompimento para baixo não tinha força. Decisão – comprar EXTR com um *stop* em 3,31 e um alvo em 3,81, acima da linha superior do canal. A distância do último preço de fechamento para o alvo era de $0,37, e para o *stop*, de $0,13. A relação do retorno para o risco era de quase 3:1 – nada excepcional, mas certamente bastante aceitável.

EXTR			Canal Sup.	Canal Inf.	Max. do Dia	Min. do Dia	Nota
Entrada	$3,45	20/9/06	3,74	3,31	$3,50	$3,41	56%
Saída							
Prej./Lucro						Trade	

Foi uma boa entrada em um dia quieto – comprar na metade inferior do gráfico diário. Para uma nota de entrada de 56%. No dia posterior à minha compra de EXTR, ela enfraqueceu e, no dia seguinte, tocou em uma nova mínima. Deve ter engatilhado alguns *stops*, punindo aqueles que gostam de colocá-los logo abaixo da mínima anterior. É importante dar um desconto ao barulho normal dos mercados e colocar seu *stop* um pouco mais distante, numa área à qual você não espera que os preços cheguem.

Na semana seguinte, EXTR explodiu para cima, quase atingindo seu canal superior em um único dia. Fechou próximo à máxima, mas no dia seguinte variou muito pouco e não conseguiu subir mais. Vi isso como um sinal de resistência e vendi a $3,63 (veja a Figura 4.4).

Vendendo em um Alvo

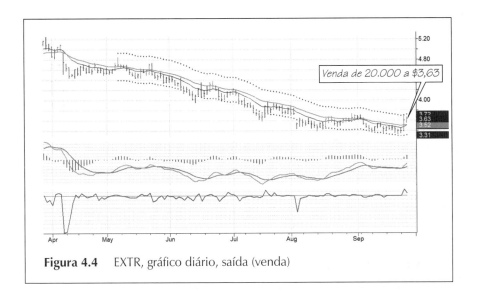

Figura 4.4 EXTR, gráfico diário, saída (venda)

EXTR			Canal Sup.	Canal Inf.	Max. do Dia	Min. do Dia	Nota
Entrada	$3,45	20/9/06	3,74	3,31	$3,50	$3,41	56%
Saída	$3,63	27/9/06			$3,66	$3,56	70%
Prej./Lucro	$0,18					Trade	42%

Escolhi não tentar pegar mais do que o mercado parecia estar disposto a dar. Trato um alvo de venda como uma estimativa de trabalho. Se o mercado parecer muito forte, vou tentar ficar no *trade* além do alvo. Se parecer fraco, saio antes.

Essa foi uma saída muito benfeita, vendendo próximo à máxima do dia, recebendo uma nota de 70%. Ainda mais recompensadora foi a nota do *trade*. Pegar $0,18 de um canal de $0,42 produziu uma nota para o *trade* de 42% – um *trade* A+. Comprei abaixo do valor e vendi próximo do nível sobreavaliado.

Uma das vantagens essenciais de se manter um Diário Operacional é que ele o encoraja a retornar a todos os *trades* fechados, um ou dois meses depois (veja a Figura 4.5). Faz com que você reavalie seu desempenho com o benefício do retrospecto. Se você ficar continuamente aprendendo a partir de suas experiências, será um *trader* melhor amanhã!

Em retrospecto, eu poderia ter ficado mais tempo no *trade* – mas, na hora da saída, não havia uma forma de saber com clareza que aqueles ralis viriam. Há duas formas de conseguir acertar com precisão todos os fundos e topos. Uma é com *trades* virtuais usando gráficos antigos; a outra é men-

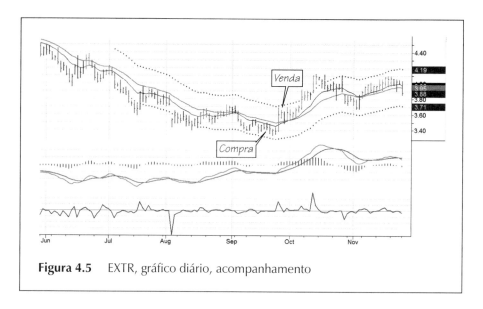

Figura 4.5 EXTR, gráfico diário, acompanhamento

tir sobre seu desempenho. Para os *traders* reais, que arriscam dinheiro de verdade, é melhor o lucro no bolso do que o *trade* voando.

Você tem de desenvolver um estilo de *trades* no qual se sinta confortável e segui-lo sem ficar se lamentando. O arrependimento é uma força corrosiva nos *trades*. Se você ficar se punindo por ter deixado algum dinheiro na mesa hoje, vai acabar indo longe demais amanhã – e falhar.

E agora vamos rever outro *trade*.

Uma das vantagens dos mercados futuros é que existem poucos deles. Você pode rever facilmente duas dúzias dos principais mercados futuros como parte de seu dever de casa do fim de semana. Essa foi a forma como tomei ciência do seguinte padrão no mercado de ouro.

No canto direito do gráfico diário (Figura 4.6), o ouro rompeu a linha inferior de suporte, mas fechou acima dela. Eu aprendi com David Weis, um instrutor frequentemente convidado para nossos seminários, que um rompimento falso para baixo é um dos sinais mais intensos de alta na análise técnica. O Sistema de Impulso tanto no gráfico semanal (não mostrado) quanto no gráfico diário ficou azul, dizendo que o pior da tendência de baixa já havia passado, permitindo a compra.

Observe uma queda intensa do Índice de Força alguns dias antes de a oportunidade surgir. Quedas desse tipo identificam as áreas de pânico e de liquidação de compras de longo prazo, limpando a área para um avanço. Uma divergência de alta das linhas do MACD e do Histograma-

Vendendo em um Alvo

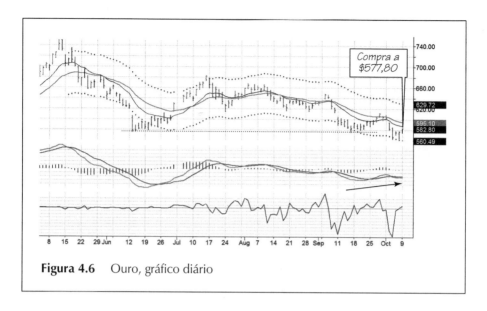

Figura 4.6   Ouro, gráfico diário

MACD entre os fundos de setembro e outubro forneceu um poderoso sinal de compra. Eu comprei contrato de ouro para dezembro de 2006 em 10/10/06 a $577,80, com o alvo próximo da zona de valor semanal acima de $630 e o *stop* logo abaixo das mínimas recentes.

EXTR		Canal Sup.	Canal Inf.	Max. do Dia	Min. do Dia	Nota
Entrada	$577,80	628	559	$580,80	$573	38%
Saída						
Prej./Lucro				Trade		

A máxima do dia de entrada foi $580,80, mínima de $573, fazendo com que minha nota para a entrada fosse de 38% – apenas o suficiente para passar de ano. Meu alvo: um movimento que cruzasse as MMEs (médias móveis exponenciais), em direção à linha superior do canal.

Vendi o contrato de ouro três dias depois, na sexta-feira, 13/10 (veja a Figura 4.7). Pelo aspecto da análise técnica, não gostei do fato de que houve muito pouca variação no dia em que o ouro atingiu a média móvel mais lenta no gráfico diário. A zona de valor serve como uma resistência natural tanto para movimentos de alta como de queda. A pouca variação demonstrou a falta de progressão em uma área em que se espera que haja resistência. Pelo aspecto psicológico, eu tinha uma razão para vender que nada tinha a ver com o mercado. Eu tinha uma passagem para voar para a Europa na semana seguinte e queria reduzir minhas posições no mercado

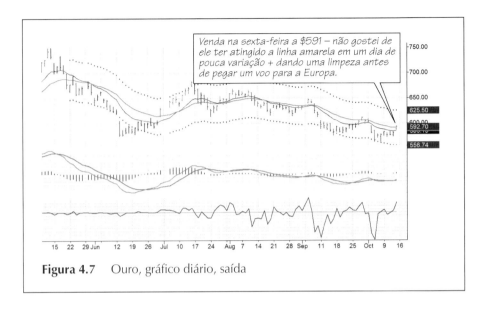

Figura 4.7   Ouro, gráfico diário, saída

a um mínimo. Eu não queria ficar posicionado em nada que pudesse exigir tempo, atenção e trabalho de babá. Acho que você poderia dizer que eu estava procurando uma razão para pular fora.

EXTR		Canal Sup.	Canal Inf.	Max. do Dia	Min. do Dia	Nota
Entrada	$577,80	628	559	$580,80	$573	38%
Saída	$591,00			$594,20	$587,60	52%
Prej./Lucro					Trade	19%

Minha nota de saída foi de 52%, significando que eu vendi logo acima da média do dia. A nota de meu *trade* foi B-, já que eu peguei $13,20 de um canal de $69. Um *trade* decente, mas certamente poderia ter sido melhor.

Agora, sem um Diário, o operador fecharia esse *trade* e seguiria adiante. O Diário permite que olhemos para trás – o quanto este *trade* foi bom em retrospecto? Vamos revisitar o ouro dois meses mais tarde (veja a Figura 4.8).

Quando olhamos para trás com o benefício do retrospecto, precisamos ter cuidado para não sermos arrastados pelas poderosas tendências que são vistas com clareza apenas quando voltamos nosso olhar ao passado. Quatro dias após minha saída do *trade*, o ouro atingiu o topo e desabou direto para meu ponto de entrada. Fez mais dois movimentos passíveis de *trades* da zona de valor entre as MMEs para a área sobreavaliada próxima da linha do canal superior nos gráficos diários. Eu havia comprado abaixo do valor

Vendendo em um Alvo

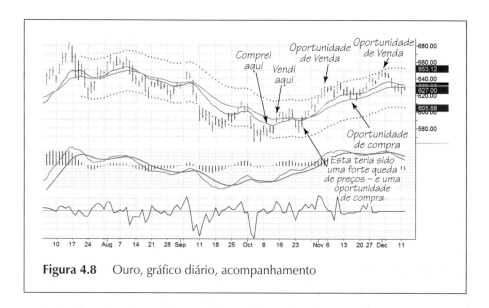

Figura 4.8 Ouro, gráfico diário, acompanhamento

e vendido acima dele – foi uma venda bem razoável, considerando que o ouro acabava de sair de seu *bear market* e qualquer um teria de ser bem cuidadoso ao apostar nos *bulls*. Na dúvida, pule fora!

VENDENDO EM ENVELOPES OU CANAIS

Vimos como médias móveis nos gráficos semanais e diários oferecem bons preços-alvo para os ralis que nascem das mínimas dos *bear markets*. Mais tarde, depois de uma tendência de alta ter se estabelecido, raramente – se não nunca – você vai visualizar esses alvos. À medida que os preços vão subindo, as médias móveis começam a ficar para trás deles. Essa é a razão pela qual as médias móveis não produzem bons alvos durante tendências estáveis.

Antes de continuarmos nossa busca, vamos dar uma olhada em um padrão importante nesse gráfico semanal (veja a Figura 4.9). Ela mostra um dos sinais mais poderosos da análise técnica – uma divergência de queda entre os preços e o Histograma-MACD semanal. Após o pico A, o MACD-H caiu abaixo de zero – chamo isso de "quebrando as costas dos *bulls* (touros)". A ação subiu até um novo pico no ponto B, mas o indicador demarcou um pico bem mais baixo, quase inexistente. Esse era um sinal de alerta bem alto para os *bulls*. Esse sinal foi confirmado por diversos outros sinais de pessimismo: um rompimento de preços para um novo

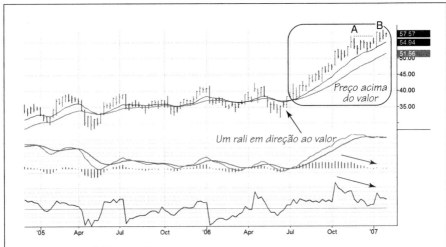

Figura 4.9 INFY,* gráfico semanal

Esse gráfico semanal de INFY mostra um rali em direção ao valor no início de 2006; isso ocorre quando uma média móvel semanal funcionou como um alvo. Seguiu-se um movimento poderoso de alta em que os preços se mantiveram acima do valor por meses. Dá para ver, de forma clara, que uma média móvel não teria oferecido um alvo nessas condições. Temos de encontrar uma ferramenta melhor para determinar os pontos de saída durante as tendências de alta.

*Nota do Tradutor: Símbolo na Nasdaq das ações da Infosys Technologies Ltda.

pico sem continuação; uma divergência de queda no Índice de Força; e linhas de MACD totalmente planas.

Podemos ver o movimento de curto prazo no gráfico diário na Figura 4.10. Operar uma ação em tendência de alta – reiteradas vezes comprando no valor e vendendo na linha superior do canal – pode se assemelhar a ir ao caixa eletrônico (embora eu não goste de usar essa frase, pois nada no mercado é simples assim). Ainda assim, você pode ver um padrão estável repetitivo, enquanto a ação oscila entre sua zona de valor, que fica subindo, e a área sobreavaliada, que também sobe. Esse padrão dá aos *traders* um bom alvo de realização de lucros – vender na linha do canal superior.

Se as médias móveis ajudam a definir valor, então os canais e envelopes desenhados paralelos a essas médias ajudam a definir as zonas sobrecompradas e sobrevendidas. Idealmente, queremos comprar abaixo do valor, abaixo das médias móveis e vender em um nível sobreavaliado, próximo à linha superior do canal. Graduaremos nossa performance pelo percentual

Vendendo em um Alvo

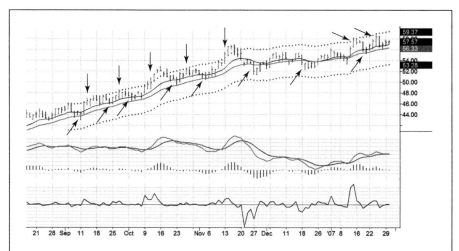

Figura 4.10 INFY,* gráfico diário

Enquanto o gráfico semanal de INFY demonstra os preços acima de suas médias móveis por meses, este gráfico diário da mesma ação durante o mesmo período demonstra um padrão bem diferente. Os preços se mantiveram em alta, mas dentro do canal de preços, como se estivessem em trilhos invisíveis. Esses padrões ordenados são bem típicos de tendências estáveis. Uma ação fica subindo, flutuando entre o valor (sua média móvel) e o nível sobreavaliado na linha do canal superior.

Quando uma ação está subindo dessa forma, o espaço entre as duas MMEs, a zona de valor, é um bom ponto para compras. A linha superior do canal mostra onde a ação se torna sobrecomprada e denota uma boa zona para realizar lucros.

*Nota do Tradutor: Símbolo na Nasdaq das ações da Infosys Technologies Ltda.

do canal que conseguirmos capturar em nosso *trade*, com a consciência de que qualquer coisa acima de 30% será considerada um *trade* nota A.

Durante um de meus *webinars* mensais, um *trader* chamado Jeff Parker chamou minha atenção para a CEGE (veja a Figura 4.11). Eu administro esses *webinars* uma vez por mês, e cada um consiste de duas seções com o intervalo de uma semana. Duas dúzias de *traders* se reúnem em uma sala de aula virtual para rever o mercado e ações específicas. Muitos participantes trazem suas escolhas de ações para que eu avalie. Se gosto muito de uma escolha, anuncio que provavelmente vou operá-la no dia seguinte. Isso foi o que aconteceu com a CEGE e imediatamente chamou minha atenção.

Comprimindo o gráfico semanal de CEGE em uma única tela, você pode ver que a ação explodiu para mais de $60 na euforia do *bull market*

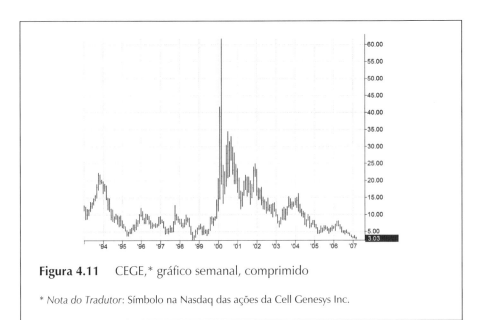

Figura 4.11 CEGE,* gráfico semanal, comprimido

Nota do Tradutor: Símbolo na Nasdaq das ações da Cell Genesys Inc.

dos anos 90. Em seguida, ela desabou e esmoreceu, tentou repicar algumas vezes, mas acabou afundando para baixo de $3, perto do canto direito do gráfico. Nessa época, ela perdera mais de 95% do valor no pico do *bull market*. Eu chamo as ações que caíram mais de 90% de "anjos caídos" e, muitas vezes, procuro candidatos a compras entre elas. Minha entrada em CEGE é demonstrada nas Figuras 4.12 e 4.13.

Quando retomamos o *webinar* na semana seguinte, revisitamos a CEGE. Jeff, que a indicara, disse que, agora, ela estava sobrecomprada. Os preços haviam subido com força em direção à linha superior do canal, sem atingi-la totalmente, e ficaram parados por dois dias. O Histograma-MACD atingiu um nível de sobrecompra. Como eu tinha algumas posições compradas, decidi podar minhas posições vendendo CEGE logo após a abertura no dia seguinte (Figura 4.14).

Minha nota de saída foi de somente 6%, já que a ação subiu com força depois que eu a vendi. Foi uma nota ruim, mas ninguém pode tirar boas notas em todas as vendas – o importante é tentar manter a média acima de 50%. A nota do *trade* em geral, contudo, foi um A – consegui capturar 36% do canal dessa ação.

Alguns dias depois que eu saí, Jeff me ligou, aborrecido por ter vendido muito cedo (veja a Figura 4.15). Tentei animá-lo – eu lhe disse que, por

Vendendo em um Alvo 83

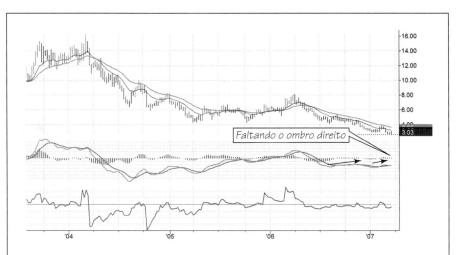

Figura 4.12 CEGE, gráfico semanal

Abrindo o gráfico semanal, você pode observar uma combinação poderosa – um rompimento falso para baixo, acompanhado de uma divergência de alta do Histograma-MACD. O Sistema de Impulso se tornou azul no canto direito, permitindo a compra. A última divergência de alta foi do tipo "falta de um ombro direito", significando que o indicador não podia cair abaixo de zero. Isso demonstrou que os *bulls* (compradores) estavam se fortificando, enquanto os *bears* (vendedores) estavam ficando sem fôlego.

termos vendido cedo, nos livráramos do estresse de ter de decidir o que fazer com os enormes lucros de uma tendência enorme! Mas falando sério: este *trade* proporcionou lições importantes.

Em primeiro lugar, é importante ter confiança em seus preços-alvo e não vender precocemente. Depois, você não ganha nada por ficar se punindo e se lamentando por uma oportunidade perdida. Isso só leva a operar pior mais adiante. Eu disse ao Jeff que ele tinha de se congratular por ter descoberto uma ação tão boa. Se você ficar comprando boas ações, eventualmente algumas delas vão trazer lucros além do esperado.

Na Figura 4.15, perceba como os canais são mais amplos no gráfico de acompanhamento do que no gráfico anterior. Eu uso um programa chamado *Autoenvelope* que desenha canais de forma automática e contém aproximadamente 95% dos dados de preços recentes. Quando os preços dão um salto, um *Autoenvelope* se torna mais amplo. Essa é uma lembrança de que nos *trades* nunca atiramos em um alvo fixo – o alvo está sempre se movimentando, fazendo com que o jogo se torne mais difícil. Aqui,

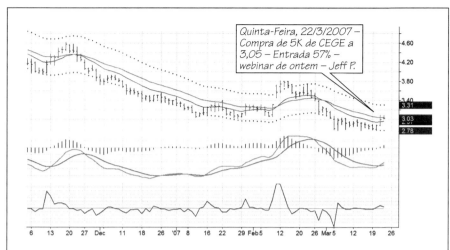

Figura 4.13 CEGE, gráfico diário, entrada*

O gráfico diário demonstrou que o primeiro rali vindo do fundo sobrevendido já havia acontecido. Os preços estavam na zona de valor no gráfico diário. A linha superior do canal no gráfico diário apresentava um alvo atraente para a próxima perna do rali. Ao mesmo tempo, havia uma boa possibilidade de que os preços ultrapassassem esse alvo, em virtude do padrão bem forte de alta do gráfico semanal.

*Nota do Tradutor: O autor usa os termos entrada e saída do trade, em vez de compra e venda; optei por deixar dessa forma porque mais adiante veremos operações vendidas em que a entrada é uma venda e a saída, uma compra. Por isso, os termos corretos são mesmo entrada e saída.

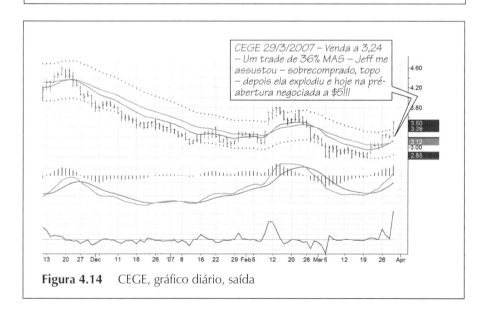

Figura 4.14 CEGE, gráfico diário, saída

Vendendo em um Alvo 85

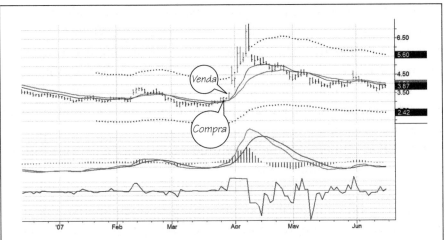

Figura 4.15 CEGE, gráfico diário, acompanhamento

O acompanhamento desse *trade* é uma mistura de comédia e dor. A ação explodiu depois de tê-la vendido, e eu soube de diversos participantes do *webinar* que venderam um ou dois dias depois de mim e obtiveram lucros bem maiores. E depois ela explodiu novamente. E novamente.

realizei lucros próximo da parede do canal – mas, alguns dias depois, a "parede" saiu do lugar!

A CEGE retornou às variações diárias mais curtas depois de sua breve explosão de preços. Ela começou a afundar de volta para a base onde havíamos comprado, caminhando para se tornar uma compra atrativa mais uma vez.

Querendo sempre mais

Quando vamos lidar com as boas coisas da vida, a maioria das pessoas sempre quer mais – uma casa maior, um carro mais moderno, quem sabe até uma esposa mais nova. Lembro de ter tomado um susto em uma festa enquanto conversava com um casal; o marido acabara de receber uma importante promoção e a esposa falava de querer "aumentar o nível de nossas amizades". Toda a indústria da propaganda nos empurra para querermos sempre mais. Não é surpresa alguma o fato de que tantas pessoas desperdicem a vida em uma corrida sem sentido, como animais enjaulados correndo atrás de seus rabos. Essa corrida sem-fim tende a se tornar bastante desumanizadora.

Quando pessoas dominadas pelo consumismo desenfreado vêm para o mercado também querem sempre mais, mais, mais. Mesmo um *trade* lucrativo não lhes dá prazer algum; elas se sentem muito frustradas ao verem que nem compraram na mínima, tampouco venderam na máxima, mas deixaram algum dinheiro na mesa. As pessoas que sempre estão em busca de mais normalmente ganham bem menos do que os que seguem seus métodos testados.

Os que buscam mais do que o mercado está disposto a dar normalmente terminam com muito menos.

A palavra que tem o poder na vida, assim como nos *trades*, é "basta". Você tem de decidir o que o deixa feliz e estabelecer seus objetivos de acordo. A busca de seus próprios objetivos vai fazer com que você se sinta no controle. Desejar sempre mais implica ser escravo da ambição e da propaganda. Decidir o que basta para você é ser livre.

Não me entenda mal – não estou sugerindo que você faça voto de pobreza. Gosto de viajar na classe executiva, de viver em uma bela casa e dirigir um possante conversível como qualquer outro cara. O que estou dizendo é o seguinte: encontre o nível em que você vai ficar satisfeito e sinta-se feliz quando alcançá-lo. Isso é muito melhor do que ficar sempre se sentindo desequilibrado, pobre e correndo atrás de um "mais" que você nem sabe bem o que é.

E o que fazer se esse "mais", de alguma forma, cai no seu colo? E se um mês você acertar o mercado com força e lucros enormes caírem em sua conta? A experiência de lucros fora do comum atordoa a maioria das pessoas. Ao desejarem ainda mais, elas sobem mais alto em um tronco e assumem riscos maiores no mês seguinte até que seus superlucros se transformem em superprejuízos. Para se manter calmo e tranquilo, você precisa de um plano pessoal para administrar os lucros – retornaremos a esse tópico no capítulo sobre dividendos pessoais.

Para um *trader* que deseja mais e mais, a ideia de realizar lucros próximos da linha superior do canal pode ser bem estressante. Alguns *traders* não atingem seu alvo, enquanto outros o ultrapassam.

Você não pode ficar com fixação no canal como um alvo de lucros definitivo. Se o mercado começa a enfraquecer, não há nada de errado em aceitar menos do que seu alvo inicial. Nenhum dos dois *trades* demonstrados atingiu totalmente a linha superior do canal. EXTR errou por pouco, o ouro por uma margem ampla – mas ambos acabaram

Vendendo em um Alvo

sendo bastante lucrativos. De forma paradoxal, estar disposto a aceitar menos frequentemente dá a você mais. Veja um exemplo de *trade* recente nas Figuras 4.16 e 4.17.

Uma fonte ainda maior de estresse para *traders* ambiciosos vem de variações intensas que ultrapassam seus alvos e continuam em frente. O *trader* olha para o mercado do qual saiu com um belo lucro e começa a se

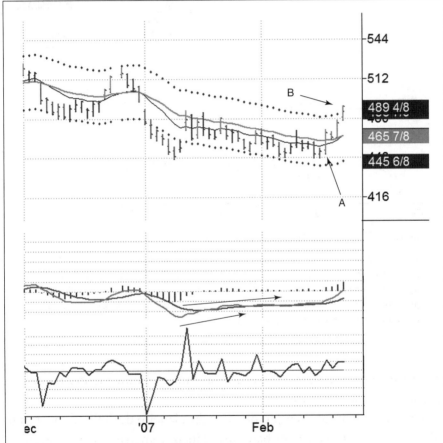

Figura 4.16   Trigo, gráfico diário

A. Padrões de alta nos gráficos semanais e diários – entre na compra.
B. Realizei lucros em 1/3 da posição, segurei o restante.
Este gráfico do trigo mostra uma compra bem interessante, próxima das mínimas, após múltiplas divergências de alta. Os preços aceleraram e perfuraram a linha superior do canal. Eu estava tão otimista no trigo naquela época (baseado nos gráficos semais – não mostrados) que realizei lucros apenas parciais. Violei minha regra e não vendi acima da linha superior do canal.

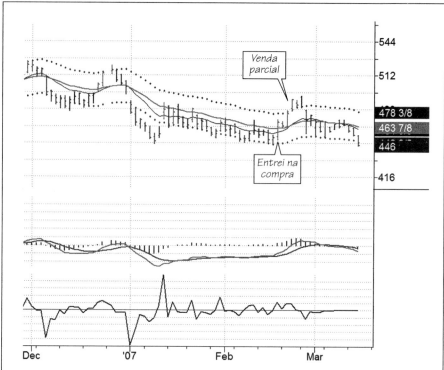

Figura 4.17 Trigo, gráfico diário, acompanhamento

O trigo continuou a recompensar a ambição por mais dois dias, após minha saída parcial. Os preços continuaram a pairar acima da linha superior do canal, mas depois colapsaram. Eu tive de lutar enquanto meus lucros derretiam. O lucro total para esse *trade* no trigo teria sido bem maior se eu tivesse aceitado com gratidão o que o mercado estava me oferecendo, em vez de buscar mais.

punir à medida que aquele mercado continua a se movimentar na mesma direção – só que agora sem ele.

Vamos rever outro exemplo de *trade*. Em janeiro de 2007, fiquei muito otimista com o açúcar, com base nos gráficos semanais (não mostrados). Comecei a montar uma posição de compra nos contratos para março de 2007, eventualmente realizando lucros e rolando para maio (veja as Figuras 4.18 e 4.19).

Tenho certeza de que poderíamos encontrar muitos exemplos de preços subindo acima da linha superior do canal e continuando a "andar em cima da linha", subindo com a linha. Claro que isso acontece, mas esse não é o ponto. Meu argumento é que "o suficiente" é melhor do que "mais". Isso

Vendendo em um Alvo

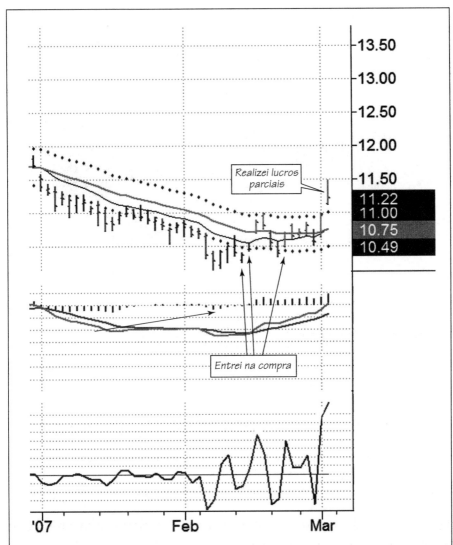

Figura 4.18 Açúcar, gráfico diário

Preços do açúcar subiram com força logo após a rolagem. O gráfico mostra que toda a barra do dia ficou acima da linha superior do canal. Diante de tamanha força, realizei lucros apenas parciais em minhas compras, mas mantive os dois terços restantes de minha posição. Eu estava tão impressionado com a força do açúcar – que confirmou minha previsão otimista – que ignorei o fato de que a barra acima da linha superior do canal fechou próximo da mínima – um sinal suspeito de fraqueza.

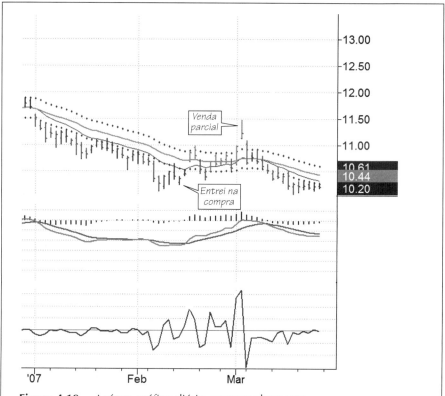

Figura 4.19 Açúcar, gráfico diário, acompanhamento

No dia seguinte, os preços do açúcar desabaram e eu tive de me mexer. Meu lucro total nesse *trade* teria sido bem maior se eu tivesse vendido a posição toda de uma vez, acima da linha superior do canal. Eu perdi uma grande oportunidade realizando apenas lucros parciais.

faz você ficar calmo e no controle da situação – e esses sentimentos levam a um retorno maior no longo prazo.

Esta breve discussão traz outro ponto importante, que já discutimos no Capítulo 2, na seção "Sobre ser benevolente consigo mesmo". Nem todos os meus *trades* são bem-sucedidos – alguns perdem dinheiro, enquanto outros, como os demonstrados, lucram bem menos do que estava disponível. Quando reconheço que cometi um erro, não fico me punindo ou dando socos em minha cabeça. Crio uma entrada em meu diário, analiso o que aconteceu e aprendo o máximo possível com minhas falhas. Aceito minhas imperfeições e, desde que tenha aprendido alguma coisa do *trade*, aquele *trade* revelou-se uma boa e produtiva experiência.

Vendendo em um Alvo

Um rali fracassa

E se você estabelece um alvo de realização de lucros para seu *trade* no envelope, porém, mais tarde, começa a crer que o rali tem potencial ainda maior? Por quanto mais você pode segurar? A experiência me ensinou que é melhor não ficar muito além do que o planejado nos *trades*. Ainda assim, eventualmente, ocorrem situações em que um rali fica bem mais forte, e é tentador ficar no *trade* mais do que o planejado.

Quando os preços ultrapassam o alvo inicial, onde você vai realizar lucros? Há uma opção muito atraente para mim porque parece menos estressante. Espero pelo primeiro dia em que os preços não conseguem atingir uma nova máxima para esse movimento e vendo ou perto do fechamento desse dia ou logo após a abertura do dia seguinte.

Aqui, como em tudo o mais nos *trades*, é importante não tentar alcançar os extremos. A cotação mais alta, o topo de um rali, é a cotação mais cara no mercado – fortunas foram perdidas em busca desse topo máximo. A lógica por trás da tática "sem-nova-máxima" para um alvo sobressalente é bem direta. Quando um movimento extremamente forte não consegue fazer nova máxima, ele envia um sinal a você de que os *bulls* (comprados) estão começando a perder fôlego. Claro que eles podem recuperar a força e subir ainda mais, mas

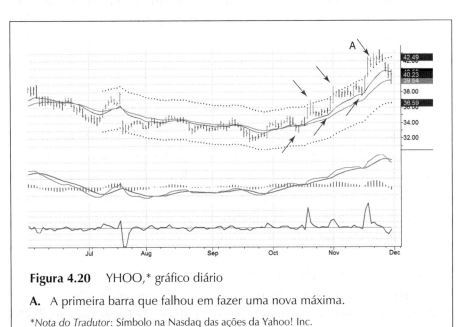

Figura 4.20   YHOO,* gráfico diário

A.   A primeira barra que falhou em fazer uma nova máxima.

Nota do Tradutor: Símbolo na Nasdaq das ações da Yahoo! Inc.

já faz muito tempo que eu desisti de caçar o topo máximo. Lembre-se: a cotação máxima é a cotação mais cara de todos os ralis.

A Figura 4.20 mostra o rali da Yahoo, que começou em outubro. No início, ele se movimentou como tantos outros *trades* – abaixo do valor em outubro, seguido por um rali para a linha superior do canal. Após o segundo rali, os preços quase não caíram, demonstrando que os *bulls* estavam bem firmes e sem dar chances aos *bears* (vendidos).

Depois de os preços terem tocado na zona de valor em novembro, encenaram um movimento explosivo para a linha superior do canal. Atingiram a linha em um dia e explodiram para o alto no dia seguinte. No terceiro dia desse rali, parecia que os *bulls* ou tinham perdido a confiança ou estavam descansando. A variação do terceiro dia foi estreita e o volume, pequeno, refletido por uma queda no índice de Força. Ainda mais importante que isso: os *bulls* não conseguiram fazer os preços avançarem para uma nova máxima nesse rali. Esse foi o sinal para a venda.

Os preços até subiram um pouco mais nos dias subsequentes, mas a grande alta já acabara. Três dias após o dia "sem-nova-máxima", os preços começaram a afundar em direção ao valor. Vender mais cedo ganha de vender mais tarde. Somente alguém com uma bola de cristal consegue acertar o topo de todos os movimentos, mas aqueles que vivem do lado de uma bola de cristal têm de se acostumar a engolir um monte de vidro. É importante operar sem arrependimentos sobre oportunidades perdidas. Lembre-se: a palavra poderosa é "basta".

VENDENDO EM NÍVEIS DE RESISTÊNCIA

Médias móveis podem determinar alvos para ralis a partir de níveis bastante sobrevendidos. Os canais e envelopes podem determinar alvos para *traders* de curto prazo. Essas ferramentas ajudam a capturar ondas de curto prazo – mas esses movimentos parecem pequenos para *traders* de posição, de longo prazo. Costumávamos chamar esse pessoal de investidores antes de o mundo todo acelerar e de todo mundo se tornar *trader* de um tipo ou de outro. Os *traders* de longo prazo, cujo horizonte de tempo é em meses ou até anos necessitam de alvos maiores. Um caçador de alces, que precisa de uma arma e de uma mira diferente de quem vai atirar em coelhos.

Zonas de suporte e resistência definem alvos melhores para os *trades* de longo prazo. Podemos identificar suporte e resistência olhando para os

Vendendo em um Alvo

níveis de preço em que houve muitas negociações, claramente mais do que nas áreas que estão logo acima ou logo abaixo.

Para ter confiança em qualquer ferramenta de análise técnica, temos de entender como ela funciona e o que mede. Para colocar nosso dinheiro na fita, temos de ir mais fundo do que somente desenhar linhas em gráficos. Se vamos contar com suporte e resistência, temos de compreender os fatores econômicos e psicológicos que eles representam.

Cada cotação de preço reflete um acordo entre um comprador e um vendedor, mas também representa algo maior – a opinião da massa que cerca essas duas pessoas. Se a massa tivesse discordado ou do comprador ou do vendedor, alguém se teria inserido no meio e o *trade* teria sido realizado a outro preço.

Quanto mais transações ocorrerem em certo nível de preços, mais pessoas acreditam que aquele nível representa valor. Uma zona de congestão em um gráfico diz a você que muitos participantes do mercado consideram aquele nível um preço justo e estão preparados para comprar ou vender ali.

Se você olhar para qualquer gráfico, vai notar que os preços raramente variam de forma estável e ordenada por períodos longos. Eles quase nunca andam em uma linha reta. Em vez disso, os preços se mantêm dentro de limites definidos, girando atrás de um obstáculo como a água atrás de uma barragem. Se a represa se rompe, a corrente de preços explode até achar outra bacia. Agora, vai passar um bom tempo preenchendo aquela bacia, até romper uma nova barreira e voltar a explodir.

Se cada cotação representa uma transação entre um comprador e um vendedor, então a extensão em que há negócios representa um consenso geral de valor entre compradores e vendedores. Quando os preços se aproximam das extremidades das áreas de negociações, os amadores ficam bem excitados. Eles esperam rompimentos e compram nas máximas ou vendem nas mínimas. Os profissionais sabem muito bem que a maioria dos rompimentos é falsa e seguida por retrações. Eles tendem a operar na direção oposta, vendendo nas extremidades superiores das zonas de congestão e comprando nas extremidades inferiores. Uma vez ou outra, os amadores ganham, mas na longa estrada vale a pena operar como os profissionais.

A ida e volta dos preços desenha áreas de *trades* em muitos gráficos. Uma área assim é um padrão horizontal com bordas superiores e inferiores bem definidas que identificam os suportes e as resistências. Uma zona de

Suporte e resistência

Quando *traders* e investidores compram e vendem, eles estabelecem um compromisso emocional e financeiro. Suas emoções podem impulsionar tendências do mercado ou causar reversões de tendências estabelecidas.

Quanto mais um mercado opera em determinado nível, mais pessoas compram e vendem. Suponha que uma ação caia de 80 e seja negociada por 70 durante diversos meses, até que muitos acreditem que ela encontrou um suporte e atingiu o fundo. O que acontece se entrar uma venda forte e empurrar a ação para baixo, para 60? Os comprados mais espertos vão pular fora rapidamente, em 69 ou 68. Outros vão sentar durante toda a queda dolorosa. Se os perdedores não tiverem desistido próximo dos 60 e ainda estiverem vivos quando o mercado voltar a 70, sua dor vai fazer com que eles pulem fora assim que surgir uma chance de recuperar o prejuízo e "sair empatado". A venda deles pode causar topo em um rali, ao menos temporariamente. Suas memórias dolorosas são a razão pela qual as áreas que serviram de suporte no caminho para baixo se tornam resistência no cominho para cima e vice-versa.

O arrependimento é outra força psicológica atrás do suporte e da resistência. Se uma ação opera a 80 por algum tempo e depois sobe com força até os 95, os que não a compraram perto dos 80 sentem como se tivessem perdido o trem. Se aquela ação retornar a 80, os *traders* arrependidos de terem perdido a oportunidade agora vão comprar com força.

Suportes e resistências podem manter-se ativos por meses ou até anos, porque os investidores têm memórias longas. Quando os preços retornam a seus antigos níveis, alguns pulam na oportunidade de aumentar suas posições, enquanto outros veem uma chance de cair fora.

Sempre que você trabalhar com um gráfico, desenhe linhas de suporte e resistência através dos recentes topos e fundos. Espere que uma tendência reduza a velocidade naquelas áreas, e utilize isso para entrar em posições ou realizar lucros. Tenha sempre em mente que suporte e resistência são flexíveis – eles são como a cerca de arame de um sítio, e não como um copo d'água. Um copo d'água é rígido e se fragmenta em diversos cacos quando quebrado, mas um rebanho de touros pode empurrar uma cerca de arame, passar seus focinhos para o outro lado, e a cerca vai se inclinar, mas continuar de pé. Os mercados têm muitos rompimentos falsos abaixo do suporte e acima da resistência, com os preços retornando para dentro da congestão após uma breve violação.

Um rompimento falso para cima ocorre quando o mercado sobe acima da resistência e suga compradores antes de reverter e cair. Um rompimento falso para baixo ocorre quando os preços caem abaixo do suporte, atraindo mais vendedores imediatamente antes de um rali de alta. Rompimentos falsos dão aos profissionais algumas de suas melhores oportunidades de *trades*.

Adaptado de *Como se transformar num operador e investidor de sucesso*
Dr. Alexander Elder
Campus/Elsevier, 2004

Vendendo em um Alvo

preços representa grande comprometimento financeiro e emocional por massas de compradores e vendedores. Se você olhar para o volume diário médio dentro da congestão de preços, multiplicar pelo número de dias e depois pelo preço médio da ação naquele período, vai perceber de imediato que uma congestão de preços para uma única ação pode rapidamente consumir bilhões de dólares.

Algumas vezes, você já notou que as pessoas tendem a se tornar um pouco emotivas em relação ao dinheiro?

Você acha que uma multidão com comprometimentos que valem bilhões de dólares pode estar inclinada a agir quando esses comprometimentos forem ameaçados?

Suportes e resistências são construídos a partir de duas emoções poderosas: dor e arrependimento. As pessoas que compraram dentro da congestão só para ver os preços caírem sentem muita dor. Elas estão esperando os preços voltarem para a área da antiga acumulação para que eles possam sair "no empate". Suas vendas, guiadas pela dor, provavelmente vão impor um obstáculo a qualquer avanço. As pessoas que entraram na venda dentro da congestão também estão esperando um repique. Elas se arrependem de não terem vendido uma quantidade maior. O arrependimento vai fazer com que eles voltem a entrar na venda quando os preços recuperarem o nível da venda anterior, criando mais uma resistência ao avanço. A dor e o arrependimento vão colocar um amortecedor em um rali dentro de uma congestão ou reduzir o tamanho da congestão.

Vamos rever exemplos de suportes e resistências nos gráficos de alguns mercados bem conhecidos: IBM e o Euro.

Em 2005, a IBM (veja a Figura 4.21) caiu para a zona entre $73 e $78 e ficou quase três meses ali; em seguida, entrou em um forte rali de alta. Meio bilhão de ações foi negociado nessa área de preços, com um valor aproximado de $37 bilhões. Você pode começar a imaginar quanta emoção estava associada àquela quantia absurda de dinheiro! Quando a IBM voltou para aquela zona um ano depois, havia uma quantidade suficiente de compradores que se arrependiam de ter perdido o barco antes. Eles enxaguaram a oferta e empurraram a IBM de volta para cima e para frente.

Como podemos estabelecer bons alvos para ralis massivos? Olhando para a história da IBM no mesmo gráfico, você pode ver que, nos últimos anos, sempre que a ação ia para a área de $95-$100, entrava uma venda forte e a levava para baixo. Pense naqueles pobres sujeitos que compraram

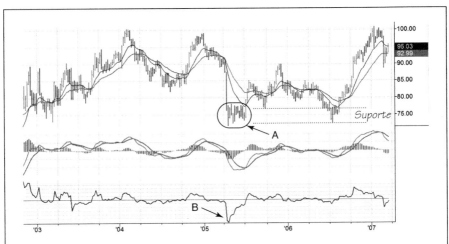

Figura 4.21 IBM, gráfico semanal

A. Meio bilhão de ações foi negociado a aproximadamente $75 – quase $37 bilhões próximos a esse preço.
B. Perceba como as quedas fortes no Índice de Força tendem a identificar importantes fundos do mercado. Você consegue encontrar mais duas quedas expressivas do Índice de Força neste gráfico?

próximo dos $100 em 2004. Depois de suar e sofrer durante a tendência de baixa, você não acha que eles estavam esperando a IBM voltar a subir até o preço de compra deles, para que pudessem sair "no empate"?

Claro, o "empate" nunca é realmente um empate. Considere a perda dos juros no período, a depreciação do dinheiro e a perda de oportunidade porque o dinheiro estava preso na IBM a $100 cada ação. Pense também no desgaste psicológico de ficar sentado em uma posição perdedora e, portanto, não ser capaz de se concentrar em oportunidades melhores. Os perdedores estão esperando, prontos para vender milhões de ações quando a ação finalmente retornar ao ponto de compra deles. Se você fosse um dos *traders* mais sabidos que compraram próximo dos $75, não esperaria que o rali desse uma parada próximo dos $100? Aquela zona de grande resistência seria um belo local para você colocar seu alvo de realização de lucros.

O Euro (Figura 4.22) rompeu a porteira logo após seu lançamento em 2001, saindo de $0,85 para $1,36 no período de três anos. Uma grave divergência de queda em 2005, sinalizada no gráfico por uma seta vermelha, colocou um topo na tendência de alta e levou os preços para baixo. O Euro

Vendendo em um Alvo

encontrou o suporte próximo das mínimas de 2004, depois caiu abaixo desse nível, assustando os *bulls* (comprados).

É importante ter em mente que suporte e resistência não são feitos de vidro. Eles são mais como cercas de arame, e os touros e os ursos podem empurrar parte de seu corpo através das cercas. Para falar a verdade, um dos melhores sinais de compra ocorre quando os *bears* (vendidos) conseguem empurrar os preços um pouco abaixo do suporte. Isso engatilha os *stops* e expulsa os compradores mais fracos antes de os *bulls* reassumirem o controle e elevarem os preços novamente. Já discutimos os sinais de rompimentos falsos em capítulo anterior.

Na extremidade direita da Figura 4.22, vemos uma divergência de alta. A última barra no canto direito se tornou azul. Essa mudança no Sistema de Impulso nos diz que os *bears* estão escorregando e, agora, a compra é permitida.

Se entrarmos na compra aqui, qual será o alvo para o movimento de alta? Seria racional esperar resistência na zona de congestão do topo de 2005 entre 1,3 e 1,35.

É notoriamente difícil operar as moedas, já que elas se movimentam 24 horas por dia. Você pode estar pacificamente dormindo em sua cama, enquanto seus competidores do outro lado do globo estão metendo a mão em seu bolso. Você acorda e descobre que a variação de preços pela qual

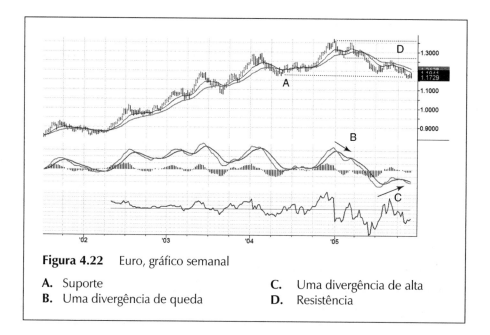

Figura 4.22 Euro, gráfico semanal

A. Suporte
B. Uma divergência de queda
C. Uma divergência de alta
D. Resistência

esperava já ocorreu. Se você é um *swing trader*, tentando capturar variações de preços que duram de alguns dias a algumas semanas, é melhor ficar fora das moedas. Deixe-as para os *day-traders* e para os *traders* de posição, de longo prazo. Essas pessoas podem beneficiar-se da tendência bem estabelecida de as moedas percorrerem longas tendências.

No gráfico de acompanhamento do Euro, na Figura 4.23, vemos uma combinação de sinais – uma divergência de alta do MACD, um falso rompimento para baixo, o Sistema de Impulso se tornando azul no gráfico semanal. Eles confirmaram uns aos outros na área B e geraram uma mensagem especialmente forte de compra. A entrada nesse *trade* de compra no Euro funcionou muito bem. O sinal de compra nos permitiu estabelecer um alvo de realização de lucros de longo prazo bem razoável – na resistência da congestão do topo de 2005.

Depois que o Euro atingiu a resistência no ponto C, ele deu uma parada e ficou de lado por diversos meses. Ao mesmo tempo, o comportamento do Histograma-MACD na área C indicava que os preços provavelmente iriam subir. O novo pico do Histograma-MACD (C), o maior em mais de um ano, demonstrou que os *bulls* estavam com uma força recorde. Isso significava que o nível de preços, associado ao pico desse indicador, tinha uma boa chance de ser rompido.

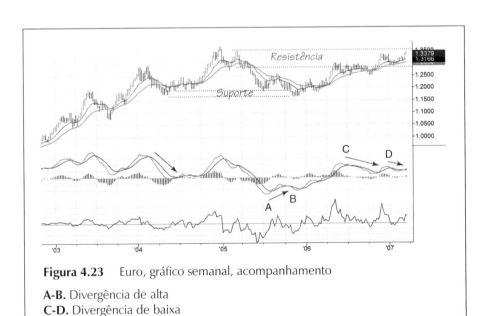

Figura 4.23 Euro, gráfico semanal, acompanhamento
A-B. Divergência de alta
C-D. Divergência de baixa

Vendendo em um Alvo

Isso foi exatamente o que ocorreu próximo ao fim de 2006 e depois no início de 2007, mas, naquelas ocasiões, o Histograma-MACD estava enviando mensagens diferentes. As divergências de queda sinalizavam que as altas estavam próximas do fim.

Observar o suporte e a resistência o ajudam a estabelecer alvos plausíveis para os movimentos de longo prazo. O grande valor desses alvos de longo prazo é que eles o ajudam a fixar os olhos em um objetivo remoto, mas alcançável. Isso o ajuda a se manter em um movimento de longo prazo e não cair de seu cavalo devido à ação de curto prazo dos preços ou dos indicadores, ou de ambos.

Outro benefício de ter um alvo de longo prazo é que ele faz você se lembrar de vender em uma área predeterminada. Se você comprar a um preço baixo, é importante ter um lembrete que o ajuda a vender a um preço mais alto. Muitos *traders* se tornam mais otimistas e eufóricos quando estão próximos aos topos, com o resto da massa do mercado. Um alvo diz a você quando seu objetivo foi atingido. Talvez não seja um objetivo perfeito, mas é seu alvo. Você o estabeleceu, e ele agora lhe diz que você deve realizar lucros, ir para casa, tirar uma bela folga e depois procurar o próximo *trade*.

Psicologicamente, é bem mais difícil operar tendências de longo prazo do que movimentos de curto prazo. Nos *trades* de curto prazo, você está ativo, vendo o mercado todos os dias, pronto para ajustar seus *stops* e alvos, aumentar sua posição, realizar lucros parciais ou sair totalmente do *trade*. Muitos de nós se satisfazem psicologicamente com essa sensação de controle. As emoções tendem a ser bem diferentes nos *trades* de longo prazo. Há semanas e até meses em que você não faz nada. Você até reconhece os topos e fundos de curto prazo, mas se restringe a não fazer nada, enquanto espera que seu alvo de longo prazo seja atingido. Essa é a razão pela qual ter um alvo de longo prazo é tão importante – aumenta o poder psicológico de se manter em uma posição.

Para concluir este capítulo sobre estabelecer alvos de realização de lucros em suportes e resistências, vou compartilhar com você outro *trade* de meu diário (veja a Figura 4.24). Ele vai ilustrar técnicas, bem como alguns pontos psicológicos. Ele vai demonstrar por que é mais difícil manter uma posição de longo prazo do que um *trade* de curto prazo. E vai permitir a discussão de diversos itens importantes relacionados ao gerenciamento de um *trade*, além de simplesmente estabelecer um alvo de realização de lucros.

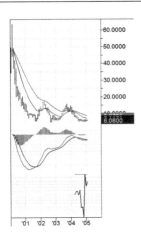

Figura 4.24 STTSY,* gráfico mensal

A STTS chamou minha atenção, desde que foi renomeada para STTSY, durante um *webinar* mensal em novembro de 2004. Um de nossos participantes mais ativos na época era Jackie Patterson, uma californiana que largara seu emprego para se tornar um *trader full-time*. Ela era boa em escolher ações, mas nenhuma ação que ela comprou me deixou tão excitado quanto a STTSY.

Essa companhia que testa chips de computadores foi negociada acima de $60 nos tempos felizes do *bull market* dos anos 90, mas caiu abaixo de $6 durante o *bear market*. Foi um daqueles "anjos caídos" que já discutimos. A ideia, é claro, consiste em comprar após uma ação parar de cair. É bom comprar barato, mas não é bom comprar quando está caindo.

O gráfico semanal parecia bem atraente. Ele mostra que, depois de a ação ter caído de $60 para menos de $6, ela repicou para $17. Outra queda, abaixo de $5, foi seguida por um repique para aproximadamente $16. Esse comportamento deixou claro que, mesmo após ter perdido mais de 90% de seu valor, ela não tinha desejo algum de morrer. Uma ação que sobreviveu a um *bear market* se torna uma grande candidata para o próximo *bull market*.

Nota do Tradutor: Símbolo nas bolsas dos Estados Unidos das ações da Straits Trading Co. Ltd.

Dando uma olhada com mais atenção no canto direito do gráfico semanal (Figura 4.25), o quadro se torna ainda mais atraente. A ação estabeleceu três fundos nos últimos seis meses em $5,50, $5,40 e $5,37. Esse padrão me revelou diversas coisas. Antes de tudo, que o suporte era sólido. Mesmo quando a ação foi empurrada um pouco para baixo, ela se recusou a acelerar a queda; em vez disso, repicou e voltou para cima. Além disso, o fato de que a STTSY continuava tentando romper os suportes me parecia um forte sinal de compra. Essas rápidas tentativas de rompimento pareciam indicar que alguns interesses poderosos estavam tentando empurrar a ação um pouco mais para baixo a fim de assustar os comprados, e ter condições de comprar a preços mais baixos. David Weis, *trader* bem experiente, chamou de brincadeira essas interpretações de "uma visão paranoica dos mercados".

Os *bears* (vendidos) estavam tão fracos que o Histograma-MACD permaneceu acima de zero durante a última queda. O Índice de Força, no

Vendendo em um Alvo

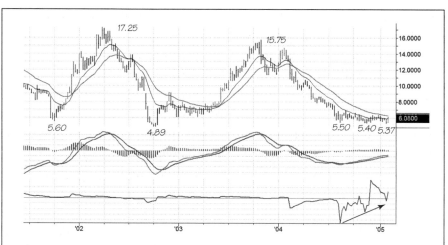

Figura 4.25 STTSY, gráfico semanal

No canto direito do gráfico, STTSY caiu de novo, abaixo de $6. O nível de preços abaixo desse valor emergiu como uma área de suporte muito forte. Olhando para o gráfico, tornou-se evidente que a zona próxima dos $16 oferecia uma resistência muito forte. Sempre que a STTSY subia àquele nível, parecia bater com a cabeça no teto e voltar cambaleando para o chão.

painel inferior do gráfico, mostrou três movimentos para baixo – cada um mais superficial que o seguinte, confirmando que os *bears* estavam se tornando mais fracos.

Quando o Sistema de Impulso se tornou azul na extremidade direita do gráfico, removeu a última proibição contra as compras. Eu comprei 10 mil ações a $5,99. Meu plano era segurar até que a STTSY atingisse $16, o que eu acreditava que poderia levar uns dois anos. Eu estava pretendendo realizar um lucro de aproximadamente $100 mil nesse *trade*.

Conforme a ação começou a se movimentar a meu favor, adicionei mais 5 mil ações a $6,13, mas algumas semanas depois liberei aquele lote a $6,75, realizando $0,62 e garantindo um lucro rápido naquela aposta paralela. Meu plano era segurar para o longo prazo, atrás da grande presa, mas isso se mostrou bem mais estressante do que os *trades* rápidos de curto prazo.

STTSY foi rapidamente até $8,16, depois recuou até meu ponto de compra. Eu estava convencido de que meu plano inicial estava correto e continuei segurando a ação. STTSY fez outro rali, dessa vez até $8,85. Eu vi múltiplos sinais de um topo, incluindo uma divergência de queda do Índice de Força semanal, marcada com uma seta vermelha no gráfico (Figura 4.26). Firme em meu alvo de $16, trinquei os dentes e me segurei. Logo, a queda levou aproximadamente $30 mil de lucros na ação e a posição ficou negativa por um curto período de tempo quando a STTSY caiu abaixo de meu ponto de compra. Eu mantive meu plano original, focando nos sinais pessimistas como um "rabo de canguru" – uma queda de apenas uma barra em direção às mínimas. E ela estava acompanhada por uma divergência de alta do Índice de Força, marcada com uma seta verde no gráfico. STTSY fez outro rali, dessa vez até $8,42, mas se manter no longo prazo era cada vez menos divertido.

Durante esse *trade*, fiz um monte de *swing-trades* de menor prazo em outras ações. Os *trades* de curto prazo foram bem mais divertidos e lucrativos. Também mantive algumas outras posições de longo prazo, similares à STTSY, como meu plano de me educar para operar em busca de presas maiores. Ainda assim, minha posição em STTSY estava começando a parecer uma dor de cabeça. Eu já estava cansado daqueles ralis até a zona de $8-$9, seguidos de quedas de volta até o ponto de compra, sem lucro algum para mostrar em troca de meu trabalho e paciência.

Em fevereiro de 2007, dois anos após ter comprado STTSY, a ação subiu até $8,65, um pouco melhor do que o rali anterior, que foi até $8,42. E então o rali deu uma parada e as variações semanais começaram a encur-

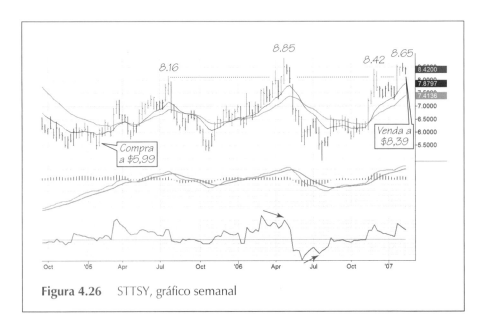

Figura 4.26 STTSY, gráfico semanal

Vendendo em um Alvo

tar. Esses sinais usualmente precedem as quedas de preços, eu senti todo o peso da STTSY em meus ombros e dei uma ordem para vender, saindo de minhas 10 mil ações em $8,39. Em vez de atingir o alvo de $100 mil, realizei menos do que $24 mil nesse *trade* – $27 mil, se levarmos em conta uma aposta paralela feita logo no início do jogo. Eu estava feliz em sair de STTSY, liberado de ter de ficar olhando para a ação à medida que ela girava para cima e para baixo. De qualquer forma, eu havia adquirido um hábito tão forte de acompanhá-la que mantive a atenção nela (veja a Figura 4.27). O que vi foi bem divertido, para não dizer outra coisa.

Apenas alguns dias depois de eu ter me aliviado com a venda de STTSY, a ação subiu em seus calcanhares e rugiu. Duas semanas mais tarde, ela operava próximo de $12. A maioria dos indicadores confirmava a grande força dos *bulls* (comprados) chegando a novos topos. Eles sinalizavam que não importava que ocorresse uma breve fraqueza, pois os *bulls* estavam muito fortes e os $12 não pareciam ser o pico final da STTSY. A ação parecia pronta a subir mais, e o alvo inicial de $16 agora parecia bem realista.

Eu a comprei de volta? Claro que não! Meu enredo de dois anos com a STSSY estava acabado. O lucro relativamente pequeno que consegui tirar de seu movimento espetacular seria o único dinheiro que eu faria nela – muito menos do que estava disponível. Então, por que mostrar esse *trade* aqui? Há alguma coisa que podemos aprender com ele? Sim, muita coisa. Veja, na próxima página, as lições sem uma ordem específica.

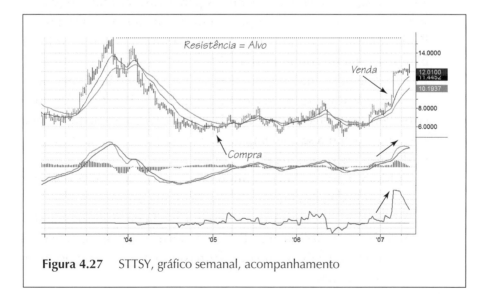

Figura 4.27 STTSY, gráfico semanal, acompanhamento

1. Como dissemos anteriormente, sempre que você monta um *trade*, tem dois objetivos: fazer dinheiro e se tornar um operador melhor. Você pode atingir ou não o primeiro objetivo, mas tem de atingir o segundo. Se você não aprende com seus *trades*, está desperdiçando tempo e dinheiro. Durante esse *trade*, eu mantive boas anotações, tanto em uma planilha quanto em meu diário, permitindo-me extrair lições a partir da experiência. O lucro monetário foi relativamente pequeno, mas as lições foram múltiplas e ricas.

2. Para começo de conversa, minha entrada nesse *trade* foi excelente. Eu identifiquei corretamente um fundo importante e agi em boa hora. Segundo, meu alvo de lucro para o *trade* parecia ser bem realista, ainda que eu não tenha conseguido segurar o tempo suficiente para me beneficiar de minha análise.

3. Esse *trade* confirmou para mim que tenho um temperamento melhor para os *trades* de curto prazo. Já que estou determinado a aprender a segurar por períodos mais longos, tenho de adaptar, incluindo alguns elementos de *trades* de curto prazo para minhas posições de longo prazo. Decidi que nos *trades* de longo prazo do futuro vou estabelecer uma posição central para manter do início ao fim – seu tamanho menor vai produzir menos estresse. Ao mesmo tempo, vou colocar *trades* de curto prazo maiores na direção de meu *trade* de longo prazo. Olhando novamente para a Figura 4.26, havia todas as razões para comprar mais enquanto subia, vender quando os topos foram formados na linha pontilhada superior e comprar novamente sempre que a ação voltava para sua zona de compra original.

4. Esse *trade* lembra que é importante tratar a si mesmo bem. Sua mente é um instrumento operacional, e abusar de si mesmo devido a erros, como sair precocemente, seria como bater em seu computador – isso não melhora seu desempenho. Meu objetivo é aprender a partir de meus erros, não me punir por eles.

5. Por último, mas não menos importante, quero que você veja que mesmo profissionais cometem erros. Eu ainda os cometo. Você vai continuar a cometê-los. A ideia é excluir totalmente nossos grandes erros, como não utilizar um diário ou violar as regras de gerenciamento de capital e risco. Uma vez feito isso, você pode se concentrar nos erros menores.

Vendendo em um Alvo

Enquanto escrevo este livro, estou dentro de diversos *trades* de longo prazo. Uma das principais empresas dos Estados Unidos que está causando preocupações, acredito eu, quer subir da área de $7 para a zona de $20. Ainda estou mais excitado com uma pequena ação da Nasdaq que opera por um pouco mais que $1. Ela foi negociada próximo a $100 nos anos 90 – esse anjo caído perdeu mais de 99% do valor nos últimos anos. Eu adquiri parte de minha posição abaixo de $1 e espero segurar até a ação atingir $20, daqui a alguns anos. Em ambas as ações, tenho uma posição central que não mexo e uma posição maior de curto prazo – em que fico entrando e saindo, operando ativamente na direção da tendência. As lições da STTSY ainda estão me ajudando.

CAPÍTULO 5

VENDENDO EM UM *STOP*

Se você comparar comprar uma ação com casar, utilizar um *stop* seria como assinar um acordo pré-nupcial. Se seu belo relacionamento chegar ao fim, o acordo pré-nupcial não vai eliminar a dor, mas reduzir a briga, a incerteza e o custo da separação. E se você for um touro (comprado) feliz e descobrir que sua adorada ação está saindo por aí e dormindo com um urso (vendido)? Qualquer rompimento vai doer, mas a melhor hora de decidir quem fica com o que é quando vocês ainda estão amorosamente de mãos dadas.

Preços-alvo o ajudam a se manter nas ações que se movimentam a seu favor. *Stops* o ajudam a vender quando a ação se volta contra você. Mesmo um *trade* lucrativo merece ter um *stop* protetor. Alguns *traders* também gostam de viajar em tendências utilizando *stops* móveis que vão seguindo os preços.

Um *stop* fornece um controle de realidade para qualquer *trade*. Sim, você ama esta ação. Sim, você tem grandes expectativas. Mas e se não funcionar? Todos os seus planos anteriores para ações funcionaram? Ou houve um ou dois que não? Mais de um ou dois? Muitos? Há alguns casos em que você precisa de um *stop*? Você precisa examinar o gráfico e decidir onde quer pular fora se aquele *trade* começar a se voltar contra você.

Assim que você entra em um *trade*, um "efeito de posse" pernicioso será estabelecido, fazendo com que seja bem mais difícil decidir quando vender. A melhor hora de tomar essa decisão é antes de entrar no *trade*.

Pense naquela jaqueta fora de moda que está em seu armário. Você não consegue jogá-la fora – porque é sua, você está acostumado a tê-la, você sempre a teve. Pelo menos, aquela jaqueta imprestável não custa nada

Vendendo em um *Stop* 107

além de ocupar espaço em seu armário. (E, em sua mente, devo dizer que manter uma posse inútil cria um pequeno espaço morto e, depois de algum tempo, muitos espaços mortos se fundem em zonas mortas maiores.) Por outro lado, manter um *trade* morto em sua conta pode tornar-se bastante caro. Pode tornar-se devastador.

Um único *trade* ruim, se grande o suficiente, pode fazer um buraco em sua conta. Um grupo de maus *trades* pode destruí-la.

Outro efeito colateral de não usar *stops* e se manter em maus *trades* é que eles interferem na execução de bons *trades*. Assim como uma dor de dente interfere em seu pensamento e o previne de planejar coisas novas e excitantes, um *trade* perdedor ocupa uma parte maior de sua atenção do que merece. Ele o impede de ir atrás de *trades* novos e melhores. Mesmo quando parece promissor, você encontra desculpas para não comprar. Segurar e ficar em um mau *trade* custa dinheiro a você, além de dor e perda de oportunidades.

Um sistema operacional sem *stops* não é um sistema – é uma piada. Operar um sistema assim é como correr em um carro sem cinto de segurança. Você pode ganhar diversas corridas, mas o problema é que, na primeira batida, sua carreira pode acabar.

Se você é um *trader* discricionário, o *stop* é sua ligação com a realidade. Você pode ter ideias brilhantes sobre lucros, mas decidir onde colocar um *stop* o força a olhar para a possível perda. Obriga-o a fazer a pergunta essencial: *O lucro potencial vale o risco?*

Todo *trade* merece um *stop* protetor. Siga esta regra simples: você não pode entrar em um *trade* a não ser que saiba exatamente onde você vai colocar seu *stop*. Você tem de tomar essa decisão antes de entrar no *trade*. Além do *stop*, você precisa de um alvo de lucro para avaliar a relação risco-retorno do *trade*. Um *trade* sem um alvo é como uma ficha jogada no feltro verde de uma mesa de cassino.

Há aproximadamente 20 anos, um de meus amigos passou por um momento difícil na carreira no mercado e foi trabalhar como corretor. Eu transferi uma de minhas contas para ele, e sempre que telefonava para dar uma ordem, ele não me deixava sair do telefone até que eu lhe desse um *stop*. Desde então, meu amigo se tornou um gestor bem-sucedido, mas eu me lembro dele como o corretor mais disciplinado que já tive.

E sobre movimentar os *stops*? Os mercados mudam, os preços mudam e sua visão de uma ação pode mudar. Você pode se tornar mais otimista, mais pessimista, ou menos certo. Conforme sua percepção de risco e retorno muda, você vai querer mudar seu *stop*. Como você pode fazê-lo? Em um mercado em que tudo é permitido – a maior parte consistindo em perder dinheiro –, quais regras você vai estabelecer para movimentar seus *stops*?

A regra absoluta essencial para movimentar os *stops* é que você só pode movimentá-los em uma direção – a do *trade*. Quando você entra na compra e coloca um *stop* abaixo do mercado, pode movimentá-lo para cima, mas nunca para baixo. Quando você opera vendido e coloca um *stop* acima do mercado, pode movimentá-lo para baixo, mas nunca para cima.

Você compra uma ação porque espera que ela suba. Se ela começar a cair, isso lhe diz que sua decisão foi errada. Se você esperava que aquela ação fosse cair, não a teria comprado. Mudar seu *stop* para mais longe a fim de acomodar seu erro vai apenas aumentar o erro. Não faça isso. Usar *stops* é uma estrada de mão única. Você pode até trazê-los para mais perto, mas nunca para mais longe.

Vamos resumir o que discutimos até agora:

- Você precisa de *stops*: um *trade* sem *stops* é uma aposta.

- Você tem de saber onde vai colocar seu *stop* antes de entrar em um *trade* (se a relação risco-retorno for ruim, não entre naquele *trade*).

- Todo mundo precisa de *stops* "rígidos"; somente *traders* discricionários bastante experientes podem usar *stops* "flexíveis", discutidos acima.

- Sempre que você mudar um *stop* de lugar, somente o faça na direção do *trade*.

Se você tem alguma dúvida sobre esses pontos, por favor volte e leia novamente este capítulo. Se você concorda, vamos em frente e discutir como escolher onde posicionar os *stops*. Como eles dizem nas corretoras de imóveis: "Há três fatores principais neste negócio: localização, localização, localização."

Uma nota de pé de página importante sobre *stops* – não há problema algum em retornar para um mercado depois que ele aciona seu *stop*. Em geral, os iniciantes dão uma única tacada em uma ação e a deixam em paz depois que ela dá uma paulada neles. Os profissionais, por outro lado, não veem nada de errado em operar a mesma ação diversas vezes, como tentar fisgar um peixe que insiste em escapar até pegá-lo de jeito.

Vendendo em um *Stop*

O TRIÂNGULO DE FERRO

O principal objetivo de utilizar um *stop* é proteger-se de um movimento adverso, limitando as perdas no *trade* a uma quantidade predeterminada. O objetivo secundário é proteger os lucros. Como o controle de perdas é o objetivo primário dos *stops*, não espanta que estabelecer os *stops* esteja intimamente ligado ao gerenciamento de capital.

O processo de controle de risco trabalha em três estágios:

1. Estabelecer um *stop* baseado em análise de gráficos e calcular o risco em dólares por ação medindo a distância do preço de entrada planejado para o nível de *stop*.
2. Utilize suas regras de gerenciamento de capital para calcular a quantidade máxima que você pode arriscar em um *trade* em sua conta e decidir o quanto vai arriscar.
3. Divida o número de dólares na linha 2 pelo número de dólares na linha 1 para descobrir quantas ações você pode operar.

Eu chamo essa sequência do Triângulo de Ferro de controle de risco. Um lado é seu risco por ação; outro é seu risco total permitido por *trade*. O terceiro lado, derivado dos dois primeiros, dá a você o tamanho máximo do *trade*.

Posicionar *stops* está intimamente ligado ao ajuste do tamanho do *trade*. Assim que você decide o que vai operar, tem de definir o tamanho da posição. A maioria das pessoas toma essa decisão com base em alguma intuição vaga. Eles operam maior após alguns *trades* de sucesso ou menor após levar umas pauladas do mercado. Muitos abordam a decisão quanto ao tamanho pelo ângulo errado. Alguns operam sempre o mesmo número de ações; outros investem o mesmo percentual de sua conta em todos os *trades*. Essas abordagens muito comuns têm pouco sentido lógico.

O tamanho, como diz a piada, não importa. O que importa é o risco.

Como um *trader*, você não opera na realidade IBM ou EBAY ou soja – você opera dinheiro quando negocia com risco. Essa é a razão pela qual você deve estabelecer o tamanho de sua posição com base no risco. É o risco, e não qualquer fator externo, como o número de ações ou o custo da posição, que realmente importa.

Compare a compra de 1.000 ações a \$20, fixando seu *stop* em \$17, a comprar 2.000 ações a \$40, estabelecendo seu *stop* a \$39. Ainda que o tamanho e o custo da segunda posição sejam maiores, a quantidade de risco é menor.

110 Aprenda a Vender e Operar Vendido

Vamos rever os três passos delineados, e seguir com alguns exemplos de *trades*.

1. **Calcule seu risco em dólares por ação.**
   Suponha que você decida comprar uma ação que está sendo negociada a $18. Agora suponha que sua análise gráfica indique que, se essa ação cair abaixo de $17, o cenário de alta será cancelado. Você decide colocar um *stop* protetor em $16,89. Seu risco por ação será de $1,11. Pode tornar-se maior em virtude de algum erro ou *gap*, mas $1,11 é uma estimativa razoável.

2. **Calcule seu risco em dólares por *trade*.**
   Suponha que você tenha $50 mil em sua conta para *trades* e siga a regra de gerenciamento de capital dos 2%, explicada no Capítulo 1. Isso significa que seu risco máximo por *trade* é de $1 mil. Esse é, na verdade, um risco bem alto para uma conta tão modesta. Muitos *traders* decidem arriscar menos de 1%.

3. **Decida seu risco por *trade* pelo risco por ação.**
   Esta é a forma de você calcular o número máximo de ações que pode negociar. Se seu risco máximo permitido por *trade* for de $1 mil e o risco por ação no *trade* planejado, de $1,11, seu número máximo de ações está abaixo de 900. Lembre-se de que o risco máximo permitido por *trade* de $1 mil deve cobrir as comissões e os possíveis erros. Além disso, não há regra alguma que diga que você tem de ir para o risco máximo permitido em cada *trade*. Você não pode arriscar mais, mas é totalmente bem-vindo a arriscar menos.

E se você tiver grandes expectativas para aquela ação de $18? Você pode querer dar mais espaço a ela e colocar o *stop* mais longe, em $15,89, mas então seu risco por ação seria de $2,11. Já que o máximo permitido de risco por *trade* permaneceria o mesmo, sua compra máxima cairia para 470 ações.

Por outro lado, se você sentar na frente da tela, olhando para aquela ação como se fosse uma águia, pode fixar um *stop* em $17,54 e arriscar somente $0,46 por ação. O risco máximo permitido será mantido em $1 mil, mas agora você pode operar 2.170 ações.

Decisões sobre *stops* estão intimamente ligadas a decisões sobre alvos de realização de lucros. Você tem de pesar a quantidade de risco que está disposto a assumir contra o retorno potencial que está tentando obter. Como

Vendendo em um *Stop* 111

regra geral, prefiro os *trades* com uma relação retorno/risco de 3:1, ou melhor.* Eu não me animaria a entrar em um *trade* cuja relação retorno-risco fosse de 2:1 ou menor.

Usar *stops* é uma prática essencial. Antes de discutirmos a grande variedade de *stops* disponíveis para você, vamos clarificar duas importantes distinções: temos de escolher entre ordens a mercado ou limitadas para nossos *stops*. Também temos de olhar para a escolha raramente discutida entre *stops* "rígidos" e "flexíveis".

ORDENS A MERCADO OU LIMITADAS

Todas as ordens podem ser divididas em dois grandes grupos – ordens a mercado e limitadas. Uma ordem a mercado é executada no que os corretores gostam de chamar de melhor preço – mas, na verdade, é qualquer preço ou muitas vezes o pior preço. Uma alternativa à ordem a mercado é uma ordem limitada. Ela demanda que a execução seja a um preço específico – ou que não seja executada. Uma ordem limitada faz com que você evite que ordens sejam executadas a preços muito diferentes do pretendido.

Uma ordem a mercado garante a execução, mas não o preço. Uma ordem limitada lhe garante o preço, mas não a execução. Você tem de escolher uma ou outra porque não pode ter ambas no mesmo *trade*. Você tem de decidir o que é mais importante para você – uma execução ou evitar que uma ordem seja executada fora da faixa pretendida? Você pode ter diferentes respostas para essa pergunta em momentos diferentes, dependendo do que você está pretendendo.

Suponhamos que você tenha comprado 1.000 ações a $19, e seus estudos indicam que, se ela cair para $17,80, a tendência de alta vai acabar. Você liga para seu corretor, entra no site da corretora e coloca uma ordem de *stop* para vender 1.000 ações a $17,80, valendo até cancelar.** Normalmente, uma ordem de *stop* é colocada abaixo do mercado como

---

Nota do Tradutor: No Brasil, usamos a expressão risco-retorno, e não retorno-risco, mas, como a relação está sendo colocada pelo autor como 3:1 ou 3 para 1, temos de manter a ordem em que ele escreve, ou seja retorno-risco. A relação de retorno-risco de 3:1 significa que o retorno potencial é três vezes maior que o risco máximo planejado.

**Nota do Tradutor*: No Brasil, chama-se ordem VAC (Vale até Cancelar). São ordens que ficam na pedra, que valem até ser canceladas. Importante verificar com a corretora, pois, em algumas situações, essas ordens podem ser canceladas.

uma ordem a mercado se o preço da ordem de *stop* for atingido a qualquer momento. Se você fixar seu *stop* em $17,80, ele se torna uma ordem a mercado de venda de 1.000 ações no momento em que a ação for negociada a $17,80. Agora, sua posição está protegida. Você pode ir viver sua vida e se preocupar menos com aquela ação.

Uma ordem a mercado é algo escorregadio. Em um mercado calmo, pode ser que você negocie seu *stop* a $17,80. Eventualmente, você pode ter muita sorte e, se os preços repicarem imediatamente após tocarem os $17,80, talvez sua ordem de *stop* seja executada a $17,81 ou $17,82. O que é mais provável que aconteça, entretanto, é que durante uma queda mais rápida a ação não fique tempo suficiente em torno dos $17,80. Sua ordem a mercado é lançada quando a ação atinge os $17,80, mas ela acaba sendo executada a $17,75. Esse deslize em 1.000 ações vai custar a você $50 – provavelmente algumas vezes mais do que a corretagem.

Os preços se movem suavemente somente em mercados mais quietos, mas podem pular por cima de diversos níveis de preços quando a ação começa a esquentar. Colocar uma ordem a mercado em $17,80 não garante que ela será executada nesse preço. Em uma queda rápida, pode acontecer de ser executada a $17,78, $17,75 ou até menos. Se alguma notícia ruim e inesperada atingir sua ação, ela pode fazer um *gap* até os $16 ou até menos.

Um *stop* não é uma ferramenta perfeita para proteger seus lucros ou reduzir suas perdas – mas é a melhor ferramenta de que dispomos.

Atormentados pelos *stops* executados abaixo do pretendido, alguns *traders* passam a usar ordens limitadas. Eles dão a ordem para que a venda seja apenas a um preço específico, utilizando uma ordem limitada para seu *stop*. Discordo veementemente dessa tática.

Quase sempre, uso ordens limitadas para entrar nos *trades* e para realizar lucros em preços-alvo. Uma ordem limitada diz, na verdade, "ou é do meu jeito ou vá embora". Eu só vou fazer negócios em um nível que me satisfaça, e não vou aceitar escorregadas ou erros em minha entrada ou quando estou realizando lucros. Se eu deixar de entrar em um *trade* por causa de uma ordem limitada, não reclamo – haverá muitos outros *trades* no futuro. Se você tenta entrar em um *trade* usando um preço específico, limitado, e sua ordem não é executada, você não perde nada.

A situação com *stops* protetores é completamente diferente. Se você perde a saída de um *trade*, pode acabar sendo pego por uma queda forte,

Vendendo em um *Stop* 113

uma cachoeira. Um *trader* pode perder muito enquanto mexe com ordens limitadas, tentando salvar alguns centavos. Quando a situação ficar feia, saia correndo sem olhar para trás. Essa é a razão pela qual uso ordens limitadas para as entradas e a realização de lucros, mas mudo para as ordens a mercado quando estou colocando *stops*.

STOPS RÍGIDOS E FLEXÍVEIS

Um *stop* rígido é uma ordem que você coloca no mercado. Um *stop* flexível é o número que você mantém em mente, preparado para agir assim que o mercado atingir aquele nível. A distinção entre eles é extremamente importante, mas me sinto um pouco relutante em discutir *stops* flexíveis aqui. Trata-se de um tópico para *traders* profissionais e semiprofissionais, e eu estou preocupado com a possibilidade de que alguns iniciantes possam entender errado e utilizá-lo da forma incorreta. Para a maioria dos iniciantes, um *stop* flexível é igual a não ter *stop*.

Isso me faz lembrar de um comercial de televisão ao qual assisti uma vez – uma companhia anunciava um refrigerante mostrando as pessoas em pequenas motocicletas subindo e descendo por ladeiras íngremes. Na parte inferior da tela, havia um alerta: "Todos os truques executados por profissionais treinados. Crianças: não tentem repeti-los em casa!" E isso é exatamente o que eu gostaria de dizer sobre os *stops* flexíveis.

Se o tópico é tão perigoso, por que não deixá-lo fora do livro e pronto?

Como quero que este livro seja útil para pessoas que estão progredindo para um nível mais alto no mercado, elas podem considerar os *stops* rígidos "muito rígidos". Desejo colocar o controle em suas mãos, confiando em que você vai tomar decisões razoáveis.

Lembre-se de que os *stops* rígidos servem para todos, mas os *stops* flexíveis são permitidos apenas para os profissionais ou semiprofissionais.

Não importa que método você utilize para estabelecer seus *stops*, no final vai chegar a um número – o nível ao qual seu *stop* pertence para o próximo dia de negociações. Você vai fazer com que esse número seja um *stop* rígido ou flexível?

Um *stop* rígido entra no mercado como uma ordem específica – você a entrega a seu corretor. A grande vantagem de um *stop* rígido é que ele permite que você tire seus olhos do mercado. É perfeito para aqueles que não podem ficar na frente do monitor durante o dia e que não gostam de tomar decisões em tempo real. Os iniciantes devem usar os *stops* rígidos porque eles não têm nem a experiência nem a disciplina para tomar decisões em tempo real e executá-las.

Traders sistemáticos usam *stops* rígidos, mas *traders* de discricionários podem usar *stops* rígidos ou flexíveis. Um profissional pode fazer suas pesquisas, chegar a um número para um *stop* e incluí-lo em seu sistema de registros – mas ele não precisa necessariamente dar essa ordem a seu corretor. Ele pode ficar de olho naquele nível, preparar-se para sair do *trade* se os preços chegarem perto dele, mas, ao mesmo tempo, se permitir um pouco de liberdade.

Utilizar *stops* flexíveis requer duas coisas – muita disciplina e atenção total ao monitor. Você não tem negócio algum com *stops* flexíveis se não estiver na frente do monitor, pronto para executar um *trade* quando o mercado atingir seu nível. Você também precisa de disciplina absoluta. Um iniciante que fica congelado, em pânico e na esperança de que a sorte vai salvá-lo quando o mercado vai contra ele não deve usar *stops* flexíveis.

Stops flexíveis podem dar um benefício enorme, permitindo mais flexibilidade do que os *stops* rígidos. À medida que o mercado começa a cair em direção a seu *stop*, você pode decidir que a ação está pesada e sair antes; você pode cortar as perdas mais cedo e perder menos dinheiro. Por outro lado, você pode decidir que uma queda de baixo volume pode ser um movimento falso e segurar a ação por um pouco mais de tempo, dando a ela a chance de se recuperar. Nem é necessário dizer que, em todas essas situações, você tem de saber exatamente onde está seu *stop* e exatamente como está se desviando dele. Um profissional experiente pode se beneficiar da flexibilidade de um *stop* flexível, mas muita liberdade é mortal para os iniciantes.

Um *trader* não tem o direito de usar *stops* flexíveis até que tenha operado com lucros consistentes por um período de, no mínimo, um ano. Mesmo assim, você deve adotar os *stops* flexíveis vagarosamente e continuar a usar os *stops* rígidos quando está longe do monitor.

Não farei mais distinção alguma em relação ao processo de decisão para estabelecer os níveis de *stop* neste capítulo. Agora, vamos discutir como, onde e quando colocar seus *stops*. Você vai ter de decidir se eles serão rígidos ou flexíveis, dependendo de sua experiência e capacidade.

UM MAU LUGAR

Dentre as muitas das concepções equivocadas sobre os *stops*, uma consegue ser a pior de todas. Ela custou aos investidores e *traders* bilhões de dólares e, indubitavelmente, vai custar ainda mais. Essa concepção errada é que se devem colocar *stops* nas posições compradas imediatamente abaixo do último fundo.

Essa ideia está por aí há tanto tempo que adquiriu a forma e o sentido de verdade absoluta. Ela se tornou popular porque é muito simples, dá uma sensação de conforto e não requer muito pensamento nem decisão. Até eu recebi essa recomendação no início de minha carreira de *trader* e passei para outras pessoas – até que, como ocorre muitas vezes, a realidade bateu em minha cabeça.

Há um grande problema em colocar um *stop* imediatamente abaixo do último fundo – a maior probabilidade é que ele irá perder dinheiro. O problema com esse tipo de *stop* é que os mercados fazem fundos duplos com frequência, com o segundo fundo um pouco mais abaixo que o primeiro. Eu poderia preencher um livro inteiro com gráficos demonstrando esse padrão. O nível imediatamente abaixo do último fundo é aquele no qual os amadores cortam e correm, e os profissionais tendem a comprar.

Sempre que os preços se aproximam da área do fundo, presto atenção em sua possibilidade de penetrar em busca de um fundo mais baixo. Se os preços caem para uma divergência de alta, espero que eles comecem a subir um pouco. Quando eles sobem acima do nível do primeiro fundo, soltam um sinal de compra. Considero esse um dos sinais mais fortes e confiáveis dos *trades* – um fundo duplo com divergência de alta, como o segundo fundo, um pouco mais baixo que o primeiro (veja as Figuras 5.1 e 5.2).

Pensar na quantidade de pessoas que, ano após ano, colocam seus *stops* um pouco abaixo do último fundo faz minha mente estremecer. Por que as pessoas colocam seus *stops* precisamente no nível em que há mais chance de eles serem acionados? Por que eles vendem no nível em que os profissionais provavelmente estão comprando?

As massas buscam a simplicidade. Colocar um *stop* um centavo abaixo do último fundo é muito simples – qualquer um pode fazer isso. E a maior parte da literatura sobre *trades* reforça esse padrão.

Os *traders* profissionais exploram a tendência das massas de colocar seus *stops* logo abaixo do último fundo ano após ano. Eles sabem onde esses *stops* estão. Não há lei alguma que proíba os profissionais de olhar gráficos.

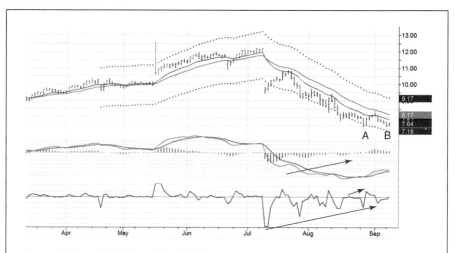

Figura 5.1 CPWR,* gráfico diário

Os bons *trades* tendem a nascer aos poucos, e este foi certamente o caso da CPWR. À medida que ela deslizava em julho e agosto, foi criando múltiplas divergências de alta, culminando com a divergência de alta das linhas de MACD em agosto. Ela atingiu o fundo em 7,46 no ponto A em agosto, Qualquer *trader* que comprou e colocou seu *stop* "um centavo abaixo do último fundo" foi colocado para fora em setembro, quando a ação caiu por um curto período até 7,44 no ponto B. A questão no canto direito é a seguinte: Onde você coloca seu *stop* se compra aqui?

*Nota do Tradutor: Símbolo na Nasdaq das ações da Compuware Corp.

Alguns estão até segurando ordens de *stops* para seus clientes nestes níveis. Os profissionais esperam uma leva de *stops* um pouco além das extremidades de uma zona de congestão.

À medida que uma ação afunda em direção ao nível de um fundo importante, seu volume de negócios tende a diminuir. Todos os olhares estão naquela ação, mas não há muita atividade, já que as pessoas esperam para ver se o suporte vai aguentar. Uma pequena ordem de venda, jogada no mercado enquanto as ordens de compra estão pequenas, pode puxar a ação para baixo, abaixo de seu fundo prévio. Essa é a área em que muitos profissionais experientes gostam de operar.

À medida que a ação em queda aciona os *stops* dos amadores e das massas, os profissionais pegam as ações com desconto. Se há tantos lotes à venda que a ação acelera para baixo, eles cortam suas perdas rapidamente e deixam-na escorregar, mas isso raramente acontece. Normalmente, o

Vendendo em um *Stop*

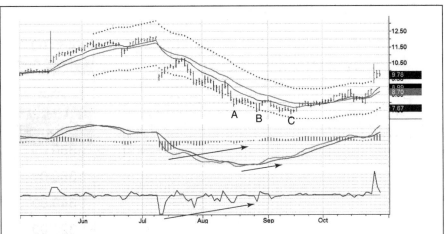

Figura 5.2 CPWR, gráfico diário, acompanhamento

O mercado muitas vezes vagueia sem rumo enquanto pega força para uma arremetida em uma direção. A CPWR caiu brevemente a 7,32 no ponto C, punindo aqueles que, vez ou outra, colocam seus *stops* logo abaixo do último fundo. Este é o local em que os iniciantes cortam e correm, enquanto os profissionais tendem a ir às compras.
A expedição de pesca foi um crime? Provavelmente não – somente um bando de profissionais experientes operando contra os amadores despreparados e amedrontados.

número de ações vendidas pelo público nos *stops* não é tão grande assim. Conforme as vendas deles vão sendo absorvidas e a queda perde força, os profissionais pulam para dentro, comprando abaixo do fundo. A ação volta para a acumulação, deixando para trás uma breve estocada para baixo – um vestígio da expedição de pesca dos profissionais. Eles acabaram de assustar um bando de amadores anônimos para que vendessem seus bens com desconto. Isso já aconteceu alguma vez com você?

Oficiais militares reconhecem o valor dos soldados veteranos – eles se aguentam bem sob fogo. Soldados inexperientes têm mais chance de não aguentar e fugir, mas não é fácil assustar os veteranos. Vez após vez, eles expulsam seus oponentes inexperientes de suas posições. Os iniciantes que sobreviverem podem transformar-se em fortes veteranos. Eu espero que trabalhar em cima deste livro o ajude a alcançar esse objetivo. E, se eu o convenci a não colocar seu *stop* "um centavo sequer abaixo do último fundo", então não desperdicei meu tempo escrevendo a respeito.

Então – onde devemos colocar nossos *stops*? Reveja as Figuras 5.3 a 5.6.

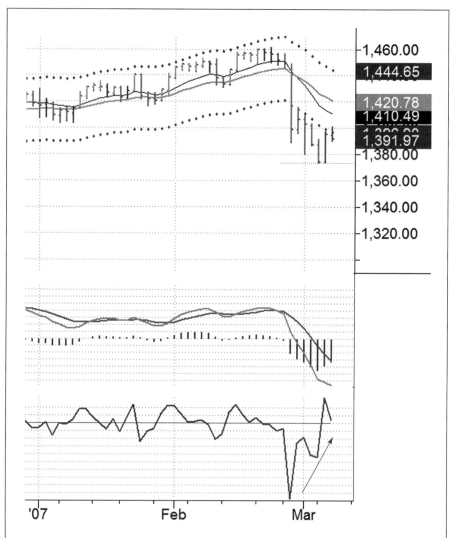

Figura 5.3 S&P 500, gráfico diário

Em um minicrash agudo do mercado em fevereiro de 2007, o Índice Standard & Poor's 500 caiu abaixo de seu canal, mas depois parece ter encontrado um fundo com o Sistema de Impulso se tornando azul.

Vendendo em um *Stop*

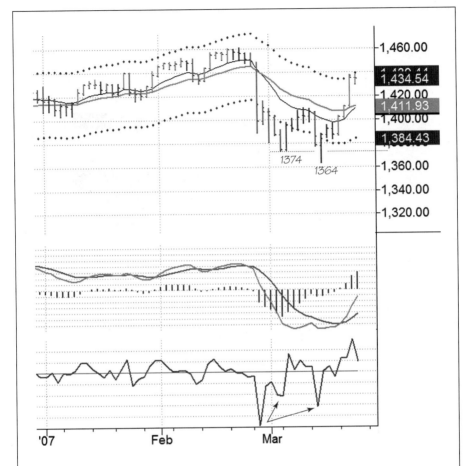

Figura 5.4 S&P 500, gráfico diário, acompanhamento

Com certeza, os preços repicaram com força suficiente para atingir o topo do canal. Infelizmente, para muitos iniciantes, os preços antes de subir com força, fizeram um fundo menor que o anterior. A expectativa de um rali estava correta, mas a colocação de um *stop* muito curto teria levado a uma perda ao invés de um ganho.

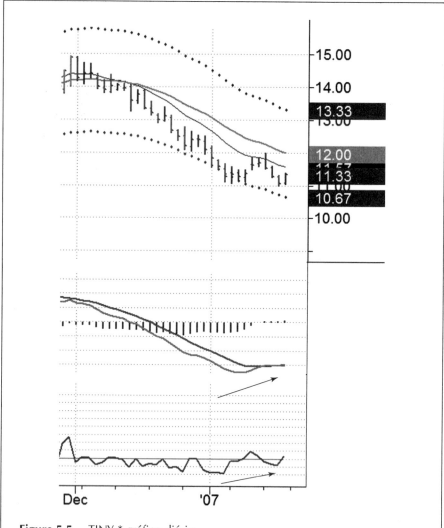

Figura 5.5 TINY,* gráfico diário

Um iniciante pode olhar o duplo fundo em TINY e dizer: "Uau, olhe para essas divergências! Eu vou comprar e colocar meu *stop* alguns centavos abaixo do fundo mais baixo."

*Nota do Tradutor: Símbolo na Nasdaq das ações da Harris & Harris Group Inc.

Colocar um *stop* logo abaixo do último fundo parece ser uma proposta perdedora. Quais são as alternativas? Vamos ver diversas soluções possíveis.

Vendendo em um *Stop*

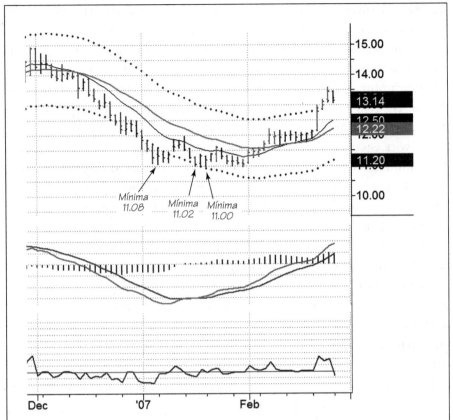

Figura 5.6   TINY, gráfico diário, acompanhamento

TINY foi uma ação excitante em um setor excitante, com padrões técnicos excitantes. Ela realmente formou uma base em janeiro e subiu quase 25% antes do fim de fevereiro. O problema é que ela subiu somente após expulsar os compradores precoces que colocaram seus *stops* um pouco abaixo do último fundo. Esse fundo foi de 11,02, e os *stops* em 11,01 foram acionados quando a ação caiu brevemente até 11.

REDUZINDO OS DESLIZES – ENCURTADOS POR UM CENTAVO

A maioria dos *traders* não usa *stops*. O fato de você estar pensando neles e lendo este livro é um sinal positivo. Os *stops* aumentam sua chance de ficar à frente da massa.

Olhando para a maioria dos gráficos, você pode dar um bom palpite sobre onde os *traders* descuidados colocariam seus *stops*. Quando integrantes da massa usam *stops*, eles tendem a posicioná-los em níveis bastante óbvios. Eles jogam os *stops* imediatamente abaixo dos suportes quando comprados ou imediatamente acima das resistências quando operando na venda. Já que as massas em média perdem, fazer as coisas de forma diferente da maioria normalmente tem uma expectativa positiva nos mercados financeiros. Neste e nos próximos capítulos, discutiremos diversas alternativas para esses níveis óbvios.

Se você encurta seus *stops*, reduz seu risco em dólares por ação mas também aumenta o risco de um violino.* Se você coloca seus *stops* mais longe, vai reduzir o risco de violino mas sua perda por ação será mais pesada quando seus *stops* forem acionados. Ambas as abordagens têm vantagens e desvantagens, mas você tem de escolher somente uma para cada *trade*. Como tantas escolhas no mercado, sua decisão vai depender mais de sua atitude do que de qualquer objeto de estudo do mercado.

Minha abordagem para os *stops* se formou gradualmente, e muito a partir de experiências dolorosas. Quando comecei a operar, não usava *stops*. Depois de apanhar dos mercados diversas vezes, aprendi que precisava de *stops* para proteção. Comecei a utilizá-los, mas posicionava-os de forma amadora – logo abaixo do último fundo nas compras e logo acima do último topo nas operações vendidas. Não precisa nem dizer, eu era constantemente *stopado* por violinos.

Para colocar mais lenha na fogueira, comecei a notar que, quando colocava meus *stops* da forma usual, logo abaixo do último fundo, isso me expunha a qualquer deslize do mercado. Uma ação caía até o nível em que meu *stop* havia sido posicionado, mas, quando eu recebia a confirmação da operação, ela havia sido executada abaixo do preço estabelecido no *stop*. Meu corretor explicava que havia tantos *stops* em meu nível que, quando a ação atingia aquele nível, passava direto. Com todas aquelas ordens de venda, incluindo a minha, inundando o mercado, os compradores ficavam momentaneamente sobrecarregados.

O que, então, eu podia fazer para resolver a situação? A dor das perdas me dava muita motivação. Decidi encurtar meus *stops* e comecei a posicioná-los não um pouco abaixo do último fundo, mas no nível do último

---

*Nota do Tradutor: Quando um mercado em alta rompe um topo e depois recua ou um mercado em queda rompe um fundo e depois volta a subir, dizemos que houve um violino. A expressão vem da forma como se toca o violino, indo e voltando.

Vendendo em um *Stop*

fundo. Olhando para muitos gráficos, vi que houve muitas ocasiões em que uma ação caía precisamente para seu fundo anterior e se segurava lá, sem ir além. Normalmente, ou ela se mantinha bem acima daquele fundo ou ia bem abaixo dele. Isso significava que posicionar um *stop* logo abaixo do fundo não aumentava minha margem de segurança. Então, comecei a colocar meu *stop* exatamente no nível do fundo, em vez de ir um ou dois centavos abaixo.

Esse método eliminava largamente os deslizes em meus *stops*. Vez após vez, uma ação cairia até seu fundo anterior e ficaria parada lá. Havia muita atividade nesse ponto, mas não muito movimento. Em seguida, a ação caía alguns centavos abaixo de seu fundo anterior e atingia uma bolha de ar – pufffff! – e caía vários centavos em alguns momentos.

Percebi que o nível do fundo anterior era onde os profissionais reordenavam suas posições. A ação era apertada e havia bem poucos deslizes por ali. Assim que a ação caía abaixo de seu fundo anterior, ela entrava no território público dos *stops*, e as escorregadas se tornavam pesadas. Com essa descoberta, parei de colocar meus *stops* um pouco abaixo do fundo recente. Comecei a posicioná-los no nível exato do fundo anterior – e os deslizes de meus *stops* diminuíram drasticamente. Utilizei esse método por muitos anos – até que troquei por um método ainda mais apertado de posicionar os *stops*.

O *STOP* DO NIC – ENCURTADO POR UM DIA

Em 2003, em um de meus seminários, conheci um *trader* chamado Nic Grove. Sua história, com seus variados detalhes pessoais, é, de certa forma, típica do modo como as pessoas vêm para os *trades*. Como um jovem crescendo na Austrália, Nic envolveu sua família nos negócios com imóveis, depois passou a trabalhar sozinho como paisagista comercial. Quando ele chegou aos 50, ficou cansado da rotina e vendeu sua empresa. Ele voou para Paris, alugou um pequeno apartamento e começou a aprender francês. Procurando alguma coisa para fazer e gerar renda, Nic foi parar nos *trades*. Ele leu meu livro, veio para um seminário e, gradualmente, nos tornamos bons amigos.

Durante o *bull market* de 2004, Nic e eu estávamos comprando ações que haviam temporariamente caído até suas MMEs (médias móveis exponenciais). Queríamos mantê-las para um rali de volta à linha superior do canal, utilizando um *stop* bem curto. Nic sugeriu procurar o fundo no qual a maioria das pessoas colocaria seus *stops* e depois examinar as barras que flanqueavam aquele fundo de cada lado. Ele, então, iria colocar seu *stop* um pouco abaixo da mínima dessas duas barras. É mais fácil ilustrar do que descrever esse conceito em palavras. Por favor, veja as Figuras 5.7 a 5.12.

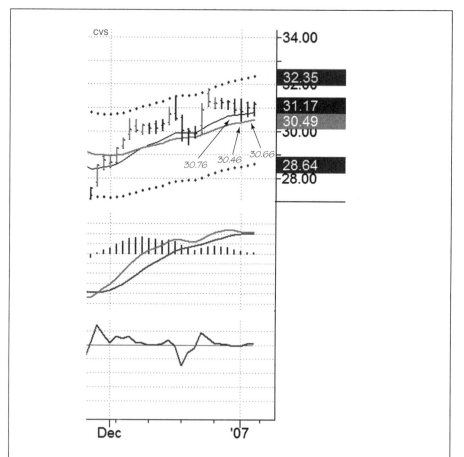

Figura 5.7 CVS,* gráfico diário

A CVS está em uma tendência de alta no gráfico semanal (não mostrado). Esse gráfico diário mostra que ela recuou para sua zona de valor entre as duas MMEs. O fundo mais baixo da queda foi $30,46, flanqueado por duas mínimas mais altas, $30,76 e $30,66. Se fôssemos comprar CVS, o *stop* do Nic seria posicionado um pouco abaixo do menor dessas duas mínimas. Como a menor delas era $30,66, eu colocaria um *stop* em $30,64 ou até $30,59 – no outro lado de um número redondo.

*Nota do Tradutor: Símbolo na Bolsa de Valores de Nova York das ações da Cvs Caremark Corporation.

Vendendo em um *Stop*

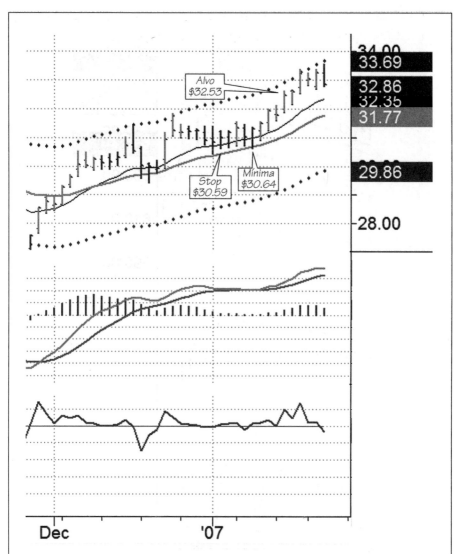

Figura 5.8 CVS,* gráfico diário, acompanhamento

A CVS se manteve em volta de sua zona de valor por mais alguns dias, até decolar e atingir o alvo na linha superior do canal. O *stop* abaixo da segunda menor mínima nunca foi ameaçado.

Nota do Tradutor: Símbolo na Bolsa de Valores de Nova York das ações da Cvs Caremark Corporation.

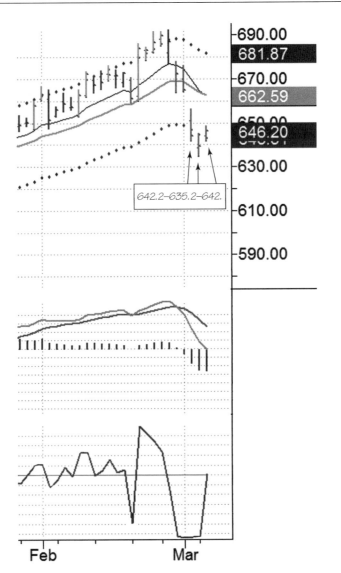

Figura 5.9 Ouro, gráfico diário

O ouro, apesar de estar em um rali no gráfico semanal (não mostrado), foi atingido por más notícias e desabou. Caiu abaixo da linha inferior do canal, uma área bastante sobrevendida. O ponto inferior daquela queda foi $635,20, flanqueado por duas mínimas: $642,20 e $642. Eu colocaria meu *stop* um pouco abaixo da menor das duas, evitando os números redondos – $641,90 ou $641,40.

Vendendo em um *Stop* 127

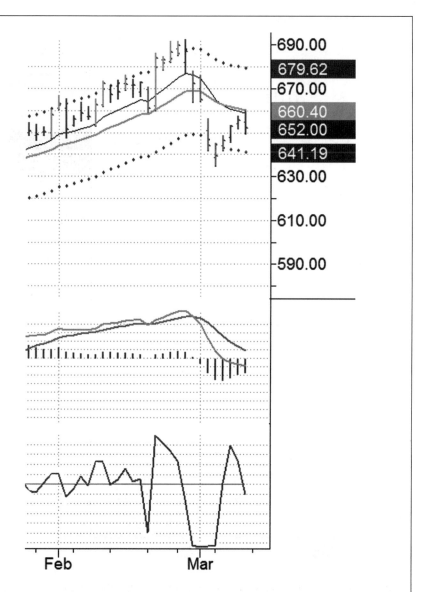

Figura 5.10 Ouro, gráfico diário, acompanhamento

O ouro fez um rali até $659,80 para dentro de sua zona de valor, entre as duas MMEs, e parecia ter parado por um tempo. O *stop* não foi atingido, mas agora seria uma boa hora para realizar lucros – já que o ouro está na zona de valor e não parece estar mais subindo.

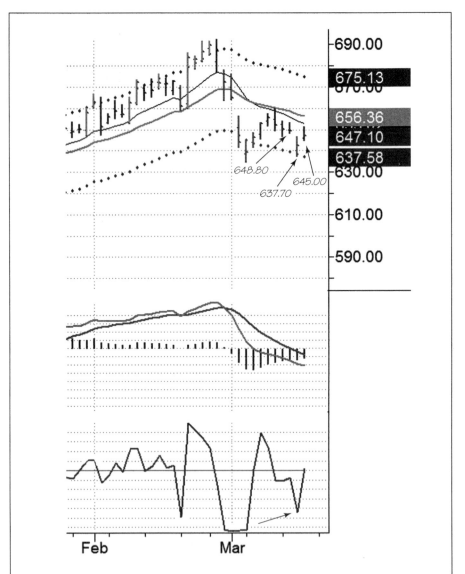

Figura 5.11 Ouro, gráfico diário, segundo acompanhamento

O ouro atingiu a linha inferior do canal pela segunda vez. A segunda queda teve menos força que a primeira, levando a uma divergência de alta do Índice de Força. No canto direito, o ouro parece, mais uma vez, uma compra atrativa. A mínima mais baixa dessa queda foi $637,70, flanqueada pelas mínimas de $648,80 e $645,00. Eu colocaria o *"stop* do Nic" um pouco abaixo da menor das mínimas laterais, em $644,40.

Vendendo em um *Stop*

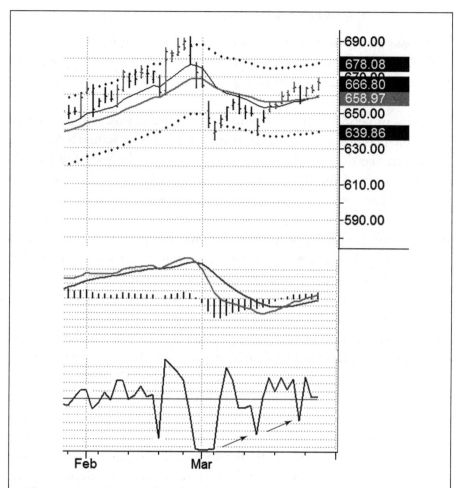

Figura 5.12 Ouro, gráfico diário, segundo acompanhamento

Esse gráfico mostra que o rali continua. O *stop* segurou bem, protegendo o *trade*.

Esse método de *stops* bem curtos é especialmente bem adaptado a *swing trades* de curto prazo. Tentar caçar fundos tende a ser um negócio bem arriscado. Um *stop* bem curto como este não permite tempo para ficar sonhando. Ele diz para o mercado: "Ou você sobe ou cala a boca."

QUANDO USAR *STOPS* MAIS AMPLOS

A duração planejada de seu *trade* ajuda a determinar o quão longe da entrada deve ser posicionado seu *stop*. Como uma regra, horizontes de tempo mais curtos pedem *stops* mais curtos, enquanto períodos mais longos tendem a exigir *stops* mais amplos.

Todos os períodos têm suas vantagens e desvantagens. Um dos benefícios principais dos *trades* de longo prazo é que eles dão tempo a você para pensar e tomar decisões. Do outro lado do espectro, se você está fazendo *day-trades* e para a fim de pensar, está morto. Toda vantagem no mercado financeiro tem um preço. Os *trades* de longo prazo dão mais tempo a você para pensar e tomar decisões, mas o custo desse luxo é a maior distância de seu preço de entrada para um *stop*. Uma ação pode variar muito mais em três meses do que em três horas. Como *traders*, atiramos em um alvo móvel; dado mais tempo, os alvos vão se movimentar bem mais.

O melhor para um *trader* iniciante é se afastar dos *day-trades*. Esse jogo extremamente rápido tende a destruir rapidamente os amadores. Eu também não recomendaria *trades* de longo prazo para os que estão começando. A melhor forma de aprender é fazer pequenos *trades*, manter um diário e praticar entradas e saídas. Os *trades* de longo prazo não oferecem o nível necessário de atividade para que se ganhe essa experiência.

Os *swing trades* são um bom local para começar a aprender a operar. Quando você tiver um ano em seu cinturão durante o qual sua curva de capital mostra uma tendência de alta com algumas quedas no meio, você saberá que está começando a ficar bom. Então, você pode decidir se quer continuar a se concentrar nos *swing trades* ou se deseja expandir seus horizontes. Se neste ponto você decidir aprender os *trades* de longo prazo, vai precisar de *stops* mais amplos.

Por que *stops* mais amplos?

Para evitar os violinos. O único nível lógico para um *stop* é o nível em que você espera que o mercado vá.

Pense nisso – se você entra na compra e coloca um *stop* abaixo do mercado, quer que ele esteja em um ponto que você não espera que os preços caiam. Você não quer que ele esteja onde um violino o alcançaria. Você quer seu *stop* em um nível que poderia ser alcançado somente se a tendência revertesse.

Se você identificar uma tendência de alta e entrar na compra, seu *stop* deve estar em um nível seguro além da variação normal dos preços. Uma

Vendendo em um *Stop* 131

grande tendência de alta naturalmente balança mais do que um pequeno movimento de preços. Se o nível de barulho no mercado é maior, os *stops* têm de estar mais longe.

O princípio da Tripla Tela consiste em tomar uma decisão estratégica em um gráfico de prazo maior (Figura 5.13) e executar em um gráfico de prazo menor (Figura 5.14). Com o gráfico mensal nos permitindo comprar, vamos para o gráfico semanal, a fim de definir nossas táticas.

Vamos supor que você esteja operando uma conta de $100 mil e seguindo a Regra dos 2%. Se você colocar seu *stop* no mais próximo dos dois níveis que acabamos de discutir, seu tamanho máximo para o *trade* seria de

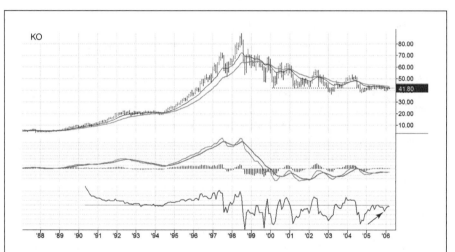

Figura 5.13   KO,* gráfico mensal

Quando se tenta montar um *trade* de muito longo prazo (o que, há alguns anos, se chamava de investimento), vale a pena começar analisando o gráfico mensal. Este gráfico da KO (Coca-Cola) mostra 20 anos de história. Você pode ver um *bull market* que levou a ação de menos de $4 (ajustado pelos *splits*)** até aproximadamente $90 em 1998, seguido por um *bear market* que caiu até $40. A área abaixo de $40 emergiu como um forte suporte que interrompeu quatro quedas desde 2001. No canto direito do gráfico, o Sistema de Impulso foi de vermelho para azul, permitindo a compra.

Nota do Tradutor: Símbolo na Bolsa de Valores de Nova York das ações da The Coca-Cola Company.

**Nota do Tradutor: *Splits* são desdobramentos, situações em que a empresa decide aumentar o número de ações no mercado e diminuir o valor na mesma proporção. O capital do acionista permanece o mesmo. Isso normalmente é feito quando o valor por ação se torna muito alto, para aumentar a liquidez. O contrário seria o *implit* ou agrupamento.

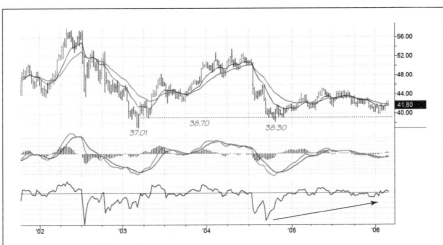

Figura 5.14   KO, gráfico semanal

Como em geral acontece, a tendência no gráfico de períodos menores é diferente em relação ao gráfico de prazo maior. A reversão de fundo já está bem avançada no gráfico semanal. Uma divergência de alta do Índice de Força ajuda a identificar um fundo, e os preços já subiram acima de suas MMEs (Médias Móveis Exponenciais). Este gráfico suporta nossa decisão de comprar. Os preços estão bem próximos do valor para se comprar aqui. Para estabelecer um alvo de lucro, prefiro voltar para o gráfico de prazo maior. Um nível próximo de $60, aproximadamente metade do caminho em relação ao topo. Mas e o *stop*?

 O último fundo foi de $38,30 e o fundo mais baixo do lado dele ("*Stop* de Nic"), $38,75. Se você posicionar seu *stop* naquele nível, vai arriscar um pouco mais do que $3 por ação. Este seria um *stop* razoável?

 E se a KO caísse até seu fundo anterior de $37,01 e até o violasse por $1 antes de reverter para cima? Isso faria com que o quadro de alta se tornasse ainda mais forte, mas necessitaria de um *stop* de quase $7.

aproximadamente 600 ações. Se você escolher o *stop* mais amplo, o tamanho máximo permitido cairá para menos de 300 ações.

 Claro que cada *trader* tem de tomar as próprias decisões, mas posso oferecer a você minha experiência pessoal: um *stop* em uma posição de longo prazo deve ser colocado longe, mas não tão longe a ponto de matar o tamanho do *trade*. Eu estaria inclinado a colocar meu *stop* no mais curto dos dois níveis – e me preparar para me reposicionar na ação se fosse *stopado*. Lembre-se de que *traders* profissionais tentarão o mesmo *trade* diversas vezes.

 Agora vamos dar uma olhada no que aconteceu com a KO olhando mais à frente (veja a Figura 5.15).

Vendendo em um *Stop*

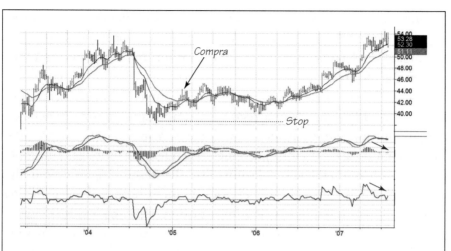

Figura 5.15 KO, gráfico semanal, acompanhamento

Fale-me a respeito de paciência! Se você tivesse comprado KO no nível discutido, teria de esperar quase um ano antes de a tendência começar a se movimentar. Os preços chegaram a cair abaixo do preço de compra, mas nunca atingiram o *stop*, mesmo o mais curto. No canto direito do gráfico, os preços acabaram de romper o topo de 2004. Diversos indicadores estão achando algumas divergências de queda. Devemos nos segurar até o alvo inicial próximo de $60 ou realizar lucros aqui? Este é o tipo de dilema que sobrecarrega a vida dos *traders* de longo prazo.

Resumindo, *stops* mais amplos são uma característica de *trades* de longo prazo. Se essa abordagem o atrai, os pontos que devem ser mantidos em mente é que, à medida que a distância de seus *stops* aumenta, o tamanho de seu *trade* deve diminuir, tendo certeza de que você se mantém no triângulo de ferro da boa gestão de capital.

STOPS MÓVEIS

Todos os *trades* têm de ser marcados com o "triângulo de ferro" que liga a gestão de capital e o *stop* protetor com o tamanho da posição. Isso faz você entrar em cada *trade* com um *stop* claro em mente, mas, à medida que o tempo vai passando, você vai se deparar com uma escolha. Por um lado, você pode deixar tanto o *stop* quanto o preço alvo nos locais planejados e seguir com o *trade* sem modificações. Por outro lado, você pode querer movimentar seu *stop* para proteger uma porção maior de seu capital ou de seu lucro. Claro que você só pode movimentar seus *stops* em uma direção – para cima, nas compras, e, para baixo, nas operações vendidas. Você pode segurar mais forte em um *trade*, mas nunca deixar correr mais frouxo.

Alguns *traders* usam *stops móveis** que se movimentam na direção do *trade* de acordo com alguma regra predeterminada. Outros podem começar com um *stop* tradicional, mas depois, à medida que os preços se aproximam do alvo, decidir que o mercado quer ir mais longe. Um *trader* que pensa que a tendência tem uma boa chance de ir além de seu alvo pode cancelar sua ordem de realização de lucros e mudar para um *stop* móvel. Isso permitiria que o *trade* fosse até onde aguentasse antes de reverter e atingir o *stop*. Para fazer essa mudança, é necessário fazer os mesmos cálculos efetuados quando você entrou no *trade* – equilibrando o retorno potencial contra o risco real. Quando você muda de um alvo para um *stop* móvel, tem de estar disposto a ceder parte de seu lucro.

Há vantagens e desvantagens nos *stops* móveis, da mesma forma que ocorre com todas as outras coisas nos *trades*. No lado positivo, um *stop* móvel pode trazer lucros extras se o *trade* ultrapassar seu alvo. No lado negativo, você arrisca devolver parte do lucro se o *trade* atingir o preço alvo e depois reverte, em vez de seguir em frente.

Há uma variedade de técnicas disponíveis para os *traders* que gostam de usar os *stops* móveis.

- Você pode usar a mínima de algumas barras como um *stop* móvel; por exemplo, você pode ir mudando seu *stop* para a mínima mais baixa das três últimas barras (mas nunca contra seu *trade*).
- Você pode acompanhar os preços com uma média móvel de prazo bem curto e utilizá-la como *stop*.
- Você pode usar o *Stop do Candelabro* – sempre que o mercado faz uma nova máxima, mude o *stop* para certa distância do topo – ou um valor específico ou um número baseado em uma ATR.** Sempre que a ação

---

**Nota do Tradutor: Trailing Stops*: muitas vezes, no mercado brasileiro também se usa o termo em inglês.

**Nota do Tradutor: Introduzido por Welles Wilder em seu livro *New Concepts in Technical Trading Systems* (1978), o Objetivo Real Médio, mais conhecido pelo nome inglês Average True Range (ATR), é uma medida de volatilidade do papel. Ele mede o grau de movimentação do preço, não a direção ou duração do movimento do preço. (Fonte – https://www.investbolsa.com.br/Wiki/ATR.ashx).

Vendendo em um *Stop*

Um *Stop* Parabólico

O Sistema Parabólico, apresentado em 1976 por J. Welles Wilder Jr., foi uma das primeiras tentativas de trabalhar o conceito de tempo no posicionamento dos *stops*. O sistema movimenta os *stops* para mais perto do mercado a cada dia. Além disso, ele acelera sempre que uma ação ou *commodity* atinge um novo extremo na direção do *trade*.

$\text{Stop}_{amanhã}$ = $\text{STOP}_{hoje} + \text{AF} \times (\text{EP}_{trade} - \text{Stop}_{hoje})$
Onde o Stop_{hoje} = o stop atual
$\text{Stop}_{amanhã}$ = o stop para o próximo dia de negociações
EP_{trade} = o ponto extremo atingido no mercado no *trade* atual. Se for uma compra, este é o maior ponto desde o dia da compra. Se for uma operação vendida, o menor ponto desde o dia da venda.
AF = Fator de Aceleração

No primeiro dia em um *trade*, o Fator de Aceleração equivale a 0,02. Isso significa que você tem de movimentar seu *stop* por 2% da distância entre o ponto extremo e o *stop* original. O AF aumenta por 0,02 a cada dia que o rali atinge uma nova máxima ou que a queda atinja uma nova mínima, até o máximo de 0,20.

No início de um *trade*, o Fator de Aceleração é pequeno e os *stops* variam vagarosamente. À medida que o mercado vai atingindo novos topos ou fundos, o AF vai movimentando os *stops* na direção do *trade*. Ao fazer isso, o Parabólico obriga os *traders* a sair de *trades* que não estão indo a lugar algum.

Os perdedores quebram, pois insistem em posições perdedoras na esperança de uma reversão. O Sistema Parabólico protege os *traders* da indecisão e impõe disciplina neles. Ele estabelece um *stop* no momento em que você entra em um *trade* e lhe diz para ir movimentando-o na direção daquele *trade*.

O Sistema Parabólico é extremamente útil durante tendências de fuga. Quando os preços explodem ou desabam sem uma reversão, é difícil posicionar *stops* utilizando padrões ou indicadores normais dos gráficos. O Parabólico é uma grande ferramenta para posicionar os *stops* nessas condições.

O Sistema Parabólico funciona bem nos mercados com tendência definida, mas leva a violinos nos mercados indefinidos. Ele pode gerar lucros extraordinários em tendências de preços, mas retalham uma conta numa congestão de preços. Não o utilize como um sistema operacional automático.

Adaptado de *Como se transformar num operador e investidor de sucesso*
Dr. Alexander Elder
Campus/Elsevier, 2004

faz uma nova máxima, você coloca seu *stop* dentro daquela distância do topo, como se estivesse pendurando um candelabro (este método é descrito em *Aprenda a operar no mercado de ações*).

- Você pode usar um *Stop* Parabólico (descrito a seguir).
- Você pode usar um *Stop* na Zona de Segurança (descrito a seguir).
- Você pode usar um *Stop* da Queda de Volatilidade (descrito a seguir, pela primeira vez na literatura sobre *trades*).
- Você pode usar um *Stop* no Tempo para sair de um *trade* se ele não se movimentar por certo período. Por exemplo, se você entrar em um *day-trade* e a ação não se movimentar em 10 ou 15 minutos, claramente ela não está fazendo o que você esperava e é melhor pular fora deste *trade*. Se você entra em um *swing trade* que você espera que dure alguns dias, mas uma semana se passa e a ação ainda está de lado, claramente ela não está confirmando sua análise, e o mais seguro seria pular fora.

Se você se interessar por *stops* móveis, teste-os como qualquer outro método. Comece anotando suas regras, depois pegue alguns gráficos com os quais você está familiarizado e aplique essas regras aos dados passados. Se o sistema funcionar no papel, comece a implementá-lo com dinheiro de verdade, enquanto mantém bons registros. Você vai querer que o tamanho de seus *trades* enquanto testa o método seja bem pequeno para que nem os lucros nem os prejuízos tenham qualquer importância para você. Assim, você pode se concentrar em desenvolver a nova abordagem, deixando a preocupação em ganhar dinheiro para mais tarde, quando você tiver um nível mais elevado de confiança em seu novo método.

UM *STOP* NA ZONA DE SEGURANÇA

Stops na Zona de Segurança são projetados para capitalizar os conceitos de sinal e barulho nos mercados financeiros. Se a tendência de preços é o sinal, então os movimentos contra a tendência são o barulho. Engenheiros constroem filtros para suprimir o barulho e permitir que os sinais trafeguem normalmente. Se pudermos identificar e medir o barulho do mercado, podemos posicionar nossos *stops* fora do nível do barulho. Isso vai permitir que permaneçamos no *trade* o tempo que o sinal continuar identificando uma tendência. Esse conceito foi descrito em *Aprenda a ope-*

Vendendo em um *Stop*

rar no mercado de ações e, desde então, foi incluído em diversos softwares de operações no mercado.[1]

Podemos definir uma tendência de diversas formas, incluindo algo simples e direto como a inclinação de uma MME (média móvel exponencial) de 22 dias. Quando a tendência está para cima, podemos definir barulho como aquela parte da variação de cada dia que se projeta abaixo da mínima do dia anterior, indo contra a tendência. Quando a tendência é de queda, podemos definir o barulho como a parte da variação de cada dia que se projeta acima da máxima do dia anterior. Um *trader* tem de definir a extensão do período em que ele vai olhar para trás a fim de medir todas as penetrações "barulhentas". Esse período de conferência tem de ser relevante para os *trades* atuais – aproximadamente um mês a partir dos últimos dados nos gráficos diários (Figura 5.16).

Citando *Aprenda a operar no mercado de ações*:

Se a tendência é de alta, marque todas as penetrações para baixo durante o período de conferência, some suas profundidades e divida a soma pelo número de penetrações. Isso dá a você a Penetração Média para Baixo para o período selecionado em que você vai conferir os gráficos para trás. Ela reflete o nível médio de barulho na tendência de alta atual. Colocar seu *stop* a qualquer distância mais próxima seria derrotar a si mesmo. Queremos posicionar nossos *stops* mais longe do mercado do que o nível médio de barulho. Multiplique a Penetração Média para Baixo por um coeficiente, iniciando com 2, mas experimente números maiores. Subtraia o resultado da mínima do dia anterior e coloque seu *stop* neste local. Se a mínima de hoje é menor do que a do dia anterior, não movimente seu *stop* para baixo, já que só temos permissão para elevar os *stops* nas posições compradas, nunca rebaixá-los.

Reverta essas regras para as tendências de queda. Quando a MME de 22 dias identificar tendência de queda, conte todas as penetrações para cima durante o período de análise e encontre a Penetração Média para Cima. Multiplique por um coeficiente, começando com 2. Quando entrar na venda, coloque um *stop* que seja o dobro da Penetração Média

---

[1] O livro contém instruções passo a passo para o cálculo dos *stops* na Zona de Segurança e oferece a amostra de uma planilha de Excel. Elder.com inclui a Zona de Segurança em seus *Elder-disks* para diversos programas populares, como TradeStation, MetaStock, eSignal e TC2007.

Figura 5.16 DE,* gráfico diário

O gráfico ilustra um fato bastante conhecido sobre os sistemas de acompanhamento de tendências (operar tendências) – eles brilham durante as tendências definidas, mas levam a violinos em mercados indefinidos. Você pode ver como a Zona de Segurança capturou um forte movimento de alta na DE no meio do gráfico. Esta é a situação em que um *stop* móvel oferece a você o melhor desempenho. Nas zonas relativamente sem tendência, próximas dos cantos direito e esquerdo, um método de acompanhamento de tendência levaria a diversos violinos. Este gráfico oferece uma mensagem clara sobre a escolha de *stops* – utilize *stops* móveis somente em tendências definidas.

*Nota do Tradutor: Símbolo na Bolsa de Valores de Nova York das ações da Deere & Company.

para Cima sobre a máxima do dia anterior. Abaixe seu *stop* sempre que o mercado fizer uma máxima mais baixa, mas nunca o eleve.

Como qualquer outro método, a Zona de Segurança não é um artefato mecânico para repor o pensamento independente. Você tem de estabelecer os períodos em que vai analisar o passado dos gráficos e escolher o coeficiente pelo qual multiplicar o barulho normal para obter o *stop* da Zona de Segurança. Usualmente, um coeficiente entre 2 e 3 oferece uma boa margem de segurança, mas você tem de pesquisar nos próprios dados e registros de mercado para chegar a seu número.

STOPS MÓVEIS PELA QUEDA DA VOLATILIDADE

Um *trader* que gosta de usar *stops* móveis é Kerry Lovvorn, já mencionado neste livro. Em uma visita a Nova York, ele me mostrou um método que

Vendendo em um *Stop*

inventou. É projetado para mantê-lo em um *trade*, enquanto os preços estiverem correndo a seu favor, mas fazer com que ele pule fora assim que eles começarem a ir na direção contrária dos extremos recentes. Esta é a primeira apresentação pública do Método pela Queda da Volatilidade, apresentado neste livro com a permissão de Kerry.

Eu não penso em usar um *stop* móvel até que meu alvo seja atingido. Nesse momento, o *trade* cumpriu sua função, mas o mercado pode estar se movimentando de uma forma que pareça ter potencial para uma recompensa adicional. Quando o mercado atinge meu alvo, tenho uma escolha. Posso realizar lucros, ficar feliz e seguir para o próximo *trade*. Mas meu alvo pode ter sido muito conservador e ainda há potencial de lucros no movimento da ação. Eu não quero devolver todo o meu lucro acumulado neste *trade*, mas estou disposto a arriscar uma parte dele para descobrir se ainda resta alguma vida no movimento. O desafio de um *stop* móvel é o mesmo de qualquer outro *stop* – onde posicioná-lo. Se você o coloca muito curto, pode sair precocemente do *trade*.

Quando o mercado começa a andar, pode ir bem mais longe do que poderíamos imaginar. Podemos estabelecer um *stop* móvel e deixar o mercado decidir o quão longe ele deseja ir e quando quer nos tirar do *trade*.

Usar *stops* móveis é a minha forma de dizer – ei, se o mercado está querendo me dar mais, isso é quanto estou disposto a devolver para descobrir quanto ele quer me dar. Penso nisso em termos do preço que tenho de pagar para jogar o jogo. Isso é semelhante aos cálculos que fiz quando estava montando um *trade* novo – pesar retorno contra risco. A questão é a mesma: Quanto estou disposto a pagar? Quando decido mudar para um *stop* móvel, minha decisão já foi tomada, e eu deixo o mercado decidir até onde ele quer ir.

Eu chamo meu *stop* móvel de Queda da Volatilidade. Se o mercado está disposto a ficar doido com uma enorme variação, estou disposto a ficar nele. Vamos supor que eu use *Autoenvelope* para estabelecer meu preço-alvo quando entro no *trade*. A largura normal do envelope é de 2,7 desvios padrão. Se eu quiser mudar para um *stop* móvel quando esse alvo for atingido, irei colocá-lo em um desvio padrão mais curto – em 1,7 desvio padrão. Enquanto o movimento continuar ao longo da borda de um envelope normal, vou ficar nele, mas, assim que o preço fechar dentro do canal mais estreito, pulo fora. Um programador pode pegar isso e fazer com que se torne automático – tanto *intraday* quanto diário.

Como você decide se realiza lucros no alvo inicial ou muda o stop para móvel?

Se meu alvo for atingido e eu vejo sinais de topo, de pessimismo, não uso um *stop* móvel. Se vejo uma ação de preços negativa – como uma barra ampla fechando próximo da mínima com volume alto, realizo meu lucro em um alvo e saio. Mas quando o mercado está evoluindo bem, com máximas e mínimas cada vez mais altas, eu o sigo. É como uma bela garota – você vai segui-la por aí. Eu tomo a decisão quando meu alvo é atingido – tenho de captar um movimento bastante positivo para mudar para um *stop* móvel.

Com que frequência você muda seu alvo para um stop móvel?

Faço isso em quase dois terços de meus *trades*. Nem sempre isso funciona a meu favor. Algumas vezes, posiciono um *stop* móvel, e cinco minutos mais tarde sou *stopado*. Em torno de metade das vezes, o *stop* móvel me dá um pouco mais de lucro que o *stop* original. O grande pagamento vem daqueles casos raros de lucros enormes em tendências muito longas.

Como qualquer ferramenta operacional, os *stops* móveis não servem para todos, mas eles me ajudam no processo de tomada de decisões. Eles são bons para as pessoas que se encontram lutando para decidir se saem ou não de um *trade*. Usar um *stop* móvel tira a decisão de suas mãos e deixa o mercado decidir. Isso foi o que me atraiu nos *stops* móveis.

A Figura 5.17 ilustra a entrada em um *trade*. O gráfico semanal (não mostrado) estava neutro. O gráfico diário mostrava uma área de variação de preços bem curta. Eu chamo este padrão de "uma jogada exprimida" ou *squeeze* e tento capturar o momento em que o mercado sai dela. O pico recente do Histograma-MACD me fez suspeitar de um rompimento para cima, e eu entrei em uma posição comprada dentro do padrão.

Dois dias depois, a MMM* rompeu o padrão *squeeze* e foi acima de meu alvo, que era a linha superior do canal, em 80,63 (Figura 5.18). A ação era extremamente forte, com a barra toda acima do canal. Imediatamente, decidi mudar para um *stop* móvel e desenhei um segundo

---

Nota do Tradutor: Símbolo na Bolsa de Valores de Nova York das ações da 3M Co.

Vendendo em um *Stop*

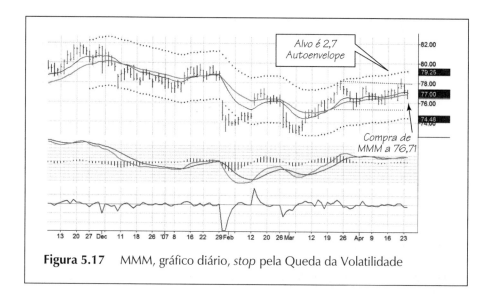

Figura 5.17 MMM, gráfico diário, *stop* pela Queda da Volatilidade

Autoenvelope no gráfico, a somente 1,7 desvio padrão. Meu plano era vender depois que a MMM fechasse dentro daquele canal mais estreito (veja a Figura 5.19).

A MMM continuou a "andar na linha" por diversas semanas a mais até que finalmente contraiu e fechou dentro do canal mais estreito. Eu saí do *trade* em 24 de maio, em 87,29, um grande ganho sobre o alvo

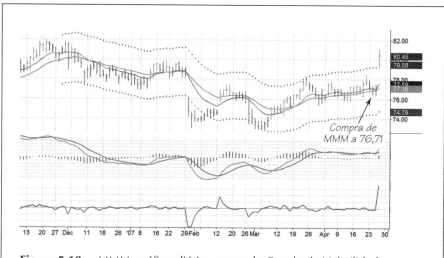

Figura 5.18 MMM, gráfico diário, *stop* pela Queda da Volatilidade, acompanhamento

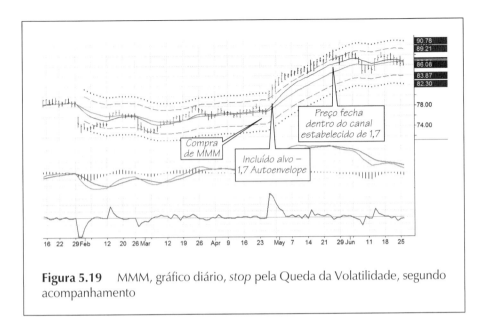

Figura 5.19 MMM, gráfico diário, *stop* pela Queda da Volatilidade, segundo acompanhamento

inicial de 80,63. Veja como o *Autoenvelope* parece diferente em retrospecto – na hora em que chegamos à saída, a entrada parece bem diferente. Isso acontece porque o *Autoenvelope* se baseia na ação nas últimas 100 barras e, à medida que o mercado vai se tornando mais volátil, o *Autoenvelope* se torna mais amplo.

A tática pela Queda da Volatilidade de Kerry não só oferece uma ferramenta operacional útil, mas também envia uma mensagem importante. *Stops* móveis são adequados apenas durante certos períodos. Quando os mercados estão quietos e ordenados, o *trader* está melhor com seu preço-alvo e *stop* originais. Quando os mercados embarcam em movimentos poderosos, um *trader* deve usar seu julgamento para reconhecê-los e poder mudar para um *stop* móvel.

CAPÍTULO 6

Vendendo "Barulho do Motor"

Imagine-se dirigindo um carro em uma viagem rotineira. Gradualmente, você vai se tornando ciente de um barulho de algo batendo que se torna mais alto toda vez que você acelera. Pode ter fumaça ou vapor escapando de baixo do capô. Você vai continuar dirigindo? Vai manter seu pé no acelerador, na esperança de que talvez o barulho não seja nada grave e acabe? Ou vai parar o carro no acostamento e sair para investigar?

Barulho alto, fumaça e perda gradual de força podem ser os sinais de problema no motor. Talvez você esteja com sorte e não seja nada sério, somente um galho que se prendeu no carro ou algum outro pequeno problema fácil de remover ou consertar. Por outro lado, algo grave pode estar acontecendo com o carro. Continuar dirigindo e ignorando os sinais de perigo pode levar a danos bem maiores.

Você pode entrar em um *trade* de forma casual, como se estivesse em uma pequena viagem de negócios. Talvez a viagem até seu destino continue sem qualquer evento importante, mas se você ouvir muito barulho ou fumaça vindo de baixo do capô, não pressione. Tire o pé do acelerador, encoste o carro e vá investigar o que está acontecendo.

Não há nada que o obrigue a se manter em um *trade* até seu alvo planejado. Você tem de escutar o mercado. Pode ser que ele queira dar mais a você do que o esperado, mas talvez ele queira dar menos. Como um *trader*, você tem de manter um olho no que está acontecendo e pular fora quando suspeitar de problema no motor.

Os *traders* discricionários e os de estudos diferem de muitas formas. Para um *trader* sistemático, um *stop* é rígido como uma pedra. Ele posicionou o *stop*, junto com uma ordem para realizar lucros nos níveis que seu sistema lhe deu; ele não precisa olhar para o monitor durante o dia. Um *trader* discricionário joga outro jogo. Ele também tem um alvo e um *stop*, mas tem o direito de sair do mercado mais cedo ou se segurar por um pouco mais de tempo se sua análise sugerir um curso de ação diferente.

Essa permissão de trocar o curso no meio de um *trade* tem diferentes significados para diferentes pessoas. Meus amigos que são *traders* sistemáticos consideram isso estressante. Eles preferem fazer suas análises na paz e tranquilidade de seus escritórios e não acompanhar os mercados quando abertos. Os *traders* discricionários, por outro lado, consideram essa possibilidade de trocar os planos liberadora. Sim, eu tenho meu plano; sim, eu tenho meu *stop*, mas também tenho o luxo de ter uma escolha: posso encurtar meu *stop* se não gostar de como o mercado está se comportando, ou realizar lucros precocemente. Ou, de acordo com o gosto do comportamento do mercado, posso continuar no *trade* mesmo após meu alvo ter sido atingido e tentar ganhar mais dinheiro do que o originalmente planejado.

Se você é um *trader* discricionário, vamos rever diversas situações em que pode trocar sua tática de saída no meio de um *trade*. Nomeie essas saídas de "barulho do motor", porque, quando você entrou no *trade*, planejava ir a outro lugar, mas o barulho vindo do motor o fez mudar seus planos. Por favor, tenha em mente que, enquanto vender em preços-alvo ou utilizar *stops* protetores funciona para *traders* de todos os níveis de experiência e habilidade, vender em resposta a um "barulho do motor" requer um nível bem maior de experiência. Se você é iniciante, talvez queira saltar este capítulo e voltar mais tarde, depois de se tornar um *trader* mais habilidoso.

MOMENTUM ENFRAQUECENDO

Se você observar que sua ação está começando a agir em desacordo com seu *trade*, não há nada de errado em realizar lucros e ficar de fora, pronto para recomprar se – e quando – a ação começar a parecer mais firme. "Parecer mais firme" não significa fazer novos topos; significa que a ação parou de cair, ficou de lado e começou a se levantar do chão.

Vendendo "Barulho do Motor"

A hora para suspeitar de uma posição aberta é quando seu progresso começa a desacelerar – quando a ação começa a andar de lado, e não para cima. Há muitas medidas de *momentum* do mercado, descritas extensivamente em livros sobre *trades*, incluindo o meu. Os seguintes exemplos utilizam Histograma-MACD, um indicador popular, para avaliar o *momentum* (veja a Figura 6.1).

Olhando para qualquer gráfico, você tem de saber que seus sinais de compra e de venda parecem claros somente em retrospecto. Pontos de compra e de venda são claramente visíveis em gráficos antigos, mas quanto mais perto você vai chegando do canto direito, mais embaçados eles vão ficando. É difícil reconhecer tendências e reversões em tempo real. Quase sempre há sinais conflitantes no canto direito do gráfico, mas é ali que temos de tomar nossas decisões. Se soubéssemos o que iria acontecer, teríamos

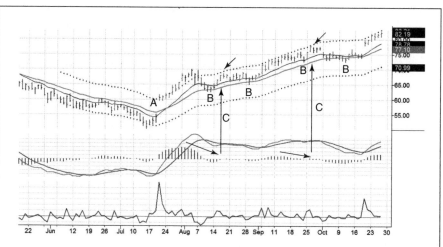

Figura 6.1 AAPL*, gráfico diário
A. Gap de fuga – o início de uma nova tendência de alta
B. Recuo para o valor – compre!
C. Divergência – venda!
Aqui vemos como uma longa tendência de queda na AAPL terminou com um *gap* para cima. Esse *gap* de fuga sinalizou uma decisiva reversão para cima, após a qual passou a fazer sentido operar do lado da compra. Uma forma de lidar com uma tendência de alta é ficar comprando nos recuos para a zona de valor e vendendo nos ralis acima da linha superior do canal, no território sobreavaliado.

Nota do Tradutor: Símbolo na Nasdaq da Apple Inc.

comprado uma grande quantidade de AAPL e segurado. No mundo real, qualquer pequeno movimento poderia ter sinalizado o início da reversão. Essa é a razão pela qual uma abordagem de *trades* de menor prazo faz sentido – comprar próximo do valor e vender na zona sobreavaliada.

Se nosso plano é comprar valor e vender acima dele, o que nos faria mudar essa abordagem? O que indicaria a perda do *momentum*?

Quando um *trader* de curto prazo experiente vê uma divergência entre o Histograma-MACD e o preço, ele está pronto para trocar o plano – vender sem esperar o canal superior ser atingido. Talvez os preços cheguem a ele, talvez não, mas, no momento, faz sentido realizar algum lucro e reavaliar a situação assistindo da arquibancada. Esse gráfico mostra como ambas as divergências de baixa foram seguidas por recuadas até a zona de valor. Essas realizações criaram boas oportunidades para restabelecer posições compradas.

Se você não gosta da forma como sua posição comprada está se comportando, tem duas escolhas. Se você está em um *trade* de curto prazo, pode pular fora, aceitar um lucro menor do que o planejado e seguir em frente. Se você está em uma posição de longo prazo, provavelmente não vai querer vender toda a sua posição. Você pode querer realizar lucros parciais e manter a posição central, ficando atento à possibilidade de recomprar as ações que vendeu a um preço menor. Essa técnica permite que você obtenha um lucro maior do que $1 de uma variação de $1. Vamos abrir meu diário para ilustrar ambas as abordagens.

UMA SAÍDA DE "BARULHO DO MOTOR" DE UM *TRADE* DE CURTO PRAZO

Uma de minhas fontes favoritas de ideias para *trades* de curto prazo é o grupo Spike. Seus membros produzem duas dúzias de proposta de *trades* de curto prazo em ações todo fim de semana e, quase sempre, seleciono uma delas para operar na semana seguinte. Nesta semana em particular, enquanto escrevo este texto, gostei de IKN;* Jim Rauschkolb, que a suge-

---

Nota do Tradutor: Apesar de buscar nas principais bolsas norte-americanas, não encontrei sequer uma ação com esse símbolo. Pode ser que, desde que o livro foi escrito, a empresa tenha fechado capital ou até mesmo falido. Encontrei algumas empresas com essa abreviação na Internet, mas nenhuma menção a ações na bolsa. De qualquer forma, para compreender o texto e os gráficos, não é necessário saber a que empresa o símbolo se refere.

Vendendo "Barulho do Motor"

riu, enviara o formulário de submissão da Spike mostrado na Figura 6.2. Esse *trade* na compra envolvia arriscar $0,25 por ação para tentar ganhar $0,57 (veja as Figuras 6.3 e 6.4).

IKN		Data	Canal Sup.	Canal Inf.	Max. do Dia	Min. do Dia	Nota
Entrada	$14,27	14-Mar-2007	15,4	13,54	$14,37	$14,05	31%
Saída							
Prej./Lucro						Trade	

Minha nota de saída foi de 69%, uma boa nota, graças à venda no terço superior da variação do dia. A nota geral do *trade* foi de 18%, refletindo o percentual do canal que consegui capturar no gráfico diário. Já que uma nota de 20% equivale a um "B", 18% resultaram num B-. Aquela dica da Spike ganhou medalha de bronze para a semana, significando que foi o terceiro melhor *trade* da semana, em um ambiente de mercado bastante difícil. Minha saída discricionária levou a um lucro.

IKN		Data	Canal Sup.	Canal Inf.	Max. do Dia	Min. do Dia	Nota
Entrada	$14,27	14-Mar-2007	15,40	13,54	$14,37	$14,05	32%
Saída	$14,60	16-Mar-2007			$14,75	$14,27	69%
Prej./Lucro						Trade	18%

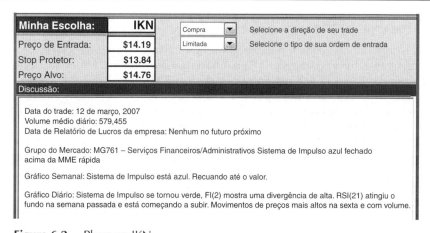

Figura 6.2   Plano na IKN

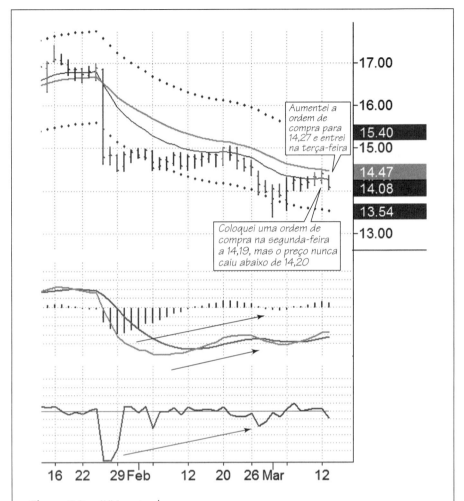

Figura 6.3 IKN, entrada

Coloquei minha ordem para comprar IKN na segunda-feira a 14,19, exatamente onde o membro da Spike havia recomendado. IKN estava forte naquele dia e sua mínima no dia foi de $14,20. Minha ordem de compra não foi executada, mas, após o fechamento, fiquei ainda mais animado com a ação. Após estudar suporte e resistência nos gráficos *intraday*, elevei minha ordem de compra para o dia seguinte para $14,27. Rapidamente, o mercado me lembrou de que, em geral, não é bom mudar suas entradas. A IKN caiu e, depois de executar minha ordem, fechou a 14,08, próximo da mínima do dia. Minha nota de entrada foi de somente 31%, já que eu comprei no terço superior da barra daquele dia.

Vendendo "Barulho do Motor"

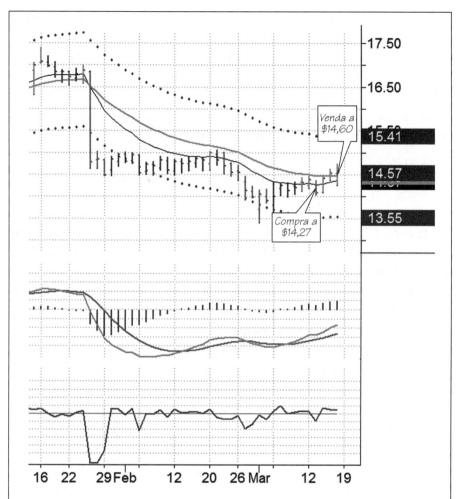

Figura 6.4 IKN, saída

Na sexta-feira, 16 de março, a IKN pegou a partir da mínima do dia anterior, depois rompeu para cima de sua média móvel de longo prazo (linha amarela). Com o fim de semana se aproximando e a ação agindo de forma inconclusiva, decidi não esperar mais e realizar logo lucros enquanto os preços estavam acima do valor. Vendi minhas IKNs por $14,60.

Não há nada muito excitante sobre esse *trade*, e essa é exatamente a razão de ele ser demonstrado aqui. Há pouca emoção sobre o dia a dia dos *trades*, com poucos dias realmente especiais e bem longe um do outro. Uma boa ideia de *trade* surge, a entrada acaba sendo meio confusa, o *trade* não evolui tão bem quanto se esperava, mas a saída é limpa e, no fim, um pouco de lucro cai na conta, aumentando um pouco seu capital. É assim que a maior parte da vida do *trader* acontece.

UMA SAÍDA DISCRICIONÁRIA DE UM *TRADE* DE LONGO PRAZO

Em janeiro de 2007, recebi um e-mail de um amigo que me falou de um grande otimismo em relação à Ford Motor Company. A empresa acabara de indicar que estava por anunciar seu maior prejuízo em um trimestre de sua história, mas meu amigo Gerard descreveu as razões pelas quais ele achava que o novo CEO* viraria a empresa de cabeça para baixo. Ele era um administrador financeiro aposentado cuja abordagem para encontrar ações se baseava em fundamentos. Eu respeitava seu julgamento e dei uma olhada na ação (veja as Figuras 6.5 e 6.6).

Eu já descrevi minha abordagem para operar dicas. Uma dica é meramente um gatilho para que eu dê início à minha própria pesquisa. Mesmo que eu recebesse uma dica de alguém como Warren Buffett, ainda correria aquela ação em minha tela e analisaria os gráficos e o histórico. Gosto quando uma dica vem de uma análise fundamentalista. Como meu trabalho é primariamente de análise técnica, isso oferece visão multidimensional de uma ação.

Desenvolvi um plano para acumular uma posição relativamente elevada na Ford e segurar por diversos anos, com um alvo tentador em $20, quase metade da distância para o topo. Como esse plano assumiu uma visão de prazo muito longo, eu não tinha intenção alguma de perseguir ralis, incluindo o que ocorreu no final de janeiro. Eu esperaria e aumentaria minha posição durante as quedas de curto prazo.

---

*Nota do Tradutor: Chief Executive Officer, presidente da empresa.

Vendendo "Barulho do Motor"

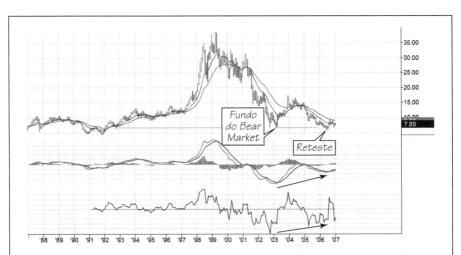

Figura 6.5 F,* gráfico mensal

Uma olhada rápida em um gráfico mensal de 20 anos da Ford revelou o topo de um *bull market* nos anos 90, próximo de $40, seguido por um intenso *bear market* que levou a ação até $6 em 2003. A Ford repicou, e depois voltou a cair até um fundo um pouco mais baixo em 2006. Adoro esse padrão de um fundo um pouco mais baixo, acompanhado de fortes divergências de alta. Com as perspectivas da companhia bem atraentes, de acordo com meu amigo fundamentalista, e um gráfico mensal bem construtivo, era hora de olhar o gráfico semanal.**

Nota do Tradutor: Símbolo na Bolsa de Valores de Nova York da Ford Motor Company.
**Nota do Tradutor:* Havia também uma confirmação psicológica. Naquele inverno, voei para o Caribe diversas vezes, e cada vez que eu voltava o mesmo jovem motorista dirigia a limusine do aeroporto para minha casa. Ele era um bom rapaz, interessado em ações, mas não sabia quem eu era. Na última viagem, sentindo-me generoso, eu disse a ele que estava comprando ações da Ford. Ele estava chocado – por causa de todas as notícias ruins – e começou a discutir contra a minha compra –, e eu fiquei com medo de que ele batesse com a limusine. Um contrário adora comprar ações que são detestadas pelas massas.

Meu plano continua efetivo até este dia, já que continuo comprando nas quedas, vendendo parte de minha posição nos ralis e recomprando nas quedas subsequentes. Estou sempre vendendo ações compradas mais recentemente a preços mais altos, enquanto mantenho a posição central de ações mais antigas e mais baratas para o grande prêmio. A Figura 6.7 ilustra os três primeiros passos neste jogo, enquanto a Figura 6.8 ilustra o quarto.

A posição de longo prazo foi estabelecida em uma combinação de duas informações: uma dica fundamentalista e fortes sinais técnicos. A

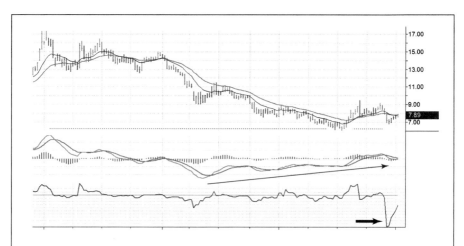

Figura 6.6   F, gráfico semanal

O gráfico semanal confirmou diversas divergências de alta no fundo de 2006 e adicionou outro fator importante de compra – uma forte queda do Índice de Força em dezembro de 2006, marcada por uma seta no gráfico. Essa queda brutal reflete um grande volume de vendas, uma massa de *traders* desiste de uma ação e liquida seus lotes no mercado. Essa queda do Índice de Força revelou que os proprietários das ações atingiram o que alguns chamam de "ponto de vômito", no qual eles largam suas ações a qualquer preço. Depois que as mãos fracas são eliminadas, somente os mais fortes ficam e a ação está pronta para avançar (esse sinal funciona bem nos fundos, mas seu reverso não é um bom indicador de topos).

campanha de compra e de venda depende de manter um ouvido atento aos barulhos do motor e vender quando começarem as primeiras faíscas. Quando o motor parece estar funcionando bem, recompro os lotes vendidos, a um nível mais baixo. Mas a posição central fica lá quieta, em busca do grande prêmio.

Vendendo "Barulho do Motor" 153

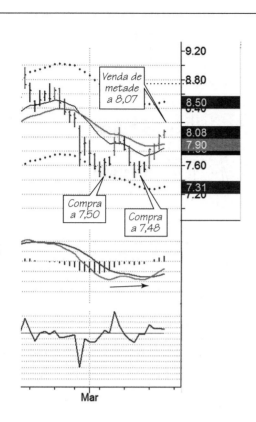

Figura 6.7 F, gráfico diário

Adquiri a primeira posição – em torno de um quinto do que eu pretendia acumular – a $7,50 e a segunda, a $7,48. Ambas foram compradas próximo à linha inferior do canal no gráfico diário, quando o Índice de Força caiu abaixo de zero. Os dois fundos foram separados por um pequeno rali. Outro rali irrompeu a partir do segundo fundo, mas eu vi uma divergência de baixa do Índice de Força e uma posição um pouco sobrecomprada do Histograma-MACD, que me preocupou quanto à possibilidade de o rali estar entrando em uma resistência. Segui com meu plano vendendo a mais cara das duas posições a $8,07, planejando recomprar o dobro quando os preços voltassem a cair em direção ao suporte, nos $7,50. O gráfico anterior mostra esses três passos em minha campanha da Ford – compra a $7,50 e $7,48, e depois venda de metade a $8,07.

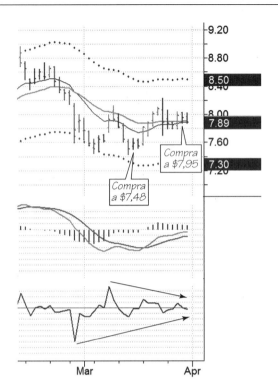

Figura 6.8   F, gráfico diário, acompanhamento

No dia seguinte à minha venda, a F subiu um pouco e depois parou de subir, mas se recusava a cair. A alta encontrou certa resistência, mas não houve queda posterior. À medida que os dias passavam, comecei a me preocupar. Minha postura geral em relação à Ford era positiva. Uma ação que se recusa a cair provavelmente quer subir. Comecei a pensar que o risco de perder um rali era maior que o risco de ser pego em uma queda, e coloquei nova ordem de compra.

Comprei o mesmo número de ações a $7,95 que eu havia vendido a $8,07. Minha única concessão a ser mais cuidadoso foi, em vez de comprar o dobro da posição vendida, recomprar o mesmo tamanho. Enquanto escrevo este texto, a F está bem acima de $9, e eu continuo a usar as quedas para ir construindo minha posição comprada de longo prazo, enquanto uso os ralis para realizar lucros parciais.

VENDENDO ANTES DOS BALANÇOS

Muitas vezes, os *traders* se perguntam o quanto de atenção devem dar aos balanços das empresas que são liberados periodicamente, junto com o restante dos dados fundamentalistas. Antes que eu tente responder a essa pergunta, vou reafirmar um dos pontos principais sobre a análise do mercado – nossos estudos e pesquisas nunca estarão completos. Você não tem como ser um grande especialista tanto em análise fundamentalista quanto técnica, em psicologia e em ciclos, posição dos *insiders** e políticas do Federal Reserve** e assim por diante. Além disso, alguém que analisa fundamentos, como lucros, tem de ser bem específico em sua abordagem; é difícil transferir habilidades de análise de um setor industrial para outro.

Quando se trata de análise fundamentalista, o mínimo que você tem de saber é de qual setor a ação faz parte. As ações, assim como as pessoas, se movimentam melhor em grupos. É uma boa ideia comprar ações de grupos que estão fortes e operar na venda das que fazem parte de grupos que estão fracos.

A maior parte das informações fundamentalistas se reflete nos preços das ações. Algumas vezes, eu digo para administradores financeiros fundamentalistas que sinto como se eles estivessem trabalhando para mim. Sempre que eles compram ou vendem com base em suas pesquisas e estudos, suas operações criam padrões nas ações que um analista técnico pode reconhecer.

Um problema com a informação fundamental é que ela flui para os mercados de forma explosiva, e não em corrente estável. Uma carga de informações fundamentalistas pode atingir uma ação e fazê-la dar um salto. Isso, muitas vezes, acontece quando uma empresa libera seus balanços e relatórios de lucros trimestrais ou anuais.

Os lucros são muito importantes porque, no longo prazo, eles guiam o preço das ações. Quando você compra uma ação, na verdade, está pagando pelos lucros futuros e dividendos. Essa é a razão pela qual tantos analistas, gestores de fundos e *traders* olham com atenção os lucros das companhias que eles acompanham.

**Nota do Tradutor:* Pessoas com informações privilegiadas. O termo é utilizado em inglês no mercado brasileiro.
***Nota do Tradutor:* Fed, o Banco Central dos Estados Unidos.

Tenha em mente que os relatórios de lucros raramente são uma surpresa para aqueles que acompanham de perto a empresa. Há duas razões para isso. Primeiro, há todo um negócio em volta de analistas que acompanham e fazem previsões de lucros. Profissionais com muita experiência tendem a estar em cima dessas previsões. Os que pagam pelas pesquisas normalmente compram e vendem antes de os balanços serem liberados para o público. As ações raramente dão saltos quando os relatórios são liberados, porque os compradores ou vendedores mais experientes, profissionais, com informações privilegiadas, já agiram antecipadamente. Em geral, os profissionais sabem o que esperar, e o preço tende a refletir a expectativa das massas do que os balanços vão trazer. Quando os relatórios chegam à mídia, raramente há muita surpresa.

A outra razão pela qual as ações raramente dão um salto após os balanços serem divulgados é que a direção desses relatórios muitas vezes escapa antes da liberação oficial. Eu acho que o volume de operações de *insiders* é bem maior do que a maioria pensa. Quando o SEC* pega algum bandido e o coloca atrás da grade devido a operações com informações privilegiadas, isso só raspa a ponta do iceberg. Sujeitos ambiciosos e estúpidos são pegos. Os mais astutos, que trocam dicas de operações no mercado em clubes sociais, podem se beneficiar de informações privilegiadas durante toda a carreira. Descobri isso quando, após apenas alguns anos operando, conheci um homem que fazia parte dos quadros de duas empresas com ações listadas na bolsa de valores. Seus *trades* baseados nas informações passadas a ele por seus colegas de trabalho me fizeram ficar bem cético quanto a notícias do mercado. Notícias para as massas, não para as classes.

Pascal Willain, o *trader* belga, disse em uma entrevista para *Entries & Exits*: "Um tigre não troca suas listas. Acredito que o *insider trading*** está ligado à forma como a companhia é administrada e a seu tipo de negócio. Grandes contratos envolvem múltiplos participantes e levam semanas para serem negociados, criando mais chance para que informações importantes escapem. Uma companhia não pode modificar a forma como faz negócios ou seu método administrativo – se ela deixou escapar informações no pas-

---

Nota do Tradutor: Securities and Exchange Comission, órgão regulador do mercado financeiro norte-americano que corresponde à nossa Comissão de Valores Mobiliários (CVM).

**Nota do Tradutor*: *Trades* baseados em informações privilegiadas das empresas.

Vendendo "Barulho do Motor"

sado, vai deixar escapar no futuro. Por causa disso, gosto de pesquisar as notícias sobre uma companhia nos últimos anos e ver se houve sinais antes de seus movimentos."

Aqueles de nós que têm uma visão bem cética da habilidade das companhias de manter segredos tendem a manter uma posição, seja comprada ou vendida, diretamente por meio da liberação dos balanços (veja as Figuras 6.9 e 6.10). Já que os relatórios de lucros provavelmente escaparam e foram precificados pelo mercado, podemos esperar que as tendências se mantenham. Por outro lado, aqueles *traders* que têm mais confiança no sistema tendem a ser mais cuidadosos e fechar suas posições antes da liberação dos balanços.

Segundo minha experiência, normalmente você ganha pelo ceticismo em relação ao impacto súbito dos balanços. Informações que escapam das companhias, *insiders* operando e balanços que vêm e vão. Mesmo assim, vez ou outra, um cético se queima. Veja as Figuras 6.11 a 6.13, gráficos da RIMM (Research in Motion), que demonstram fortes sinais de venda imediatamente antes da liberação dos balanços pela empresa.

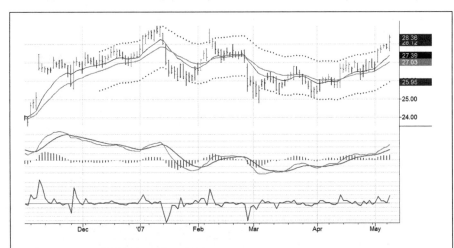

Figura 6.9 CSCO,* gráfico diário

Dê uma olhada neste gráfico da CSCO um dia antes da liberação de seu relatório de lucros. Uma tendência lenta mas estável de alta está em progresso, com topos e fundos mais altos desde março. No canto direito do gráfico, os preços subiram para a zona sobreavaliada acima da linha superior do canal. Suponha que você esteja comprado na ação. O que você faria no canto direito do gráfico – venderia ou manteria sua posição ao longo do dia da divulgação do balanço?

*Nota do Tradutor: Símbolo na Nasdaq da Cisco Systems Inc.

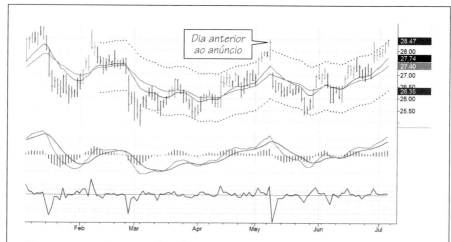

Figura 6.10 CSCO, gráfico diário, acompanhamento

Depois de o relatório ter sido liberado, a ação inicialmente desabou, em seguida se recuperou. Olhando para ela dois meses depois, vê-se uma mensagem clara: vale a pena vender na zona sobreavaliada acima da linha superior do canal, com balanço ou sem balanço.

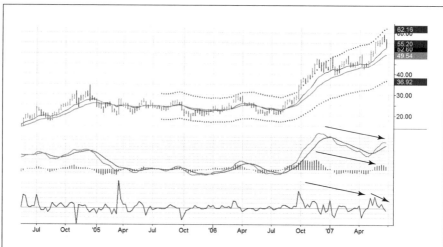

Figura 6.11 RIMM,* gráfico semanal

O gráfico semanal da RIMM demonstra uma série de divergências de baixa bem expressivas em todos os indicadores.

Nota do Tradutor: Símbolo na Nasdaq da Research in Motion Limited.

Vendendo "Barulho do Motor" 159

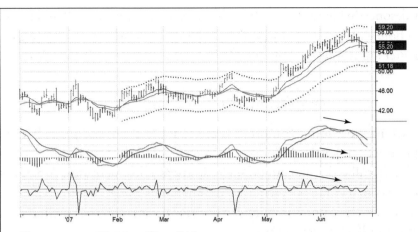

Figura 6.12 RIMM, gráfico diário

O gráfico diário confirmou a mensagem do semanal, com suas próprias divergências de queda. Um *trade* na venda estava funcionando muito bem, acumulando lucros. No canto direito do gráfico, na quinta-feira, era difícil tomar uma decisão – cobrir as operações vendidas ou mantê-las a despeito do balanço que seria anunciado após o pregão? Por um lado, o *trade* ainda não havia atingido o alvo de lucro na linha inferior do canal e parecia ter esse objetivo em pauta. Por outro, a ação parecia ter se recuperado de sua queda na quarta-feira.

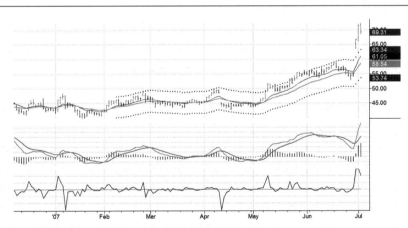

Figura 6.13 RIMM, gráfico diário, acompanhamento

É chocante ver o que pode acontecer quando uma companhia é honesta e não deixa escapar informações! RIMM liberou triplas boas notícias – lucros maiores, projeções maiores para o trimestre seguinte e anunciou um desdobramento de suas ações de 3:1. O mercado estava verdadeiramente surpreso – subiu na ponta dos pés e rugiu. A ação explodiu com um *gap*, negando as divergências de baixa e subindo para novas máximas históricas.

160 Aprenda a Vender e Operar Vendido

A desonestidade pode ser mais comum do que muitas pessoas pensam, mas a honestidade é uma força mais explosiva. A lição é que, se você quer se manter seguro, feche a sua posição antes da liberação dos balanços.

O MERCADO TOCA UM SINO

Uma vez na vida outra na morte,* o mercado toca um sino para alertá-lo de que uma tendência de longo prazo está por terminar. É difícil reconhecer o barulho de um sino no meio do rugido dos mercados. A maioria das pessoas não consegue escutá-lo, e somente os *traders* mais experientes respondem a ele, como um bom cão caçador levantando suas orelhas para o apito inaudível do seu treinador.

Você precisa de muita experiência para conseguir escutar o mercado tocar o sino, e precisa de muita confiança para operar esse sinal. Você tem de estar atento e alerta, porque raramente o mercado toca o sino. Seus olhos, ouvidos e mente têm de estar abertos para reconhecer esses sinais. Essa não é uma tarefa para iniciantes. Quando você ouvir o som do sino do mercado e agir, é sinal de que está se tornando um bom *trader*.

Na primeira vez em que o mercado tocou o sino na minha frente, eu estava surdo para ele. Depois de alguns meses observando o movimento selvagem do mercado que se seguiu, pude olhar para trás e reconhecer o sinal. Uma oportunidade extraordinária de ganhar dinheiro escorregou de minhas mãos, mas eu não perdi a grande oportunidade de aprendizado. Meus ouvidos se tornaram sensíveis ao som do sino do mercado.

Em 1989, viajei para a Ásia pela primeira vez. O andar de cima do Boeing 747 da Japan Airlines parecia amigável e confortável. As luzes se apagavam após o jantar e a maioria dos passageiros se preparava para dormir, mas eu estava animado com minha primeira viagem pelo Pacífico. Fui dar uma volta pelo avião e acabei em uma longa conversa amigável com um comissário de bordo japonês, um homem de aproximadamente 50 anos. Ele me contou como cresceu pobre após a guerra, com pouca edu-

---

Nota do Tradutor: O autor usou a expressão "*Once in a blue moon*", que significa algo que raramente acontece. Lua azul (*blue moon*) é o nome popular que se dá à segunda lua cheia que acontece no mesmo mês. Como o intervalo médio entre duas luas cheias é de 29,5 dias e a duração média dos meses é de 30,5 dias, raramente ocorrem duas luas cheias no mesmo mês; em média, uma a cada 41 meses apenas.

Vendendo "Barulho do Motor"

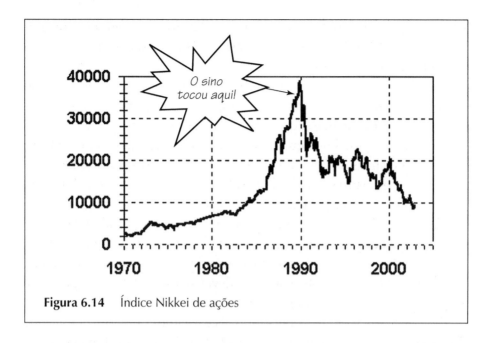

Figura 6.14   Índice Nikkei de ações

cação. Precisou de muito trabalho duro para subir para sua posição como chefe dos comissários de bordo da classe executiva de uma empresa aérea nacional. Ele se sentia bastante orgulhoso de suas conquistas.

Enquanto conversávamos, ele me disse que era bastante ativo na bolsa de valores japonesa, que vinha subindo há duas décadas. Ele disse que estava ganhando mais dinheiro nas ações do que em seu trabalho e planejava se aposentar mais cedo. Ele havia escolhido uma ilha do Pacífico, onde construiria uma casa. Só uma coisa o deixava com raiva: as garotas jovens que trabalhavam na empresa e que moravam em casa com seus pais e não tinham as responsabilidades familiares de um homem casado e, portanto, poderiam colocar mais dinheiro na bolsa de valores, realizando lucros bem maiores.

Alguns meses depois, a bolsa de valores do Japão se inclinou para o lado e desabou (Figura 6.14). Perdeu metade do valor no primeiro ano, e isso era só o começo de um terrível *bear market*. Eu havia perdido uma grande oportunidade de operar vendido no topo. Foi uma grande lição que me fez ficar determinado a não perder esses sinais psicológicos no futuro.

Você pode ouvir o sino do mercado quando reconhece um evento ou uma série de eventos tão fora do comum que parece que as leis do mercado foram revogadas. Na verdade, as leis do mercado não podem ser negadas, não menos do que as leis da gravidade. Elas podem apenas ser temporariamente suspensas durante uma bolha, criando a ilusão de que as leis normais não se aplicam mais.

Não é normal para um homem que não sabe quase nada do mercado de ações – como o comissário disse a respeito de si mesmo – ganhar mais dinheiro nas ações do que com seu salário no auge de uma carreira bem-sucedida. Não é normal que quaisquer jovens que trabalham em escritórios ganhem ainda mais dinheiro do que ele na bolsa. Os mercados não existem para colocar dinheiro no bolso de amadores. Quando pessoas de fora e retardatários começam a ganhar muito dinheiro, o mercado está próximo de um topo. Ele só pode ir bem para baixo, retornando ao equilíbrio.

Hoje, quando penso naquela conversa, sinto como se alguém tivesse vindo até mim com um sino e o badalasse próximo do meu ouvido – venda e opere vendido! Meu problema é que, devido à minha falta de experiência naquela época, o som entrava por um ouvido – e saía pelo outro.

Bernard Baruch era um operador de ações famoso na primeira metade do século XX. Ele conseguiu evitar o crash de 1929, que arruinou tantos de seus colegas. Ele descreveu como um dia, em 1929, saiu de seu escritório e o homem que polia seus sapatos lhe deu uma dica de compra de uma ação. Baruch percebeu o sinal – se pessoas nos níveis mais baixos da sociedade estão comprando ações, não sobra mais ninguém para comprar. Ele começou a vender suas ações. Numa era diferente em uma economia diferente, meu comissário japonês me ofereceu um sinal idêntico.

Aqui vai outro sinal psicológico. Por ter participado de feiras e congressos de *traders* por tantos anos, comecei a perceber uma relação inversa entre o nível do mercado de ações e a quantidade e qualidade dos brindes que os expositores ofereciam. Quando a bolsa de valores está fervendo no topo, você precisa de uma bolsa de compras para guardar todos os presentes que os vendedores dão. Um mês antes do topo do mercado de 1987, uma das bolsas de valores de Chicago estava distribuindo óculos escuros de uma boa marca com os seguintes dizeres na armação: "O futuro é tão brilhante que tenho de vestir sombras." Por outro lado, se você for a uma feira próxima do fundo do bear *market*, terá sorte se ganhar uma simples caneta.

A quantidade e a qualidade dos brindes em uma feira de *traders* servem como indicadores bem úteis do humor do público. Quando o mercado está em alta e o público, feliz, as pessoas gastam dinheiro e os expositores, sentindo-se empolgados, distribuem mais presentes.

Vendendo "Barulho do Motor"

Em 24 de fevereiro de 2007, fui a uma exposição de *traders* em Nova York. A bolsa de valores vinha subindo por quase quatro anos. Ela subia em linha reta pelos últimos sete meses sem realização alguma. Naquela feira, a riqueza dos brindes era fantástica. Eu peguei bonés de esqui, de beisebol, um cachecol, um monte de camisetas e muitos outros presentes. Mas o presente mais extraordinário me esperava na tenda da Nasdaq – a bolsa estava distribuindo dinheiro (Figura 6.15).

A segunda-feira era um feriado, mas, na terça-feira, comecei a colocar mais operações vendidas. Meus indicadores vinham apontando sinais de venda por um mês, e agora essa oferta de dinheiro de graça parecia como se alguém estivesse tocando um sino. A tendência de alta havia ultrapassado qualquer alvo razoável, e esse dinheiro de graça provava que a tendência de alta ficara completamente doida. Eu saí de quase todos os meus *trades* de

Figura 6.15 Dinheiro de graça no topo do mercado

Eles tinham notas de $1 enroladas em tubos plásticos com uma pequena propaganda colada. Eu não podia acreditar no que meus olhos estavam vendo e perguntei se o dinheiro era real. Eles me disseram para que eu mesmo verificasse. Abri um tubo e puxei uma nota de $1 novinha. Perguntei se podia pegar duas e eles responderam: sirva-se. Minha acompanhante também pegou dois. Quando dei uma palestra mais tarde naquele dia, disse a quem assistia que a bolsa de valores estava em um topo, e que havia um sinal bem alto do lado de fora do auditório, no salão de exposições.

compra e empilhei operações vendidas. Entrei na venda de ações de futuros, e até comprei algumas opções de venda de índice futuro. Eu não tive de esperar muito tempo. O mercado subiu mais um dia após a exposição e depois afundou. Foi uma grande época para as operações vendidas (veja as Figuras 6.16 e 6.17).

Os mercados são como bombas que sugam o dinheiro da maioria desinformada e jogam-no nos bolsos de uma minoria experiente. É um jogo de soma negativa em que os vencedores recebem menos do que os perdedores perdem porque os que administram o jogo sugam grandes somas de dinheiro como os custos do negócio – comissões e *spreads*, taxas e despesas. Essa é a razão pela qual o mercado sempre tem menos ganhadores do que perdedores.

Os *traders* profissionais lucram com as viradas do mercado, que se movimentam muito rápido para os de fora. Os amadores se beneficiam apenas das tendências longas e sustentadas. Esses movimentos longos, em uma direção, são a exceção, e não a regra. Todas as pessoas otimistas, compradas e ganhando dinheiro não é uma coisa normal. Na longa estrada, a maioria tem de perder, e somente uma minoria pode ganhar. Quando o mercado toca um sino, ele está dizendo que uma aberração foi longe demais, a maioria tornou-se grande demais e a massa de *traders* está pronta para uma queda violenta.

Você não vai reconhecer esses sinais no início da carreira como operador. Você pode aprender a vê-los e ouvi-los somente se for um estudante sério do mercado e mantiver a mente aberta. Quando você começar a ou-

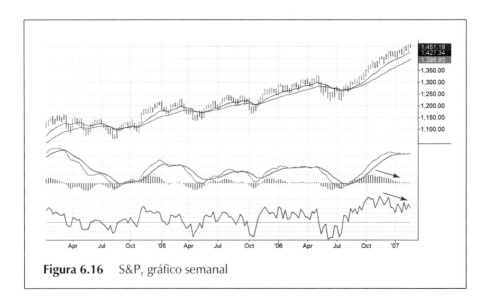

Figura 6.16   S&P, gráfico semanal

Vendendo "Barulho do Motor"

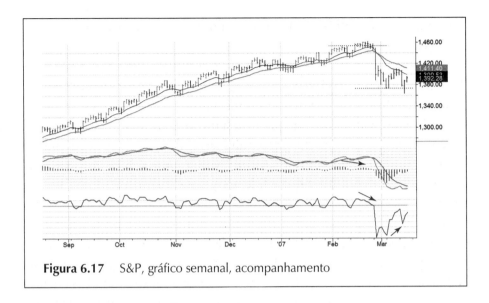

Figura 6.17   S&P, gráfico semanal, acompanhamento

vir, compreender e agir em cima desses sinais, poderá dizer que não é mais um iniciante. Quando você começar a agir em cima desses sinais, estará entre a pequena minoria de *traders* que são realmente bons no jogo do mercado.

OPERANDO COM O ÍNDICE NOVO TOPO-NOVO FUNDO

Não importa se você opera índices futuros ou ações, é positivo para seu resultado ter um indicador que confirme as tendências do mercado e o alerte para possíveis reversões. Quando esse indicador começar a emitir sinais de que o mercado de ações está em vias de reverter, você deve prestar bastante atenção aos sinais técnicos das ações que está operando.

Passei a acreditar que o Índice Novo Topo-Novo Fundo (NH-NL) é o melhor indicador de direção do mercado de ações. Novos Topos são os líderes da força – elas são as ações que, em qualquer dia, atingiram seu ponto mais alto das últimas 52 semanas. Novos Fundos são os líderes em fraqueza – as ações que naquele dia atingiram seu menor ponto das últimas 52 semanas. A relação de novos topos com novos fundos oferece uma informação melhor sobre a saúde ou a fraqueza de uma tendência do que apenas observar as médias do mercado.

É muito fácil construir o NH-NL. Simplesmente pegue os Novos Topos do dia, subtraia os Novos Fundos, e você vai ter o NH-NL do dia.

Pegue a soma do NH-NL diário dos últimos cinco dias para chegar ao NH-NL semanal.

Quando o NH-NL está positivo, isso demonstra que a liderança dos *bulls* (compradores) está mais forte. Quando está negativo, demonstra que a liderança dos *bears* (vendedores) está mais forte. O NH-NL confirma as tendências quando elas vão para cima ou para baixo, de acordo com os preços. Suas divergências dos preços ajudam a identificar topos ou fundos. Se os mercados fazem um rali para um novo topo e o NH-NL sobe para um novo pico, isso mostra que a liderança dos *bulls* está crescendo e que a tendência de alta provavelmente vai continuar. Se o mercado está subindo, mas o NH-NL cai, isso demonstra que a tendência de alta está com problemas. A mesma lógica pode ser aplicada às novas mínimas nas quedas.

Gosto de visualizar o NH-NL em uma tela dividida – o gráfico semanal na esquerda, o diário à direita. O gráfico semanal mostra o NH-NL como uma linha, enquanto o gráfico diário tem um painel adicional mostrando os Novos Topos como uma linha verde e as Novas Mínimas como uma linha vermelha. A Figura 6.18 demonstra como o gráfico parecia durante um pico recente em fevereiro de 2007.

Não é ruim saber que, naquela época, o NH-NL estava sinalizando venda, o mercado havia tocado um sino, como é ilustrado na Figura 6.19. Quando vários indicadores, com base em diferentes princípios, emitem os mesmos sinais, eles reforçam as outras mensagens.

O NH-NL ajuda a confirmar tendências de alta e de baixa, ou nos alertam para as iminentes reversões. Enquanto o *timing* dos sinais de NH-NL não é tão preciso quanto o de outros indicadores, como o MACD e o Índice de Força, é bastante útil porque nos ajuda a reconhecer quando é uma boa hora para acumular ações ou descarregá-las.

Ainda que o número de Novos Topos e Novos Fundos seja publicado na maioria dos jornais de finanças, poucos bancos de dados incluem seus dados básicos. Eu incluo manualmente as leituras de NH-NL em meu programa de acompanhamento de mercado (Tradestation). Sempre que dou aulas em outros países, recomendo que os *traders* locais desenvolvam o Índice Novos Topos-Novos Fundos para seus mercados locais. Usar o NH-NL em um país em que outras pessoas não o possuem daria a você uma vantagem decisiva.*

Nota do Tradutor: Estamos desenvolvendo essa ferramenta e a disponibilizaremos para os cadastrados do site Bastter.com.

Vendendo "Barulho do Motor"

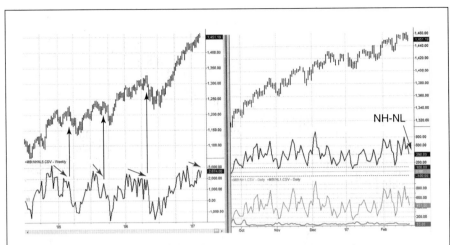

Figura 6.18 NH-NL, fevereiro de 2007

Linha vermelha – novas mínimas (NL)
Linha verde – novos topos (NH)
No lado esquerdo do gráfico, você pode ver o S&P 500 subir para um novo topo do *bull market* enquanto o NH-NL semanal, imediatamente abaixo, esboçou uma divergência de baixa (marcada com uma seta vermelha próxima à extremidade direita do gráfico). Divergências similares prévias, demarcadas com linhas verticais, identificaram topos importantes dentro do *bull market*. No gráfico diário, você pode ver uma pequena divergência de baixa do NH-NL diário. O principal sinal de venda vem do gráfico semanal.

A ÁRVORE DE DECISÕES PARA AS VENDAS*

Um profissional sério de qualquer campo, seja conserto de automóveis ou neurocirurgia, tem uma árvore de decisões. Raramente está escrito, pois o profissional, em geral, a mantém na cabeça. Na verdade, provavelmente está em algum lugar mais profundo – em seus ossos.

Uma árvore de tomada de decisões é um conjunto de regras que o ajudam a decidir o que fazer e o que não fazer em qualquer situação. Os profissionais desenvolvem suas árvores de tomada de decisão lenta e gradualmente, no curso de seu treinamento, educação e prática. Os me-

---

*Nota do Tradutor: Não se usa muito o termo "árvore de decisões" no Brasil. Em geral, diz-se organograma ou apenas tomada de decisão. Mas a expressão "árvore de decisões" existe na língua portuguesa e assim manteremos no texto.

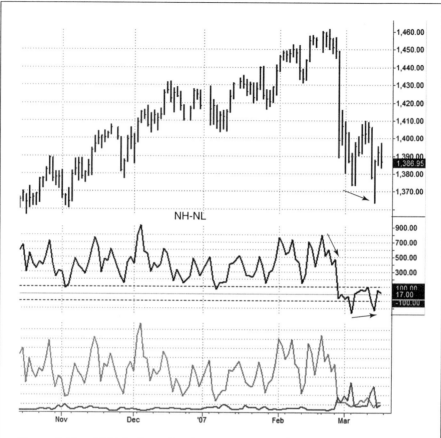

Figura 6.19 NH-NL, fevereiro de 2007, acompanhamento

O mercado de ações desabou após uma divergência no NH-NL. Ele repicou, depois afundou para uma mínima mais baixa. Essa divergência de alta indicava que a liderança para baixo estava falhando e era hora de cobrir as vendas e voltar a comprar.

lhores de nós continuam desenvolvendo suas árvores de tomada de decisões enquanto estivermos vivos – este é o valor da idade e da experiência. Como meu grande amigo Lou Taylor brincava com quase 80 anos: "Se eu me tornar 0,5% mais esperto a cada ano, terei virado um gênio quando morrer."

Poucos de nós escrevem suas árvores de tomada de decisões. Tendemos a desenvolvê-las sem perceber, não como uma estrutura única, mas de pedaço em pedaço que, gradualmente, se fundem em algo inteiro

Vendendo "Barulho do Motor"

e coerente. Eu dou risadas quando lembro de mim mesmo, como um *trader* novato, decidindo colocar no papel minha árvore de tomada de decisões durante um voo de cinco horas de Nova York a Los Angeles. Um mês depois, eu ainda estava tentando montar a árvore em uma folha do tamanho de uma mesa, cheio de setas para tudo que é lado e toda respingada com *whiteout*.*

Os únicos profissionais que sempre possuem árvores de tomada de decisão impressas são pilotos de aviões. São dados a eles manuais que demonstram como abordar qualquer problema no avião. Se um piloto acha que está sentindo cheiro de fumaça na cabine do avião, ele não se limita a enrugar seu nariz e dizer: "Nossa, fumaça. O que eu faço?" Em vez de coçar a cabeça e ficar pensando, ele abre o manual na página de fumaça e, com seu copiloto, passa pelas perguntas e respostas do manual, que conduzem a ações específicas.

Ainda assim, mesmo uma árvore de tomada de decisões impressa, aprovada pela melhor companhia aérea, não tem como ser totalmente completa. A realidade sempre traz surpresas e choques na manga, e os humanos tem suas fraquezas. Em seu fascinante livro *The Black Box*, Malcolm MacPherson apresenta dúzias de transcrições de gravações das caixas-pretas de aviões acidentados. Um *trader* pode aprender muito vendo como alguns pilotos perdem a linha e a tranquilidade quando estão sob pressão, enquanto outros estão à altura do desafio. Meu capítulo favorito do livro é a gravação da caixa-preta de um avião em que o motor de trás explodiu, cortando todas as linhas hidráulicas. O manual de bordo não diz como o piloto deve controlar um avião cujos controles foram cortados e, quando ele fala com a empresa produtora do avião, ela lhe diz que o avião não poderia estar voando. O piloto aguenta firme e depois descobre um meio, recorrendo à sua experiência e intuição, de pousar o avião.** Sua direção do avião discricionária, e não sistemática, salvou a ele, a sua tripulação e a maioria dos passageiros.

Ainda assim, 99 em cada 100 vezes, é útil redigir sua árvore de tomada de decisão. Essa é a razão pela qual discutiremos diversos pontos que devem estar em uma árvore de decisão para vendas.

Nota do Tradutor: Produto utilizado para apagar coisas escritas com canetas.
**Nota do Tradutor:* O autor usou a expressão "*by the seat of his pants*", que significa fazer algo com base em sua experiência e intuição, e não em métodos preestabelecidos.

Uma árvore de tomada de decisões

Uma árvore de tomada de decisões de um *trader* discricionário tem muitos galhos, e ele pode seguir diferentes galhos em épocas diferentes conforme as condições do mercado se modificam. Assim como todos os galhos principais de uma árvore estão conectados ao tronco, uma árvore de tomada de decisões é centrada em um conjunto de regras invioláveis de controle de risco.

Um *trader* sistemático desenvolve um conjunto mecânico de regras para entrar e sair dos *trades*. Ele as testa sempre e as coloca no piloto automático. Esse é o ponto, contudo, em que os amadores e profissionais seguem direções opostas. O amador se sente aliviado com o fato de que um sistema, seja seu próprio ou comprado de outro, irá livrá-lo de preocupações. Já que as condições de mercado sempre se modificam, todos os sistemas eventualmente se autodestroem, que é a razão pela qual todos os amadores com um sistema mecânico devem/vão perder dinheiro no final. Um profissional que coloca seu sistema no piloto automático continua a monitorá-lo como um falcão vigia sua presa. Ele reconhece a diferença entre uma pequena falha e uma leitura que demonstra que um sistema se deteriorou e tem de ser colocado na estante e substituído. Um *trader* sistemático profissional pode usar um sistema mecânico precisamente porque é capaz de operar de forma discricionária.

Um sistema operacional (*trading system*) é um plano de ação para o mercado, mas nenhum plano pode antecipar tudo. Certo grau de julgamento sempre se faz necessário, mesmo com o melhor e mais confiável dos planos.

Pense em qualquer outro plano ou sistema em sua vida. Por exemplo, provavelmente, para tirar seu carro da garagem, você precisa abrir a porta da garagem, dar partida no carro, esquentar o motor e levar o carro para a rua sem bater nas paredes, passar por cima de triciclos ou levar batidas de caminhões que estejam passando.

Você tem um sistema no sentido de que executa as mesmas ações toda vez na mesma sequência, sem pensar na rotina, mas prestando atenção ao que é importante – coisas perigosas, como crianças em bicicletas, ou neve fresca ou um vizinho cruzando na calçada. Quando você detecta um obstáculo, desvia-se de seu sistema, e retorna para ele depois que a situação volta ao normal. Você não tentaria desenhar um sistema completo que incluísse lidar com a neve, os ciclistas e os vizinhos, porque esse sistema seria muito complexo; nunca estaria completo, já que, por exemplo, um vizinho poderia passar pelo seu caminho, vindo de outro ângulo. Um sistema automatiza as ações de rotina e permite que você exercite sua sabedoria e tome decisões, quando necessário.

Isso é o que você precisa nos mercados – um sistema para encontrar *trades*, estabelecer *stops*, estabelecer preços-alvo – mas sempre prestando atenção se um enorme caminhão não está vindo em sua direção na forma de um anúncio do Federal Reserve (FED) ou um garoto em um triciclo na forma de um relatório de lucros decepcionante. Muitos iniciantes estabelecem para si mesmo a impossível tarefa de construir ou comprar um sistema operacional completo, que é tão impraticável quanto um sistema completo para tirar o seu carro da garagem.

Adaptado de *Aprenda a operar no mercado de ações*
Dr. Alexander Elder
Campus/Elsevier, 2005

Vendendo "Barulho do Motor"

Antes de nos concentrar nas vendas, apenas um lembrete sobre a árvore de tomada de decisões das compras. Ela deve começar e terminar com o gerenciamento de capital. Sua primeira pergunta deve ser: *A Regra dos 6% me permite operar?* Sua última pergunta antes de colocar um *trade* no mercado deve ser: Que tamanho a Regra dos 2% permite que seu *trade* tenha? Discutimos essas regras no Capítulo 2 e voltamos a elas no Capítulo 5, na seção do Triângulo de Ferro.

Se você comprar bem, será bem mais fácil vender bem. Se você comprar de acordo com suas regras de administração de capital, não será pressionado por estar carregando um tamanho que é muito grande para sua conta.

Para traçar uma árvore de decisão para as vendas, você tem de levar em conta diversas questões:

1. **Este é um *trade* de curto prazo ou de longo prazo?**

    Suas táticas para estabelecer um alvo vão depender da resposta a essa pergunta. Se esse é um *trade* de curto prazo, você vai precisar de um alvo próximo na redondeza de um canal ou um envelope. Se é um *trade* de longo prazo, você pode estabelecer um alvo de lucro bem mais longe, na redondeza de um suporte ou uma resistência importante. As tendências vão mais longe e duram mais do que variações normais de preços. Como regra geral, os operadores de tendência tendem a ser orientados pelo longo prazo e os *swing-traders*, orientados pelo curto prazo.

    Sohail Rabbani, um *trader* entrevistado em *Entries & Exits*, comparou os dois tipos a caçadores de elefantes ou de coelhos. Um raramente atira em um alvo enorme, enquanto o outro atira a todo instante em alvos pequenos. Há uma grande diferença entre o equipamento dos dois caçadores, bem como em todo o processo de caça. Muitos iniciantes vão para a floresta, com algumas armas escolhidas ao acaso, vendidas a eles por alguns comerciantes de boa lábia. Eles têm uma vaga ideia daquilo em que atirar – talvez um elefante, talvez um coelho, porém o mais provável é que eles deem um tiro no próprio pé.

    Você sabe em que alvo está tentando acertar? Você anotou em que nível pretende realizar lucros? Anotou por quanto tempo, aproximadamente, pretende permanecer neste *trade*? Um *trader* de curto prazo tem de manter um acompanhamento de perto das notas de seus *trades* e ser rápido para pular fora assim que sua ação atingir o nível A, após seguir por 30% do canal em um gráfico diário. Um *trader* de prazo mais longo deve guardar a ação até que seu *trade* atinja um alvo de lucros bem mais remoto.

2. **Onde você vai colocar seu *stop*?**

Nos *trades* de curto prazo, você não vai ter somente um alvo de lucro próximo – vai ter um *stop* razoavelmente curto. Com as operações de tendência, o alvo é mais longe, o tempo estimado até o alvo é medido em meses, se não em anos. Como um elefante pode vagar por distâncias enormes, para caçá-lo são necessários *stops* bem mais amplos.

Como regra geral, os *stops* devem ser mais curtos para os *trades* de curto prazo e mais relaxados para os *trades* de longo prazo. Eventualmente, você pode ter a sorte de achar uma ação que está sentada bem quieta em cima de um suporte sólido como uma rocha. Você poderá montar uma grande posição de longo prazo com risco em dólares bem baixo. Mas a maioria dos *trades* de longo prazo vai necessitar de um lastro maior. Um *trader* de longo prazo deve levar em conta *stops* bem amplos para suas posições, enquanto os *traders* de curto prazo tendem a utilizar *stops* mais curtos.

Já que o triângulo de ferro limita seu risco total por *trade*, quanto maior a distância para o *stop*, menos ações você poderá operar. À medida que o risco por ação aumenta, o número de ações que você pode comprar deve diminuir, mantendo seu risco dentro dos limites estabelecidos pela gestão de capital.

Se você opera uma conta pequena, provavelmente terá de buscar o limite de risco de 2% na maioria dos *trades*. Para alguém que opera uma conta grande, a situação é, de certa forma, diferente. Um *trader* com uma conta grande deve limitar seu risco em *trades* de curto prazo em 0,25% do capital alocado para *trades*, mas chegar a 1% nos *trades* de longo prazo. Isso significa que, ainda que seu risco por ação seja maior nos *trades* de longo prazo, o tamanho de sua posição pode, ainda assim, ser bem grande.

3. **Fique atento aos diferentes tipos de "barulho do motor" para os *trades* de curto ou longo prazo.**

Quando um *trade* começa a soltar faíscas e sacudir, em vez de continuar na direção do alvo, um *trader* discricionário pode decidir pular

Vendendo "Barulho do Motor"

fora. Ele não tem de esperar até a tendência ir contra ele e chegar a seu *stop*. Ele pode pegar um lucro pequeno e partir para pastagens mais verdes. O tipo de barulho que causa alarme é diferente para *traders* de curto e de longo prazo.

Um *trader* de curto prazo pode observar os gráficos e indicadores diários para quaisquer sinais de que seu *trade* esteja ficando sobre-comprado e chegando a um topo. Certamente, ele correria de uma divergência de queda do Histograma-MACD diário, mas ele também pode afastar-se após ver um sinal menor, como uma divergência de baixa do Índice de Força ou até mesmo uma simples reversão para baixo do Histograma-MACD diário. Com essa visão de curto prazo, qualquer sinal sutil de cansaço, mesmo um pequeno barulho do motor, pode ser um sinal para pular fora enquanto há um bom lucro na mesa.

Um *trader* de longo prazo tem de ser mais tolerante em relação a barulhos menores. Ele não deve pular em resposta a sinais nos gráficos diários. Se fizer isso, quase com certeza perderá um bom *trade*. Ele tem de focar nos gráficos semanais e esperar por "barulho do motor" mais alto antes de sair de seu *trade*. Ele pode procurar por sinais semelhantes ao que o *trader* de curto prazo busca, mas nos gráficos semanais, e não nos diários. Não é uma boa ideia para um *trader* posicional de longo prazo ficar acompanhando o gráfico diário.

Um *trader* experiente pode combinar as abordagens de longo e curto prazo em uma única campanha. Ele pode aplicar as habilidades operacionais de curto prazo a *trades* de prazos maiores operando em volta de uma posição central. Você pode manter uma posição central de longo prazo na felicidade e na tristeza, mas, ao mesmo tempo, ficar fazendo *trades* na direção da posição principal com uma porção de sua conta.

Digamos que você está tentando segurar 1.000 ações que estão a $8 com um alvo um pouco acima dos 20. Você pode considerar 500 ações dessa posição como o *trade* de longo prazo. O restante pode ser opcional e depende do comportamento de sua ação. Você pode construir sua posição até 1.500, quando a ação recua até uma média móvel, e vender até ficar só com as 500 em um rali que supere um canal. Você pode ficar comprando e vendendo enquanto mantém sua posição de longo prazo.

Se esse tipo de atividade o atrai, esforce-se para manter bons registros e anotações. Você tem de medir o que dá mais lucro – a posição central ou sua pequena dança em volta dela.

Não importa o que você faça, mantenha um diário visual de suas decisões e ações. Manter bons registros vai ajudá-lo a acelerar seu aprendizado, sobreviver aos inevitáveis tempos difíceis e abrir seu caminho para os lucros.

PARTE III

Como Operar Vendido

Pssssiu! Quer ouvir um segredo?

Ouça, mas, por favor, prometa guardá-lo para si. As ações algumas vezes caem.

Sim, é verdade! Todo mundo fica comprando, mas mais cedo ou mais tarde toda ação sofre uma queda de preços.

Se viver bem é a melhor vingança, então uma das coisas mais doces que você pode fazer nos mercados é pegar algo que machuca a todos – queda de preços – e transformá-los em fonte de lucros. Pense em todas aquelas vezes que você comprou uma ação e ela se voltou contra você. Imagine se você tivesse no lado oposto daquele *trade*, ganhando dinheiro ao invés de perdendo a cada queda de preços.

Você gostaria de lucrar com a queda dos preços? Se sim, temos de conversar sobre operar vendido.

Primeiro, algumas definições básicas. Todo mundo compreende como se faz dinheiro comprando em baixo e vendendo a um preço mais alto, em cima, mas muitos não têm a mínima idéia de como se lucra com a queda de preços. Para termos certeza de que estamos na mesma página, vamos a uma explicação básica.

Vamos supor que você olhe a IBM sendo negociada a $90 e decida que ela pode ir a $99. Você compra uma centena de ações, segura, e vende quando a ação atinge seu alvo de lucro. Você ganha $9 por ação, para um total de $900 em 100 ações, menos as comissões e taxas. Isso é tão simples, que uma criança poderia entender. Mas e se você olhasse para a IBM a $90 e concluísse que ela estivesse sobreavaliada e provavelmente cairia até $80? Como você poderia possivelmente lucrar a partir deste movimento?

Um *trader* que opera na venda entra em uma operação alugando as ações de outra pessoa e vendendo-as no mercado. Mais tarde, quando ele recomprar as ações, vai retorná-las ao proprietário. Isso é possível porque uma ação da IBM é exatamente igual a outra ação. Não importa que ações você aluga, vende e retorna – desde que os números sejam os mesmos. Se você puder recomprar aquelas ações a um preço mais baixo vai fazer dinheiro.

Para executar a operação vendida de ações, você primeiro tem de alugar a ação. Veja com a sua corretora como fazer isso. Para o aluguel de ações há um depósito de margem de normalmente 100% do valor da ação alugada e mais um percentual que varia de acordo com a ação. Isso significa que para alugar, como tomador, você tem de ter no mínimo o valor das ações que vai alugar depositado como margem na corretora (em dinheiro, ações, títulos ou qualquer outro ativo que a bolsa aceite como margem). Além disso, o tomador paga uma taxa anual ao doador das ações proporcional ao tempo que manteve posse das ações. A partir do momento que você alugar, a margem ficará retida como garantia para o caso de ocorrer algum problema e poderá aumentar se a ação subir de preço. Tendo a posse da ação alugada, você pode vendê-la no mercado e lucrar no caso de queda. Assim que você recomprar as ações vendidas e retornar as ações alugadas, sua margem é liberada.*

Vamos supor que sua análise estava correta e a IBM cai até $80. Você liga para o seu corretor e diz para ele cobrir sua posição vendida. Como

---

Nota do Tradutor: Houve o cuidado de adaptação do texto à realidade e legislação brasileira. De qualquer forma informe-se na sua corretora sobre as regras quanto ao aluguel de ações e posterior venda. O objetivo deste livro é destacar as oportunidades de venda e não discutir o processo burocrático do aluguel e venda que pode ser pesquisado junto à sua corretora. Vale lembrar que no Brasil, até o momento, não é permitida a venda descoberta de ações – vender ações que você não tem – a não ser no *intraday*, ou seja, vendendo e recomprando no mesmo pregão, no mesmo dia, o que, a despeito de ser permitido não se recomenda, especialmente aos menos experientes, devido ao enorme risco.

Como Operar Vendido

você vendeu 100 ações a $90 e agora está recomprando as mesmas 100 ações por $80, haverá um lucro de $1.000 que, descontadas as comissões e taxas, será depositado na sua conta. Quanto às ações alugadas, você pode utilizá-las para um novo *trade* na venda ou devolvê-las ao proprietário, encerrando o aluguel, se não houver um prazo determinado ou se ele já tiver sido atingido, quando houver um. A margem é liberada quando as ações são devolvidas e o aluguel se encerra.

Agora a transação está terminada – você tem o seu lucro assim como a margem de volta, o corretor recebeu sua comissão e o proprietário tem suas ações de volta.*

O que pode dar errado quando se opera na venda? Quando você compra uma ação, ela pode cair ao invés de subir. Assim como as ações que você compra podem cair, as ações que você abre venda podem subir. Por exemplo, a IBM, ao invés de cair de $90 para $80 pode subir para $95. Decidir cobrir sua venda neste ponto vai custar $9.500. Como a venda inicial trouxe somente $9.000, a corretora vai pegar mais $500 da sua margem retida para fechar a posição. Um adendo é que os dividendos e outros proventos continuam a ser ganhos pelo proprietário da ação, mesmo tendo alugado.

Basicamente, você tem de lidar com o risco da alta dos preços. Você pode avaliar seus riscos e decidir se pode viver com eles ou não. As pessoas normalmente têm muito mais medo da fantasia do que da realidade – e a coisa mais assustadora na venda é a idéia do risco ilimitado.

Se você comprar uma ação da IBM a $90, a pior coisa que pode acontecer será ela cair a zero, levando todo o seu investimento. Isso seria ruim, mas você sabe o seu risco máximo antes de montar o *trade*. Se, por outro lado, você abrir venda da IBM a $90, e ela começar a subir, sua perda poderá ser ilimitada. E se ela for a $1.000 por ação? $2.000? Você pode ir a falência.

A propósito, um meteorito também pode cair na sua cabeça enquanto você está andando na rua.

Nota do Tradutor: Nos Estados Unidos, as corretoras ainda podem emprestar as ações de um cliente para outro e às vezes o proprietário recebe uma pequena comissão, outras vezes, não. No Brasil, utiliza-se sempre o aluguel, e o proprietário sempre recebe uma taxa anual por isso, apesar de normalmente ser pequena. A despeito de a taxa ser pequena, para os proprietários de ações que não pretendem vendê-las nem utilizá-las como margem, pode ser um ganho extra em cima de suas ações.

É um fato conhecido da psicologia humana que as pessoas subestimam os perigos comuns e superestimam os perigos incomuns. Em Nova York, onde eu moro, um assassinato no metrô se torna manchete de jornais. Isso obscurece o fato de que muito mais pessoas morrem escorregando e caindo em banheiros. Um animal do zoo que mata seu tratador vira manchete, enquanto milhares de acidentes comuns fatais passam sem ao menos ser noticiados.

Todo *trader* sério deve ter um plano de ação. Uma parte importante do plano é definir o risco e estabelecer uma ordem de *stop*. Os *stops* nas compras vão abaixo do mercado, nas operações vendidas, acima do preço de entrada.

Ocasionalmente você vai se deparar com mercado rápido. Ocorrerão deslizes e sua perda será maior do que foi antecipado. Ainda assim, se você operar na venda de ações de empresas grandes, com muitos negócios e liquidez, tais problemas serão raros.

Para qualquer pessoa que puder se imaginar entrando na venda da IBM por $90, não usar um *stop*, e depois vê-la subir para $1.000, eu só tenho um conselho. É o mesmo conselho que eu daria à sua contraparte que compra a IBM a $90 sem um *stop* e a vê cair a zero, levando todo o investimento: "Não seja idiota. Use *stops*."

Ao invés de ficar tremendo e imaginando riscos fantásticos de entrar na venda sem *stops*, vamos discutir o que se deve e o que não se deve fazer quando operamos na venda de ações, futuros e opções. Vamos discutir os riscos reais, e as oportunidades também.

Todos os iniciantes na bolsa de valores começam pela compra. A maioria dos que operam na venda são profissionais. Por que eles ficam operando na venda ano após ano? Eles o fazem por alguma propensão cívica, como um serviço público? Ou porque gostam de apostar? Ou eles operam na venda porque o dinheiro lá pode ser bem melhor do que na compra? Pense nisso.

Vamos agora dar uma olhada mais de perto na venda.*

Nota do Tradutor: A despeito das considerações do autor, tomem especial cuidado nas operações vendidas no mercado brasileiro que por ser menor que o americano, apresenta muitas vezes mais volatilidade, levando a riscos bem maiores na venda.

CAPÍTULO 7

Operando Vendido em Ações

A s ações não se movimentam em linha reta. Elas sobem e caem de forma tão natural como os humanos inspiram e expiram. Algumas de suas altas e quedas são minúsculas, enquanto outras são bem grandes, apresentando oportunidades de *trades* bem atraentes.

Há um preconceito comum de que você deve se livrar antes de operar na venda. A maioria das pessoas se sente confortável comprando, mas não fica à vontade lucrando nas quedas. Eu acho que elas adquirem esse preconceito quando ainda jovens. Quando dei aulas sobre *trading* em uma escola local, para adolescentes, eles entraram nas vendas como peixes na água. Eles trouxeram novas ideias, e nós as discutimos e operamos na conta que eu havia aberto para aquela classe. Em qualquer dia de aula, a garotada faria tanto sugestões para operações vendidas quanto para compradas. Muitas vezes, o mesmo aluno traria tanto uma ideia de compra quanto de venda.

O pessoal pegou o sentido da coisa. Eles entenderam que os *trades* são apostas em objetos que estão se movendo. Não faz muita diferença se você está apostando em uma alta ou uma queda. Você só tem de pegar a direção correta e determinar o ponto de entrada mais promissor, o alvo de lucro e onde colocar o *stop* protetor. Eles vieram para o mercado sem preconceitos e não tinham inibição alguma em operar na venda. A classe embolsou alguns lucros na alta e na queda do mercado. Também tiveram algumas perdas em ambas as direções, mas tivemos o cuidado de que eles fossem menores do que nossos ganhos. Nós jogamos o jogo em ambas as direções.

Eu acredito que os que operam na venda, enquanto buscam o interesse pessoal, prestam um serviço público importante para o mercado. Em primeiro lugar, ao vendermos ações sobreavaliadas, aumentamos sua oferta e amortecemos a volatilidade excessiva do mercado. Mercados extremamente voláteis tendem a machucar os investidores públicos (pequeno investidor pessoa física). Aumentar a venda das ações quando os preços estão altos tende a amaciar os picos muito intensos. Em segundo lugar, quando uma ação está em uma forte queda, os vendidos* são os primeiros a comprar, amortecendo a queda. Os compradores tendem a ficar mais ariscos e manter-se de fora durante as quedas muito fortes. Os vendidos, que estão no lucro durante a queda, vão ao mercado comprar para cobrir** suas vendas e realizar seus lucros. Sua cobertura desacelera a queda, e é aí que os caçadores de pechinchas começam a entrar. Logo se visualiza um fundo, bem como a ação voltando a subir. As operações vendidas suavizam as variações excessivas de preços e beneficiam o público em geral no mercado.

Não sugiro aqui que os vendidos são um bando de assistentes sociais, correndo por aí para ajudar os outros. Não somos. Mas como o grande economista Adam Smith mostrou há dois séculos, as pessoas no livre mercado ajudam umas as outras fazendo o que é melhor para elas. Os *bears* (vendidos) ajudam o mercado, desde que não haja conivência entre eles – nenhum "ataque dos *bears*".*** Isso vale igualmente para a compra, quando se manipulam as ações para que elas subam.

Ainda que o governo tenha a função legítima de policiar o mercado, parece que ele levou a coisa longe demais. Em seu zelo, o governo criou diversas restrições ilógicas para as operações vendidas. A pior foi "a regra da cotação para cima", que diz que você só pode entrar na venda se a última

---

Nota do Tradutor: Chamam-se vendidos os operadores que têm uma operação de venda montada. Não a venda de algo que se comprou antes, mas uma operação de venda, que tem por objetivo lucrar com a queda do mercado.

**Nota do Tradutor:* Cobrir vendas significa comprar o que foi vendido antes, zerando a operação.

***Nota do Tradutor:* O autor usou a expressão *bear raid*, que descreve quando um grupo de vendidos tenta fazer com que o mercado desça para que seja possível cobrir suas vendas, espalhando rumores e boatos negativos sobre a empresa, o que coloca uma pressão vendedora na ação. Isso é considerado uma fraude, passível de punição pelos agentes controladores do mercado.

Operando Vendido em Ações

mudança de cotação na ação – uma variação minúscula de preços – tiver subido. Em outras palavras, você só pode montar uma operação vendida em uma ação que está subindo. Aparentemente, isso foi feito para proteger os comprados das hordas de vendidos martelando duas ações com uma avalanche de ordens de venda. Eu tenho apenas uma pergunta para esses protetores do público – por que não ter uma regra da cotação para baixo também, a fim de proteger os inocentes de serem arrastados por uma bolha? Para se chegar à conclusão lógica da regra da cotação para cima, uma regra da cotação para baixo permitiria a compra somente em uma variação para baixo, quando os preços caíssem.*

Um desenvolvimento tremendamente positivo ocorreu no mercado de ações dos Estados Unidos enquanto eu trabalhava neste livro. Logo após eu ter enviado o manuscrito ao editor, o governo teve a sensibilidade de rescindir a regra da cotação para cima. A regra tola que fez parte do cenário do mercado durante uns 70 anos finalmente acabou! Claro que os mercados futuros nunca tiveram uma regra da cotação para baixo.

Operar na venda tem uma grande vantagem sobre as compras e também uma grande desvantagem. A grande vantagem de operar na venda de ações é que elas tendem a cair duas vezes mais rápido do que sobem. Isso se aplica a qualquer período – mensal (Figura 7.1), semanal (Figura 7.2) e diário (Figura 7.3), bem como aos gráficos *intraday*.

Os *traders* dizem que é necessário haver compra para que uma ação suba, mas que ela pode cair somente pelo próprio peso. A maior velocidade das quedas cria vantagem real para os *traders* mais experientes. Seu dinheiro está seguro em sua conta de mercado, mas, no momento em que o coloca em um *trade*, você o expõe ao risco. Tanto as oportunidades quanto os riscos estão no mercado. É claro que você busca as áreas em que a oportunidade pesa mais que o risco, mas, em geral, quanto mais rápido o *trade*, menos tempo você fica exposto ao risco de mercado. Operar na venda permite que você tenha lucros mais rápidos – ou sair mais rápido se descobrir que estava errado.

Nota do Tradutor: No Brasil, não há essa regra. Aqui não se pode operar vendido em ações a não ser no *intraday* (*daytrade*). Posições verdadeiramente vendidas a descoberto em ações devem ser fechadas no mesmo dia. Para se operar verdadeiramente na venda de ações no Brasil, é necessário alugar as ações antes.

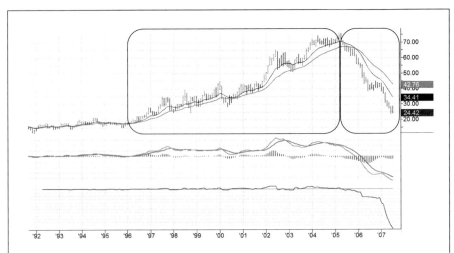

Figura 7.1   MNI*, gráfico mensal

MNI gráfico mensal: de 23 a 76 em 10 anos, de 76 de volta para 23 em 2,5 anos.

Nota do Tradutor: Símbolo na Bolsa de Valores de Nova York das ações da McClatchy Newspapers, Inc.

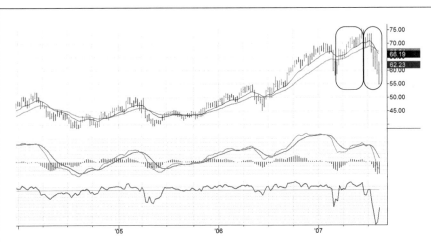

Figura 7.2   MS,* gráfico semanal

MS gráfico semanal: de 58 a 75 em 14 semanas, de 75 de volta para 58 em 8 semanas.

Nota do Tradutor: Símbolo na Bolsa de Valores de Nova York das ações da Morgan Stanley.

Operando Vendido em Ações

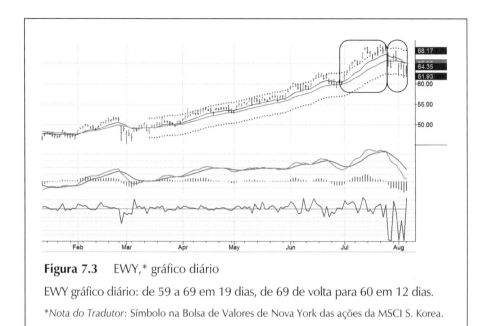

Figura 7.3 EWY,* gráfico diário

EWY gráfico diário: de 59 a 69 em 19 dias, de 69 de volta para 60 em 12 dias.

Nota do Tradutor: Símbolo na Bolsa de Valores de Nova York das ações da MSCI S. Korea.

Toda ação na bolsa de valores tem dois ângulos – um que ajuda, o outro bem perigoso. Você nunca pode separar os dois totalmente ou ter um sem o outro. É essencial que você mantenha seus olhos abertos para as duas faces da moeda e seja realista. O que podemos fazer em resposta à vantagem e à desvantagem que acabamos de discutir?

Em geral, você quer fazer *trades* mais rápidos na venda do que na compra. Você está surfando contra a maré ascendente suave, as quedas são mais rápidas e mais furiosas do que as altas, e não há razão alguma para dar mais tempo a um *trade* na venda, a fim de que ele "se resolva". Dê às quedas menos tempo para se resolver do que você daria às altas.

A grande desvantagem de operar na venda de ações é que, em geral, o mercado de ações tem a tendência de um século de subir através dos tempos (Figura 7.4). As estimativas do ângulo dessa chamada "alta secular" variam, embaçadas pelo desaparecimento de muitas ações velhas e o surgimento de novas ações que vão sendo lançadas. Ainda assim, uma média de alta de 3% ao ano parece ser uma estimativa razoável. Isso significa que, na venda, você está nadando contra uma corrente suave para cima.

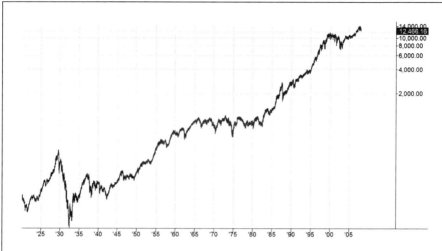

Figura 7.4 DJIA,* gráfico mensal

Gráfico logarítmico

Nota do Tradutor: Dow Jones Industrial Average – Índice Dow Jones, o mais antigo índice principal de ações nos Estados Unidos.

SUAS PRIMEIRAS OPERAÇÕES VENDIDAS

Sempre que falo sobre operações vendidas para uma classe, as mãos sobem e os iniciantes perguntam como achar boas ações para operar na venda. Eu sugiro que eles pensem em todas aquelas ações que compraram e com as quais perderam dinheiro. Pense nas ações que você espera que caiam. Encontre a ação que você mais odeia e abra venda nela.

Um lembrete amigável: não tente fazer um monte de dinheiro em sua primeira operação vendida, ou na segunda. Opere somente algumas ações.

Dê seus primeiros passos sem ter de se preocupar com dinheiro. Você vai ter um monte de outras coisas para pensar – escolher uma ação para vender, determinar um alvo de lucro, estabelecer um *stop*, bem como aprender a parte operacional de colocar uma ordem. Trabalhe nesses itens, treine e aprenda sobre eles, enquanto opera um tamanho tão pequeno que nem o ganho nem a perda vão fazer qualquer diferença para você.

O tamanho do *trade* serve como um grande amplificador emocional. Quanto maior o tamanho, maior o estresse. Para reduzir o estresse, especialmente na fase inicial de aprendizado das operações vendidas, opere um

Operando Vendido em Ações　　　　　　　　　　　　　　　　　　　185

tamanho bem pequeno. Haverá muito tempo para aumentar o tamanho de seus *trades* à medida que você for se sentindo mais confortável com as operações vendidas.

Algumas semanas antes de escrever este capítulo, certa manhã, eu estava em casa diante do monitor olhando as cotações. Meu laptop tocou um bip, sinalizando que estava chegando um e-mail. Ele vinha de Zvi Benyamini, recém-graduado em um de meus seminários que escrevia dizendo que havia implementado muito do que havíamos discutido e já estava pronto para começar a operar vendas. Respondi com a sugestão de que ele escrevesse a análise da ação que queria operar na venda, utilizando o formato discutido no seminário. Alguns minutos depois, um e-mail (Figura 7.5) chegou.

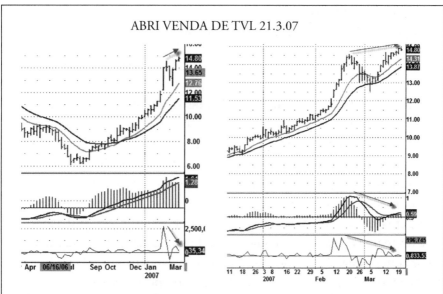

Figura 7.5　TVL*, entrada

Topo duplo no gráfico semanal, azul por um tempo, divergência no Índice de Força. Divergência grande no MACD diário, Índice de Força – divergência grande de um mês atrás, este pico também perdendo força. Ficou azul hoje.
　Abri venda de 100 ações a 14,79
　Stop: rígido a 15,2, pular fora se ficar verde
　Alvo: 12,77 Média Móvel semanal rápida. Parcial em volta de 13-13,5 se ficar de lado.
　Nota – Alertas de Alex: Histograma-MACD forte no gráfico semanal, e a ação visivelmente forte (não afetada pelo crash recente).

Nota do Tradutor: Símbolo na Bolsa de Valores de Nova York das ações da Lin TV Corp.

Depois que o mercado fechou aquele dia, recebi um acompanhamento (Figura 7.6):

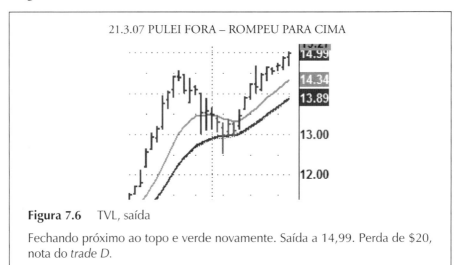

Figura 7.6   TVL, saída

Fechando próximo ao topo e verde novamente. Saída a 14,99. Perda de $20, nota do *trade* D.

Esse é um bom exemplo de uma pessoa inteligente e o quanto suas lições são baratas. Esse aluno encontrou uma ação e trabalhou em cima dela de forma independente. Ele construiu uma boa entrada em seu Diário Operacional e documentou o processo de tomada de decisão. Ele até escreveu minhas objeções a seu *trade*. Como um homem independente, ele foi lá e executou o *trade* assim mesmo, mas de um tamanho bem pequeno. Sua perda lhe custou $0,20 por ação, o que resultou em 100 ações, $20 dólares mais as comissões. Todavia, recebemos uma grande quantidade de valor educacional desse *trade*, com pouco risco financeiro. Ele pode aguentar boa parte dessas lições sem ser pressionado pelas perdas.

Eu não gostei da TVL como uma escolha para operar na venda naquele dia. Em primeiro lugar, a hora não era boa para as vendas. O mercado acabara de fazer um fundo duplo e estava subindo a partir dele. A corrente do mercado estava se movimentando para cima, e eu já tinha coberto a maioria de minhas vendas. Além disso, eu não achava que era uma boa coisa entrar na venda de uma ação que ficava atingindo um novo topo quase todos os dias por semanas.

Quando você entra na compra, não é uma boa ideia comprar uma ação que fica continuamente fazendo novos fundos. Tudo bem se você compra lá embaixo, mas não comprar o que está indo para baixo. Da mesma

Operando Vendido em Ações

forma, quando você quer entrar na venda, não é uma boa ideia operar na venda de uma ação que fica continuamente fazendo novos topos. Você tem de procurar alguma evidência de que a tendência de alta bateu no teto, e está pronta para virar para baixo.

Meu aluno cometeu dois erros ao entrar na venda de uma ação em alta em um mercado forte. Ao mesmo tempo, ele fez duas coisas totalmente corretas. Ele fez excelentes anotações que pode rever diversas vezes. E ele operou bem pequeno, de modo que seus erros lhe custaram quase nada. Ele pagou bem barato por um grande aprendizado.

A ASSIMETRIA DE TOPOS E FUNDOS

Quando conversamos sobre a compra de ações, prestamos atenção em duas abordagens principais – compra de valor e compra de *momentum*. Quando procuramos por ações para abrir venda, não podemos simplesmente usar esses métodos na direção oposta. Operar na venda é diferente de comprar porque a psicologia das massas é diferente nos topos e fundos, nas altas e nas quedas. Os fundos nos mercados de ações tendem a ser estreitos e agudos, enquanto os topos tendem a ser largos e irregulares.

Os fundos do mercado de ações são construídos de medo. Quando os comprados não suportam mais a pressão das perdas, eles entram em pânico e liquidam suas ações sem se preocupar com os preços. O dedo deles ficou preso na porta e a dor é tão grande que eles querem sair a qualquer preço.

O medo e a dor são emoções agudas e poderosas. Um pânico de vendas expulsa os que têm mão fraca e, assim que eles estão fora, a ação está pronta para voltar a subir. Desde que você não compre prematuramente e depois entre em pânico e venda no fundo, a compra tende a ser muito permissiva (Figura 7.7).

Os topos são construídos na ambição, uma emoção alegre que pode durar muito tempo. Conforme os *bulls* (comprados) fazem dinheiro, eles chamam seus amigos e dizem para eles comprarem, mesmo depois de ficar sem dinheiro. Essa é a razão pela qual os topos tendem a durar mais e ter a forma mais irregular do que os fundos. Você pode ver que os picos para cima do Índice de Força não identificam os topos, mas confirmam a tendência de alta que está acontecendo.

Enquanto os fundos tendem a aparecer claramente nos gráficos, os topos tendem a ser amplos e menos definidos, com diversos rompimentos falsos. Sem-

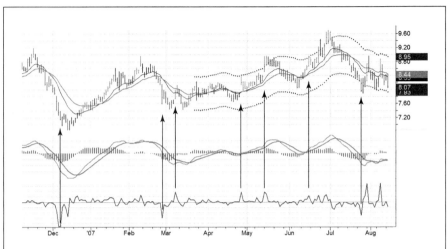

Figura 7.7 F, gráfico diário

A assimetria fundamental dos topos e fundos está claramente refletida pelo Índice de Força. Suas quedas tendem a servir como bons marcadores dos pânicos do público que limpam a área e prognosticam novos avanços. Uma queda forte do Índice de Força não necessariamente crava com precisão o dia exato do fundo, mas mostra onde os compradores de mão fraca estão liquidando suas ações, e as oportunidades de compra tendem a surgir em alguns dias.

pre que os *bulls* encontram mais dinheiro, eles o colocam em sua ação favorita, fazendo-a subir acima de um pretensamente topo bem estabelecido. Esses breves movimentos falsos de alta são bem típicos dos topos do mercado.

A Figura 7.8 vem de meu diário de operações. Entrei na venda de RL em junho, depois que ela encenou um rompimento falso para cima que se fez acompanhar de uma grande quantidade de divergências de queda. Eu achei que o rompimento falso havia limpado a área para a queda, mas ela viria lentamente. Em vez de desabar, a ação continuou a vagar nos níveis altos, dolorosamente testando minha paciência, antes de, por fim, fazer o que eu esperava. Eu me segurei como um touro que leva uma flechada no meio de uma tourada e continua a correr.

Esse tipo de comportamento nos topos faz com que operar na venda seja bem mais difícil do que nas compras. Os topos necessitam de *stops* mais amplos, aumentando o risco por ação. Se você usar *stops* mais curtos, seu risco de um violino é muito maior nas vendas do que nas compras.

Vamos rever algumas das maiores oportunidades e riscos das operações vendidas.

Operando Vendido em Ações

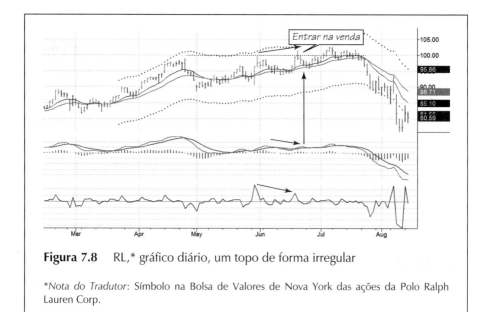

Figura 7.8 RL,* gráfico diário, um topo de forma irregular

Nota do Tradutor: Símbolo na Bolsa de Valores de Nova York das ações da Polo Ralph Lauren Corp.

ABRINDO VENDAS NOS TOPOS

Se você pode lucrar comprando embaixo, deve ser capaz de ter lucros abrindo vendas nos topos. Tenha em mente que abrir vendas próximo dos topos tende a ser mais difícil do que comprar próximo aos fundos. No fim de uma tendência de baixa, os mercados, muitas vezes, parecem exaustos e apáticos, com baixa volatilidade e pequenas variações de preços. Por outro lado, quando os preços estão fervendo próximo ao topo, você pode esperar alta volatilidade e grande variação de preços. Se comprar pode parecer com a montaria de um cavalo que está do lado de uma cerca, operar na venda pode ser parecido com tentar montar um cavalo correndo solto no campo.

Uma das soluções vitais para esse problema, como para tantos outros nos *trades*, é a gestão adequada de capital. Você tem de operar posições menores na venda e estar preparado para entrar novamente se for *stopado*. Se você comprometer todo o seu risco permitido em apenas uma entrada, um único rompimento falso vai expulsá-lo do jogo. Você ganha por operar menor do que suas regras de gestão de capital e risco permitem. Faz sentido manter algum capital de risco na reserva. Você pode ou utilizar *stops* mais amplos ou estar preparado para entrar novamente se for *stopado*. Você tem de ser capaz de se segurar no cavalo selvagem (Figura 7.9).

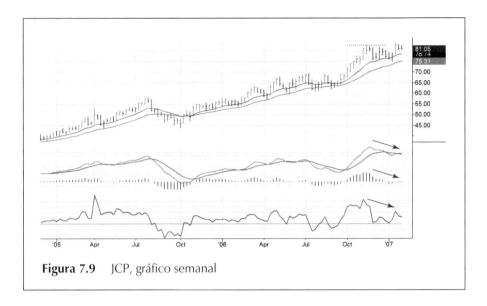

Figura 7.9 JCP, gráfico semanal

Durante um *webinar* mensal em janeiro de 2007, uma *trader* chamada Deborah Winters me pediu para analisar JCP Penney (J.C. Company, Inc.). Eu não acompanhava a ação há alguns anos, mas fiquei muito animado assim que olhei seu gráfico. Eu tinha ficado muito pessimista quanto ao mercado de ações no início de 2007, e algumas de minhas razões para isso já foram discutidas nos capítulos anteriores, no sino do mercado e no Índice Novo Topo-Novo Fundo. Levando em conta que havia por trás um mercado, bastante desanimador, o gráfico semanal da JCP parecia uma operação vendida gritando bem alto:

- A ação estava cara, logo abaixo de seu topo histórico.
- Ela havia rompido para um novo topo duas semanas antes; aquele rompimento falhou e a ação voltou à acumulação. Um rompimento falso para um novo topo é um dos sinais de venda mais fortes da análise técnica.
- O preço semanal estava acima do valor – acima das duas médias móveis.
- Havia divergências de baixa claras nas Linhas do MACD e no Índice de Força; o Histograma-MACD, ainda que não estivesse divergindo, estava em queda.

O gráfico diário de JCP confirmava a mensagem do semanal, sugerindo que a ação estava próxima do topo (veja a Figura 7.10). Ele demonstrava

Operando Vendido em Ações

o mesmo rompimento falso para cima – um pico agudo a um novo topo, seguido de uma deslizada para baixo de volta à acumulação. Havia divergências de baixa das linhas de MACD e do Índice de Força, mas não do Histograma-MACD. Sempre que a dica de um *webinar* parece muito atraente, anuncio para o grupo que posso operá-la nos próximos dias. Isso foi exatamente o que fiz com JCP. Meu alvo de lucros era em torno de $75, na zona de valor do gráfico semanal. Eu não continuaria mantendo a venda se a ação subisse muito acima de $88. Não era uma relação risco-retorno muito atrativa, mas os sinais técnicos me levaram a acreditar que a probabilidade de uma queda era bem maior do que de um rali. A relação risco-retorno em um *trade* bem elaborado não é igual a jogar uma moeda com uma chance de 50/50 de ganhar ou perder. Nesse tipo de *trade*, a probabilidade de ganhar é maior do que de perder.

JCP	Venda	Data	Canal Sup.	Canal Inf.	Max. do Dia	Min. do Dia	Nota
Entrada	$81,45	30-Jan-2007	84,09	76,56	$81,79	$80,66	70%
Saída							
Prej./Lucro						Trade	

O local ideal para vender ou operar vendido fica próximo à linha superior do canal. Tento evitar entrar na venda abaixo do valor, abaixo das MMEs diárias. Eu me recuso a abrir venda na/ou abaixo da linha inferior

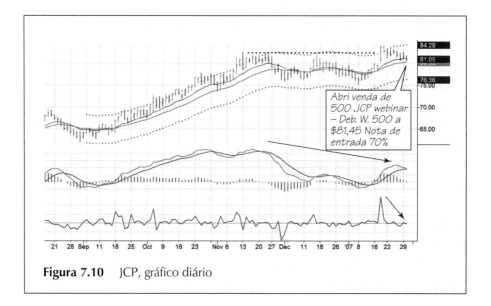

Figura 7.10 JCP, gráfico diário

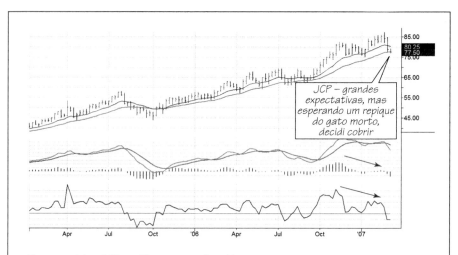

Figura 7.11 JCP, gráfico semanal, saída

Este gráfico semanal reflete a realização de lucros na vizinhança do alvo de lucros inicial. Os preços caíram abaixo da média móvel exponencial (MME) rápida – vermelha e até da MME mais lenta – amarela, mas a queda parecia estar desacelerando. Ao mesmo tempo, o Índice de Força semanal inclinou com força para baixo, um sinal provável de fundo. O Histograma-MACD semanal caiu a um nível em que seria possível esperar que faria um fundo. A parte doce da queda parece que estava acabada; não havia mais sentido em esperar que os preços atingissem o alvo inicial de $75.

do canal, porque lá os preços estão esticados de forma exagerada para baixo. Aqui, eu estava tão pessimista quanto a esse mercado e tão preocupado em não perder uma grande queda que abri venda próximo do valor, um pouco baixo para meu gosto. Não foi uma entrada muito boa, porque, quando você abre venda no valor, abre mão da ajuda de um elástico que foi esticado para cima e pode ajudar a trazer os preços para baixo. Ainda assim, foi uma bela entrada em uma operação de venda – vendendo mais perto do topo do dia do que do fundo, dando uma nota de 70% para a entrada.

O gráfico diário nos ajuda a compreender algumas das pressões psicológicas associadas às operações vendidas. Os gráficos de saída (Figuras 7.11 e 7.12) demonstram que minha abertura de venda foi bem prematura, e havia diversas semanas em que se manter na venda foi bem difícil. Há duas fortes razões que fizeram com que eu conseguisse me manter no *trade*. Uma era de que eu estava bem pessimista quanto ao mercado em geral naquela época e estava com vendas abertas em diversos ativos. Muitas de

Operando Vendido em Ações

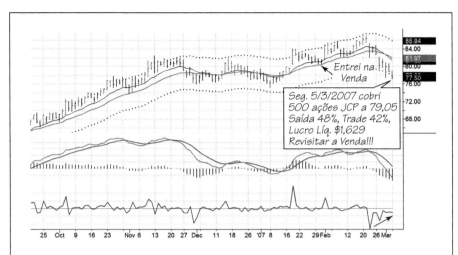

Figura 7.12 JCP, gráfico diário, saída

Abrir a venda a um nível que acabou se mostrando muito baixo diminuiu o lucro desse *trade*. Ainda que minha nota de saída tenha sido um razoável 49% e a nota do *trade* tenha sido de 44%, bem acima do "nível A", peguei menos lucro desse *trade* do que estava disponível. Uma boa ideia de *trade* com uma implementação apenas regular acabou produzindo um *trade* lucrativo, mas não espetacular.

Figura 7.13 JCP, gráfico semanal, acompanhamento

Uma das vantagens de manter um diário visual é que ele permite a você olhar para trás e aprender a partir de seus sucessos e fracassos. Retornando a JCP dois meses depois do *trade*, eu pude ver que, se tivesse continuado no *trade*, teria aumentado bem meus lucros. Trata-se de uma questão do que você prefere – centavos rápidos ou dólares lentos. Se pudéssemos tomar nossas decisões no meio do gráfico, e não em sua extremidade direita, sempre faríamos a melhor escolha.

minhas operações vendidas estavam se desenvolvendo bem melhor do que a de JCP, reforçando minha visão pessimista do mercado.

A segunda razão era que o tamanho de minha posição vendida era minúsculo em relação ao tamanho de minha conta de *trades*. Se eu tivesse de usar um *stop* curto, teria sido *stopado* para fora deste *trade*. Um *trader* que não é muito guloso e tem uma conta grande tem uma vantagem. Se você arriscar somente 0,25% de seu capital em um *trade*, e ele começa a ir contra você, pode aumentar seu risco naquele *trade* para 0,5% e ainda estar com muita folga para limite máximo de risco de 2%. Um *trader* menor que coloca uma posição de tamanho total no mercado de uma vez não tem essa opção. Ter uma conta grande é como dirigir um carro muito potente – você não vai acelerar até o fundo o tempo todo, mas é confortante saber que tem um reserva de potência se precisar.

Durante esse *trade*, mantive contato com Deborah, que havia trazido a JCP para mim. Encorajei sua decisão de se manter no *trade*, especialmente quando ela se sentiu com vontade de jogar a toalha diversas vezes durante o *trade* dela. Uma de minhas regras é que, quando opero a dica de um amigo, digo àquele amigo onde e quando estou entrando e saindo do *trade*. Dividir um *trade* é como dividir um almoço ou viajar junto – você não quer fazê-lo em silêncio (Figura 7.13).

JCP	Venda	Data	Canal Sup.	Canal Inf.	Max. do Dia	Min. do Dia	Nota
Entrada	$81,45	30-Jan-2007	84,09	76,56	$81,79	$80,66	70%
Saída	$78,15	5-Mar-2007			$79,05	$77,21	49%
Prej./Lucro						Trade	44%

OPERANDO VENDIDO EM TENDÊNCIAS DE BAIXA

Há alguns anos, em um jantar em Sidney organizado pela Associação Australiana de Análise Técnica, eu me vi sentado ao lado de um arquiteto que me disse que todo ano viajava para a Espanha e participava da corrida de touros em Pamplona. Enquanto um rebanho de touros utilizado em touradas é liberado de seus currais, e corre pelas ruas estreitas dessa cidade medieval em direção à praça de touros, uma multidão corre na frente deles, correndo o risco de ser chifrada ou esmagada se não correr rápido o suficiente. Eu lhe perguntei por que agia assim e ele respondeu que nada mais fazia com que se sentisse tão vivo quanto flertar com o perigo mortal.

Operando Vendido em Ações

Às vezes, eu me pergunto se tentar abrir vendas nos topos do mercado é semelhante a correr na frente de uma enorme horda. Essa busca nos atrai não só por seu grande potencial de lucros, mas também pela satisfação emocional de ter batido as massas.

Há outra abordagem para as operações vendidas. Em vez de se enrolar com um touro furioso, você pode esperar até o touro descer a rampa de um matadouro. Há homens que ficam do lado daquela rampa matando os touros. Seu nível de satisfação emocional é provavelmente bem menor do que o dos homens que ficam correndo na frente da horda em Pamplona. Mas sua taxa de sucesso em trazer para casa um pagamento estável provavelmente é bem maior.

Tenhamos em mente que o trabalho no matadouro não é totalmente livre de riscos. Um touro pode avançar na rampa e esmagar o braço de um trabalhador. Temos de cuidar para nos posicionar o melhor possível naquela rampa e matar o boi com o menor risco possível. Agora, vamos ver como abrir venda em ações que já estão em uma tendência de baixa (Figura 7.14).

Se, como é tão comum, você não tivesse conseguido ver o sinal de vendas no topo, como pode se aproveitar da tendência de queda que se segue? Vamos fazer um zoom da área demarcada no gráfico semanal e examiná-la utilizando um gráfico diário (Figura 7.15).

Essa rampa é o envelope no gráfico diário.

A ideia é abrir venda quando os preços estão próximos do valor, no meio do gráfico. A hora de cobrir as vendas e realizar lucros é quando os preços caem para a/ou abaixo da linha inferior do canal. Queremos vender valor e cobrir na área subavaliada.

Depois que a NWRE desabou de seu topo no início de abril, ela repicou até a área de valor. O espaço entre as duas médias móveis é a área de valor, marcada como "valor-vender" no gráfico. O repique ofereceu nova oportunidade de venda. A NWRE fez um *gap* para baixo e caiu abaixo de sua linha inferior do canal. Essa área está marcada como "sobrevendido-cobrir" no gráfico. Em maio, os preços subiram para o valor novamente, criando nova oportunidade de venda. Em torno do meio de maio, os preços escorregaram para a zona sobrevendida abaixo da linha inferior do canal, dando o sinal para que se cobrissem as vendas. Essa variação, como se fosse um pêndulo – alta para a zona de valor, seguida por queda subsequente para a área sobrevendida abaixo da linha inferior do canal –, continuou até o canto direito do gráfico e até mais que isso.

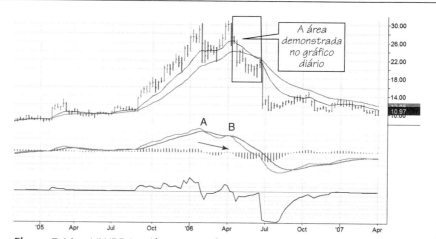

Figura 7.14 NWRE,* gráfico semanal

Este gráfico semanal da NWRE demonstra uma grande oportunidade de abrir venda próximo a um topo no início de 2006. Um rompimento falso para um novo topo, acompanhado por uma divergência de topo A-B, tocou o sino para os operadores de vendas. A coisa maravilhosa sobre o meio de qualquer gráfico é que os sinais aparecem de forma bem clara. O problema é que, quanto mais nos aproximamos do lado direito, mais embaçado vai ficando o mercado. Eu ainda não achei uma corretora que aceite minhas ordens no meio do gráfico – eles sempre querem que eu opere na extremidade direita.

*Nota do Tradutor: Este era o símbolo nas bolsas norte-americanas da Neoware Inc., que ao ser adquirida pela Helmerich & Payne, Inc. em setembro de 2007, deixou de ter ações na bolsa.

Operar vendido durante um canal abre uma série de oportunidades de *trades* bem definidas. Ainda assim, nada nos mercados é completamente simples; sempre há perigos escondidos. A profundidade da penetração tanto na zona de valor quanto na área sobrevendida varia de semana a semana e de mês a mês. Não seja ambicioso demais dentro da rampa. Satisfaça-se em pegar um lucro rápido e seguir em frente.

Esta é a hora em que a prática de graduar seus *trades* pelo percentual do envelope que você consegue capturar se torna bastante útil. Lembre-se de que um *trade* nota A captura 30% ou mais do tamanho do envelope. Um terço de qualquer envelope equivale a dois terços da distância da média móvel exponencial (MME) para a linha do canal. Essa é a distância que você tem de capturar consistentemente para se considerar um *trader* grau A. Tecnicamente, não é uma tarefa tão difícil. Psicologicamente, tende

Operando Vendido em Ações

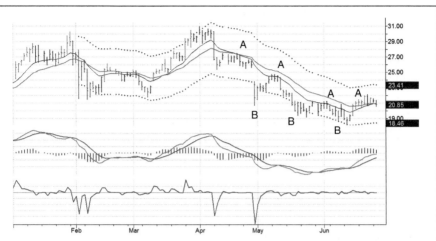

Figura 7.15 NWRE, gráfico diário

A. Valor – vender B. Sobrevendido – cobrir
O mesmo rompimento falso para uma nova máxima que vimos no gráfico semanal também é claramente visível no meio do gráfico diário. Aqui não vemos uma divergência de queda no MACD-Histograma, somente uma divergência de queda de curto prazo do Índice de Força. O que é extremamente útil sobre o gráfico diário é que ele permite que vejamos a rampa pela qual os touros estão indo para o matadouro.

a ser muito difícil, em especial para aqueles que ainda não conseguiram controlar sua ambição nem se livraram do perfeccionismo.

Para operar com sucesso dentro de um canal, você tem de estabelecer um objetivo real, realizar seu lucro naquele nível e se sentir satisfeito com ele. Punir a si mesmo quando, eventualmente, perder uma oportunidade de pegar um movimento maior é contraproducente e absolutamente proibido.

Vamos retornar, por um instante, ao gráfico semanal, para ver o que aconteceu além do canto direito do gráfico diário. A NWRE desabou, colecionando mais lucros para os *bears* (vendidos). Próximo à extremidade direita do gráfico semanal, parece ter feito um rompimento falso para baixo, acompanhado por uma divergência de alta do MACD. O Índice de Força aponta para uma quase total ausência dos *bears*. Eles não podem guiar esse indicador sensível nem próximo dos níveis atingidos nas quedas prévias. Quando os *bears* parecem exaustos, é hora de começar a explorar o lado dos *bulls* (comprados).

Para resumir as lições deste *trade*:

- Tome uma decisão estratégica no gráfico semanal, planos táticos nos diários.
- Uma divergência do Histograma-MACD é um dos sinais mais fortes na análise técnica.
- Operar dentro de um canal reduz os riscos, mas também os retornos potenciais.
- Você deve graduar seus *trades* de curto prazo pelo percentual do canal capturado no *trade*.
- Quando estiver operando dentro de um canal, mantenha seu dedo no gatilho, pronto para sair de um *trade*, sem esperar por lucros muito altos.

OPERANDO VENDIDO DE ACORDO COM FUNDAMENTOS

As análises fundamentalista e técnica abordam o mercado de forma diferente. Os fundamentalistas exploram as relações de oferta e procura nos futuros e os dados financeiros para as companhias cujas ações eles desejam operar. Os analistas técnicos seguem os rastros deixados pelos compradores e vendedores em seus gráficos. Um *trader* experiente conta com os dois tipos de análise e lucra com sua combinação.

Você tem de aceitar que não pode ser um especialista nos dois campos. Será sempre mais forte em um do que no outro. Seu princípio fundamental quando estiver usando ambas as abordagens é ter certeza de que seus sinais não se contradizem. Se uma grita que é para comprar, enquanto a outra berra que é para vender, a escolha mais segura é ficar de fora.

A análise fundamentalista é mais específica. Enquanto você pode usar as mesmas ferramentas técnicas para ações e futuros, índices e forex, um analista fundamentalista não pode ser expert em títulos, petróleo ou em ações de biotecnologia e de defesa.

Há duas abordagens principais para usar a análise fundamentalista nos *trades* – uma geral e outra mais específica. Em primeiro lugar, é bom ter um entendimento geral das principais tendências fundamentalistas que afetam o mercado. Por exemplo, se você está procurando ações para comprar, é bom saber que biotecnologia e nanotecnologia têm um potencial maior para novos avanços do que produtos químicos ligados a *commodities*

Operando Vendido em Ações

ou ferramentas para o lar. Esse conhecimento básico pode ajudá-lo a focalizar as áreas mais promissoras do mercado.

Uma abordagem mais focalizada é pegar uma ideia de *trade* específica da análise fundamentalista e colocá-la no filtro da análise técnica. O princípio fundamental é usar a informação fundamentalista como um gerador de ideias e os estudos técnicos, como um gatilho. Os estudos técnicos podem liberá-lo para executar aquele *trade* ou fazer com que você não prossiga.[1]

Não importa o quão boa seja uma história fundamentalista, se os fatores técnicos não a confirmarem, não há um *trade*. Essa regra se aplica tanto às informações fundamentalistas de alta quanto às de queda. Quando os fundamentos sugerem um *trade* e os fatores técnicos confirmam esse sinal, você tem uma combinação bastante poderosa. Aqui está o exemplo de um *trade* que ilustra essa abordagem.

Durante o fim de semana de 10 de fevereiro de 2007, recebi um e-mail de Shai Kreiz, membro de nosso Grupo Spike (Figuras 7.16 a 7.22). Os membros do grupo competem por prêmios todo fim de semana, enviando as melhores ideias de *trades* para a semana seguinte. Todos os membros recebem as ideias de todos os outros. Em quase todos os fins de semana, seleciono um favorito e o opero pessoalmente.

A maioria das ideias se baseiam em análise técnica, mas esta tinha um volume incomum de informação fundamentalista. Shai escreveu:

> Parece que dessa vez os *Weight Watchers International* (Vigilantes do Peso) estão querendo perder algum peso. Há uma grande divergência de queda no gráfico diário, e o preço está muito esticado no semanal, com o MACD quase virando para baixo.
>
> ATENÇÃO: O relatório de lucros e uma conferência estão agendados para terça, 13 de fevereiro, depois do fechamento do mercado.
>
> Normalmente, eu ficaria de fora de um *trade* durante o dia do relatório, mas há uma situação interessante nesse caso e eu estou disposto a arriscar algum dinheiro (e pontos) para testar minha compreensão do quadro fundamentalista.

---

[1] Acredito tanto nessa ideia que, por muitos anos, venho contando a amigos que gostam de comprar ações sem qualquer conhecimento de análise técnica: "Vá a um site grátis, pegue um gráfico semanal de sua ação e cubra-o com uma média móvel lenta; não compre uma ação cuja média móvel lenta está apontando para baixo, indicando tendência de queda."

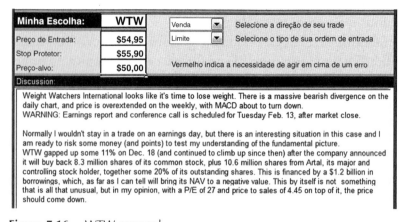

Figura 7.16   WTW semanal

A WTW fez um *gap* para cima de quase 11% em 18 de dezembro e, desde então, continuou a subir, depois que a companhia anunciou que recompraria 8,3 milhões de ações, mais 10,6 milhões de ações da Artal, sua maior controladora; juntas, o valor correspondia a quase 20% de suas ações comuns. Isso seria financiado por empréstimos de $1,2 bilhão, o que, pelo que eu sei, faria com que o valor líquido por ação ficasse negativo. Isso, por si só, não é nada tão incomum, mas, em minha opinião, com um P/L de 27 e um preço-venda de 4,45 no topo, o preço deve cair.

Shai escreveu que abriria venda a $54,95, com um *stop* em $55,90 e um alvo em $50. Compreendi sua nota fundamentalista como dizendo que o pássaro estava voando cada vez mais alto, a despeito de uma sangria importante de dinheiro: um voo mais alto seria insustentável: tecnicamente, o gráfico semanal parecia horrível (Figura 7.17).

WTW	Venda	Data	Canal Sup.	Canal Inf.	Max. do Dia	Min. do Dia	Nota
Entrada 1	$54,95	12-fev-2007	56,85	51,09	$55,14	$53,95	84%
Saída							
Prej./Lucro					Trade		

WTW	Venda	Data	Canal Sup.	Canal Inf.	Max. do Dia	Min. do Dia	Nota
Entrada 2	$54,95	12-fev-2007	56,85	51,09	$55,14	$53,95	61%
Saída							
Prej./Lucro					Trade		

Operando Vendido em Ações

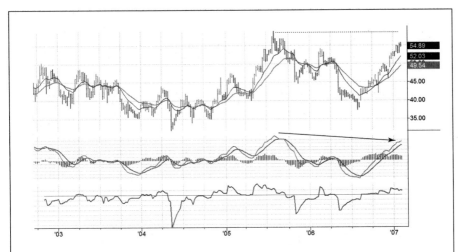

Figura 7.17 WTW, gráfico semanal

A WTW estava se aproximando de uma resistência importante nas redondezas de seu topo de 2005, enquanto as linhas de MACD estavam traçando uma divergência de queda e o Índice de Força estava começando a inclinar para baixo.

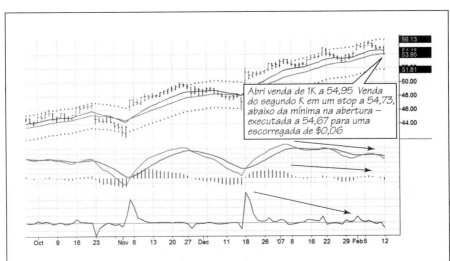

Figura 7.18 WTW, gráfico diário, entrada

O gráfico diário demonstrava grande divergência de queda das linhas do MACD, Histograma-MACD e do Índice de Força. A ação parecia estar pendurada na beira de um precipício, pronta para desabar.

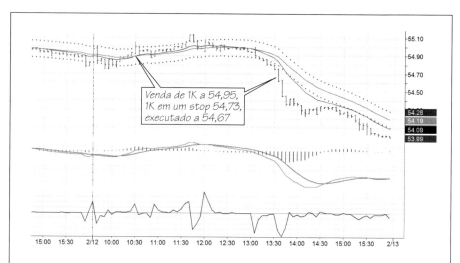

Figura 7.19 WTW, entrada, gráfico de cinco minutos

A combinação de sinais ameaçadores fundamentalistas e técnicos parecia tão pessimista que decidi dobrar o tamanho de minha posição vendida. Depois de abrir venda de 1.000 ações ao nível recomendado por Shai, coloquei outra ordem para vender 1.000 ações a $54,73, abaixo do valor de abertura. A WTW abrira de lado, tentara subir, mas depois reverteu, e acelerou para baixo. Minha segunda ordem de venda foi executada a $54,67, causando uma perda de $60 por um deslize, seis vezes maior do que os custos de comissão.

A quantidade de dinheiro que um *trader* compromete em um *trade* pode estressá-lo e prejudicar o processo de tomada de decisões. Como já se observou, eu carreguei o dobro do tamanho normal de minhas posições em WTW. Eu estava ainda bem abaixo do limite da Regra de 2%, mas, com o risco dobrado em relação ao normal, esse *trade*, com certeza, recebia mais do que minha atenção normal. O dinheiro estava embaçando minha capacidade de julgar corretamente.

WTW	Venda	Data	Canal Sup.	Canal Inf.	Max. do Dia	Min. do Dia	Nota
Entrada 1	$54,95	12-fev-2007	56,85	51,09	$55,14	$53,95	84%
Saída	$50,39	14-fev-2007			$51,38	$49,03	42%
Prej./Lucro						Trade	79%

WTW	Venda	Data	Canal Sup.	Canal Inf.	Max. do Dia	Min. do Dia	Nota
Entrada 2	$54,95	12-fev-2007	56,85	51,09	$55,14	$53,95	84%
Saída	$50,40	14-fev-2007			$51,38	$49,03	42%
Prej./Lucro						Trade	79%

Operando Vendido em Ações

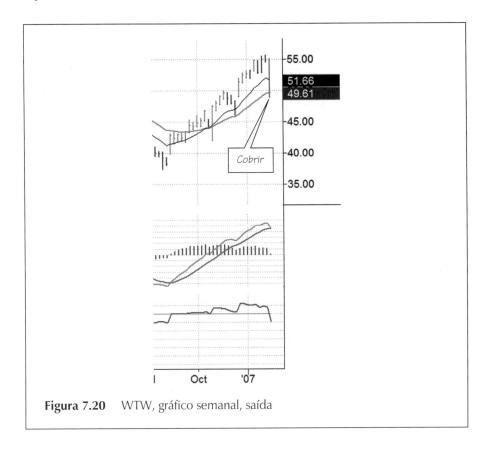

Figura 7.20   WTW, gráfico semanal, saída

Em geral, quando os preços abrem para baixo com um grande *gap*, não há uma grande correria para cobrir as vendas. Os preços tendem a ficar em volta do nível do *gap* por algum tempo, testando o fundo mais baixo e dando tempo suficiente para quem quiser cobrir. Mas aqui, operando uma posição o dobro do tamanho normal, tinha um lucro rápido de $10 mil em apenas 48 horas após entrar no *trade*. Fiquei ansioso para não deixar escapar o lucro e, assim que os preços começaram a subir um pouco a partir do *gap* de abertura, fiquei nervoso e cobri as vendas.

Foi uma saída bem medíocre com uma nota de apenas 42%. O *trade* em si teve uma nota excelente de 79%, mas poderia ter sido maior se eu deixasse correr um pouco mais, em vez de ter pulado fora rápido para defender meus lucros precoces (Figura 7.23).

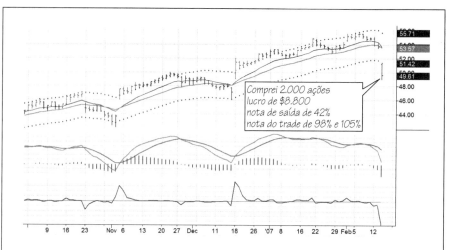

Figura 7.21 WTW, gráfico diário, saída

A WTW fechou próxima ao fundo do dia na segunda-feira. Permaneceu próximo daquele nível na terça-feira. Na quarta-feira, o mercado não gostou do que a administração disse no relatório de lucros e na conferência. A ação fez um *gap* para baixo, atingindo o alvo de Shai para o *trade*.

O preço da WTW no gráfico semanal foi para baixo com intensidade, abaixo da MME lenta em amarelo. Para mim, o *trade* havia completado o que devia conseguir. Apenas alguns dias antes, WTW estava acima do valor no gráfico semanal. Fazia sentido abrir venda de uma ação sobreavaliada para uma viagem até a zona de valor. Agora que o destino fora atingido, não fazia muito sentido continuar na viagem. É claro que a ação poderia cair mais ainda e se tornar subavaliada, mas este seria um *trade* diferente. Há muitos conceitos para operar nos mercados, e você tem de escolher aqueles nos quais se sente confortável. Esse *trade* se baseou em um conceito do qual gostei – abrir venda acima do valor e cobrir no valor. Agora a escolha era entre ficar e tentar operar a tendência de queda ou sair e seguir em frente e procurar outro *trade* com padrão similar. Minha escolha foi sair e recolher os lucros.

Para resumir as lições desse *trade*:

- Informações fundamentalistas podem produzir sinais operacionais bem úteis, desde que a análise técnica os confirme.
- A zona de valor entre as médias móveis serve como um ímã para os preços – eles tendem a retornar a essa área tanto de cima quanto de baixo.
- A quantidade de dinheiro que colocamos em um *trade* tende a impactar negativamente nossas decisões.
- É sempre bom manter bons registros.

Operando Vendido em Ações 205

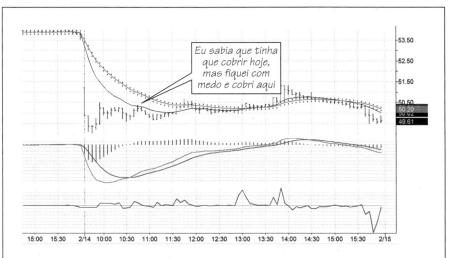

Figura 7.22 WTW, saída, gráfico de cinco minutos

Como um *trader* discricionário, não tenho uma ordem pronta, colocada no mercado, para cobrir as vendas abaixo do mercado. Quando a WTW ultrapassou o alvo de Shai na abertura, esperei para ver se a queda iria prosseguir. Quando a WTW começou a subir, cobri ambas as posições em duas ordens separadas, uma a um centavo da outra.

Um diário visual é uma ferramenta de aprendizado de grande valor. Se você mantiver registros como o apresentado aqui e retornar para revê-los, vai ganhar a partir de sua experiência. Rever seu diário vai ajudá-lo a se tornar um *trader* melhor. Os lucros podem ter sido empilhados há muito tempo, mas o processo de aprendizado continua acontecendo.

ENCONTRANDO AÇÕES PARA ABRIR VENDA

Eu tenho duas formas principais de procurar ações para operar na venda – uma é bem fácil e a outra requer bastante trabalho árduo.

A forma "fácil" não é só preguiça, é claro. Ela envolve procurar por candidatas a operações vendidas no Grupo Spike, bem como outras fontes. Já descrevi minha abordagem e dei as dicas de operações. Elas me dão ideias de possíveis *trades*, mas eu analiso as ações pessoalmente e tomo minha própria decisão se vou operá-las ou não. Cada dica tem de ser processada pelo meu sistema operacional pessoal. Esse sistema, já descrito neste livro, deve confirmar a dica para que eu possa operá-la. Ainda assim, com 20

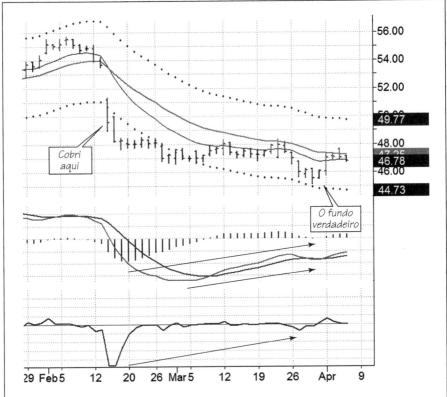

Figura 7.23 WTW, acompanhamento

Manter um diário visual o encoraja a retornar aos *trades* completados a intervalos regulares e aprender com o benefício de olhar para trás em retrospectiva. Esse gráfico de acompanhamento, de oito semanas depois, mostra que o lucro por ação poderia ter sido quase dobrado por um *trader* mais paciente. Eu não preciso carregar uma posição do dobro do tamanho para fazer mais dinheiro. Tamanho normal e cabeça tranquila, teria funcionado muito bem.

pessoas estudiosas no Grupo Spike rastreando e pesquisando o mercado de ações, e enviando suas dicas, quase sempre há candidatas a operações vendidas atraentes. Eu as coloco na Tela Tripla e Sistemas de Impulso para decidir se vou operar essas dicas e quais parâmetros utilizar.

A abordagem do "trabalho árduo" envolve olhar todo o universo de ações. Com milhares de ações listadas no mercado norte-americano e mais ainda no exterior, é impossível rever todas com um nível de profundidade. Essa é a razão pela qual, ao longo dos anos, desenvolvi um atalho que me

Operando Vendido em Ações

permite focar nas ações mais promissoras. Eu o utilizo em minha busca de candidatas tanto a compras quanto a operações vendidas. Aqui vamos falar de como procurar ações para abrir vendas.

Comece rastreando os grupos e setores industriais de ações e os subgrupos, procurando aquelas que parecem atraentes para operações vendidas (Figura 7.24). Se você gosta de abrir vendas nos topos, procure por grupos que parecem estar em topos. Se você gosta de operar vendas nas tendências de baixa, procure por grupos que já estão em tendências de baixa estabelecidas. Assim que encontrar um grupo ou um subgrupo atraente, abra uma lista das ações que compõem aquele grupo e procure candidatas a operações vendidas entre elas.

Estudar uma centena ou um pouco mais de grupos de ações faz você rastrear todo o mercado. Analisar ações individuais nos grupos selecionados faz você alocar seu tempo de forma eficiente. Diversos amigos já se ofereceram para automatizar todo o processo para mim, mas não me sinto confortável em delegar a responsabilidade de encontrar bons *trades* para um computador. Quero olhar todos os grupos e subgrupos nos olhos. Tento fazer isso ao menos duas vezes por mês, e mais vezes quando o mercado parece estar pronto para correr.

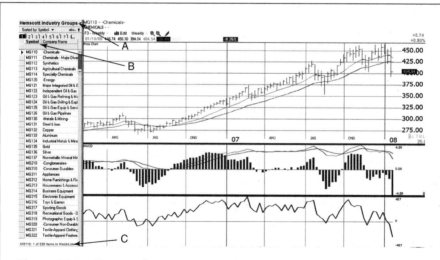

Figura 7.24 Rastreando os grupos no TC2007
A. Clique neste menu para selecionar os Grupos Industriais
B. Clique neste menu para classificá-los por símbolos
C. A lista tem 230 grupos e subgrupos

O programa que gosto de usar para isso é o TC2007[2] (www.tc2000.com). Gosto da forma como ele divide todo o mercado de ações em 239 setores industriais e subgrupos e torna fácil mudar de qualquer grupo ou subgrupo para suas ações. O gráfico demonstra o início de um rastreamento. Selecione "Setores Industriais" do diretório de ações. Em seguida, selecione "Símbolo" na lista de opções para ordenar as ações. Como faço esses estudos no fim de semana, gosto de olhar para os gráficos semanais cujos modelos incluem meus indicadores favoritos: duas médias móveis, Linhas e Histograma de MACD e Índice de Força.

É claro que você pode implementar essas ideias em muitos outros programas. Afinal, em uma jornada para algum ponto remoto, a habilidade do motorista vale muito mais do que a marca do carro.

Durante a busca de hoje, encontramos um grupo atraente, MG135 – Ouro (Figura 7.25). Recentemente, o gráfico semanal havia rompido para um novo topo, mas não conseguiu manter aquele nível e afundou de

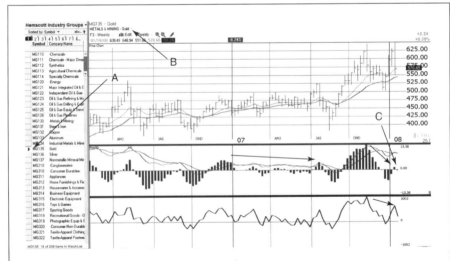

Figura 7.25 Selecionando um grupo no TC2007
A. Destacando um grupo atraente
B. Clique aqui para trocar para os integrantes do subsetor
C. Falta o ombro direito

---

[2]Usei o TC2007 (Copyright ©1997-2007, Worden Brothers, Inc. Todos os direitos reservados) para desenhar as Figuras 7.24 a 7.28.

Operando Vendido em Ações

volta, abaixo da resistência, deixando para trás um rompimento falso de topo – um grande sinal de fraqueza. O Histograma-MACD esboçou uma divergência de baixa. Esse foi outro grande sinal de fraqueza, demarcando um subgrupo atraente para procurar candidatos a operações vendidas.

Dois cliques nos levam do subgrupo selecionado (que o TC chama de subindústria) para as ações que compõem o subgrupo (Figura 7.26). Aqui vamos procurar uma candidata a abrir vendas.

Primeiro, um pouco de trabalho doméstico se faz necessário. Temos de ordenar as ações (Figura 7.27) dentro do grupo ou subgrupo pelo preço, e não pelo símbolo. Quando procurar por ações para operar venda, quero olhar as mais caras em primeiro lugar. Quando procuro ações para comprar, começo com as mais baratas. Compre barato, venda caro! (Veja Figura 7.28.)

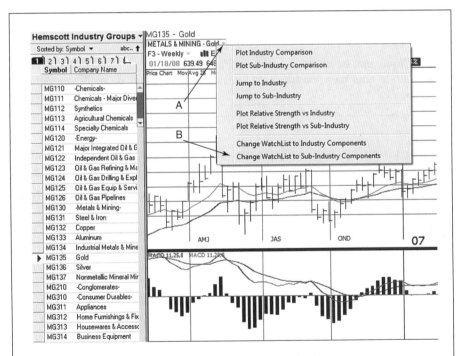

Figura 7.26 Trocando para as ações integrantes do grupo
A. Clique aqui com o botão direito do mouse para abrir um menu
B. Clique aqui para trocar da lista dos grupos para a lista das ações que fazem parte deste grupo

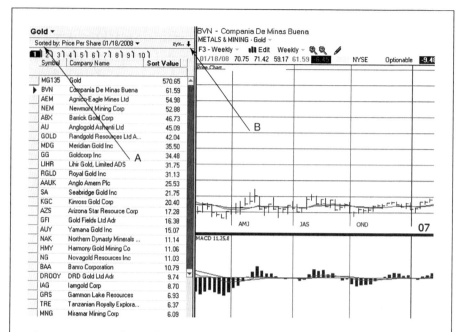

Figura 7.27 Ordenando as ações integrantes do grupo
A. Clique aqui e ordene as ações integrantes pelo preço
B. Clique aqui para mostrar a lista das ações integrantes da mais cara para baixo

Neste ponto, em minhas operações, eu trocaria do TC para o Tradestation (www.tradestation.com). O primeiro tem uma capacidade de rastreamento muito melhor, enquanto o segundo conta com ferramentas operacionais muito melhores. Novamente, a sequência de passos é mais importante do que qualquer software específico. O processo de busca que discutimos permite a você etiquetar e organizar todo o mercado de ações e dar zoom em ações específicas e dedicar a maior parte de seu tempo a elas.

O INTERESSE NAS VENDAS

Se a miséria adora companhia, do que a felicidade gosta? Solidão, talvez?

Sabemos que a maioria dos *traders* perde dinheiro, e somente uma minoria tem lucros estáveis e consistentes. Um *trade* de sucesso normalmente anda na direção oposta da maioria dos *traders*. Por isso, você ganha por saber quanta companhia vai ter quando for abrir venda em uma ação.

Operando Vendido em Ações   211

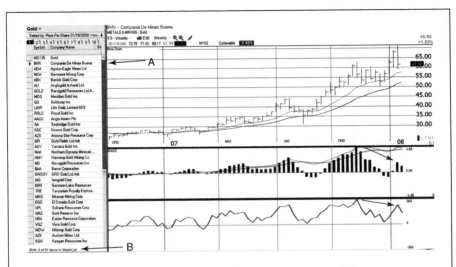

Figura 7.28   Encontrando uma candidata a operações vendidas

A. BVN é a ação mais cara neste grupo
B. Há 50 ações neste subgrupo
O padrão da BVN* (Companhia de Minas Buena) parece bastante similar ao de todo o grupo. Você pode visualizar diversos sinais de venda bem fortes neste gráfico semanal. Agora é a hora de trocar para o gráfico diário e tomar decisões táticas onde entrar, onde estabelecer um alvo de lucros e onde posicionar um *stop*. É também a hora de utilizar as regras de gerenciamento de risco para decidir o tamanho da posição. Por fim, você deve criar um diário para o seu *trade* planejado.

Nota do Tradutor: Símbolo na Bolsa de Valores de Nova York das ações da Companhia de Minas Buenaventuras AS.

A maioria dos *traders* somente compra ações. Poucas pessoas operam vendas, e o número total de ações com venda aberta normalmente representa apenas um pequeno percentual das ações de uma empresa. Se você quer medir a intensidade do envolvimento dos operadores de venda em qualquer ação, há dois indicadores disponíveis: a Relação de Interesse nas Vendas e os Dias para Cobrir.

A Relação de Interesse dos Vendidos compara o número de vendas abertas mantidas pelos *bears* (vendidos) ao *free float** em qualquer dada ação. O *free float* é o número de ações disponíveis para se abrir venda. Você

Nota do Tradutor: Dispersão, representa a quantidade de ações livres cotadas na bolsa, ou seja, que não se encontram na posse de acionistas estáveis. No Brasil, utiliza-se o termo em inglês.

acha esse número pegando o número total de ações lançadas pela empresa e deduzindo dele três grupos de ações: as ações restritas garantidas aos executivos, ações de posse de "acionistas estratégicos" que possuem mais de 5% das ações da companhia e, finalmente, as ações dos *insiders*. Quando você subtrai o número de ações que não podem ser vendidas facilmente do total de ações lançadas por uma companhia, encontra o número de ações que estão no jogo – o *free float*.

As corretoras fornecem relatórios com a quantidade de ações que estão com venda aberta para as bolsas, que resumem essa informação para cada ação e liberam para o público. Se você dividir o total de ações que estão com venda aberta pelo *free float*, vai chegar à Relação de Interesse nas Vendas. Ela reflete a intensidade das vendas em qualquer ação específica.

Quando a Relação de Interesse nas Vendas aumenta, isso mostra que os *bears* estão ficando mais furiosos e berrando mais alto. Tenha em mente que toda posição vendida aberta deve ser coberta mais cedo ou mais tarde. Quando os vendidos entram em pânico, cobrem a qualquer preço. Os ralis de vendidos se cobrindo são famosos por sua rapidez. Uma Relação de Interesse nas Vendas que está aumentando libera um alerta de que os *bears* (vendidos) estão ficando muito numerosos. Quando isso acontece, a ação está sujeita a uma alta violenta.

Não há um nível seguro ou arriscado claramente definido da Relação de Interesse nas Vendas. Ele varia de ação para ação, especialmente nas ações que tem opções sendo negociadas, em que os especuladores podem abrir venda nas ações e, ao mesmo tempo, lançar uma *put* (opção de venda), equilibrando a operação, operando uma taxa, em vez de estar realmente operando na venda. Como estimativa, uma Relação de Vendas de menos de 10% tende a ser tolerável, enquanto leituras acima de 20% denotam uma quantidade suspeita de vendedores.

Outra medida bastante útil do nível de pessimismo é o indicador Dias para Cobrir. Para calculá-lo, divida o total do interesse em vendas em uma ação pelo seu volume médio diário. Ele demonstra quantos dias passariam para que todos os vendidos cobrissem suas posições se todos entrassem em pânico e decidissem cobrir ao mesmo tempo.

Quando alguém berra "Fogo!" em um cinema lotado, pouco importa se aquele fogo é real ou não, as pessoas correm para as saídas de emergência. De modo semelhante, muito pouco é necessário para levar pânico ao mercado de ações – tanto faz se para cima ou para baixo. Os vendidos podem

Operando Vendido em Ações

ficar preguiçosos e complacentes durante a queda, mas são propensos a correr para a saída em um selvagem rali de cobertura de vendas, criando um rali de pânico que se alimenta por si mesmo.

Quando uma multidão entra em pânico dentro de um cinema, pessoas são pisoteadas e empurradas na porta. Se o número de Dias para Cobrir é menor do que um, você tem uma pequena multidão em uma porta bem ampla, e é pouco provável que haja pânico. Se os Dias para Cobrir subirem acima de 20 (eventualmente, eles vão além de 50), isso diz a você que a ação se tornou um grande perigo para os *bears* – levaria muitos dias para eles conseguirem escapar e alguns deles podem ser mortos enquanto tentam passar pela porta estreita.

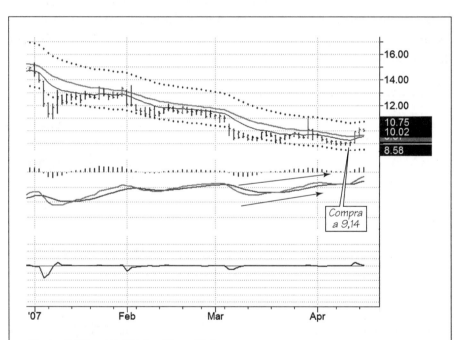

Figura 7.29 NURO,* gráfico diário

Eu operei NURO na compra porque gostei das divergências e também porque a ação estava em uma pressão de preços bem estreita. Ainda assim, havia outras ações atraentes na época. O que me fez decidir foi que a NURO apresentava um alto nível de vendas abertas, com a Relação de Vendas em 50% do *float* e 20 Dias para Cobrir. Não preciso nem dizer que a primeira força, e, embora pequena, demonstrada pela ação, engatilhou a cobertura dos vendidos, e houve uma alta bem satisfatória.

*Nota do Tradutor: Símbolo na Nasdaq das ações da Neurometrix Inc.

Tenha em mente que a porta pode rapidamente se expandir, tornando mais fácil escapar e reduzindo os números de Dias para Cobrir. Por exemplo, há 10 milhões de ações com vendas abertas e o volume diário médio é de 1 milhão, então os Dias para Cobrir equivalem a 10. Se o volume aumenta para 2 milhões, Dias para Cobrir vai cair para 5 – sem qualquer variação no número de ações com venda aberta. Como regra geral, quando o indicador de Dias para Cobrir está abaixo de 10, o risco de um aperto nos vendidos é baixo, enquanto uma leitura acima de 20 envia um alerta definitivo.

Há diversas formas de obter a Relação de Interesse nas Vendas e os Dias para Cobrir para a maioria das ações. Por exemplo, você pode ir ao popular site do Yahoo Finance, digitar um símbolo e clicar em "Get quotes". Role a página para baixo e clique em "Key statistics". Aí você vai encontrar "Shares Short" (Quantidade de ações em aberto) e "Short Ratio" (Relação de Vendas).

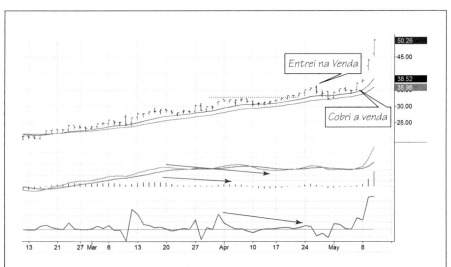

Figura 7.30   HANS,* gráfico diário

A divergência parecia linda e a ação começou a se arrastar para baixo. Naquela época, o que deixamos de olhar foi uma relação de vendas muito alta. A ação começou a subir e subir, e tivemos de cortar nossas perdas. Depois ela fez um *gap* para baixo após um grande acordo de distribuição com um líder setorial. Algumas semanas depois, tornou-se uma grande venda, mas então já havíamos pulado fora.

Nota do Tradutor: Símbolo na Nasdaq das ações da Hansen Natural Corporation.

Operando Vendido em Ações

Kerry Lovvorn, *trader* já mencionado neste livro, diz:

Não opero especificamente em cima do interesse de vendas. Eu trabalho em meus *trades* da forma como normalmente faço, mas depois olho para o Interesse de Vendas para me ajudar a excluir alguns *trades*. Dados dois *trades* com os mesmos atrativos, tenderei a comprar uma ação com uma Relação de Interesse das Vendas maior. Sei que os que estão com vendas abertas terão de comprar a ação – haverá compradores. Mas eu não vou comprar uma ação simplesmente porque ela tem uma Relação de Interesse nas Vendas alta (veja a Figura 7.29).

Também presto atenção ao interesse nas vendas quando estou estudando operações vendidas em potencial. Aqui, uso a Relação de Interesse nas Vendas como um filtro para me manter afastado de certas ações. Não quero fazer parte da multidão, tentando passar pela porta apertada. Lembra-se de quando nós dois abrimos venda na HANS? (Veja a Figura 7.30.)

A miséria adora companhia e a felicidade aprecia a solidão. A Relação de Interesse nas Vendas e os Dias para Cobrir o ajudam a encontrar as ações em que o lado das vendas não esteja lotado de gente.

CAPÍTULO 8

OPERANDO VENDIDO EM OUTROS ATIVOS

Não precisa nem dizer que, não importa que veículo operacional você compre, eventualmente terá de vendê-lo. A maioria dos mercados permite que você também opere vendido. As exceções são bem poucas. As autoridades do mercado de ações dos Estados Unidos jogavam alguma areia nas vendas com a "Regra da cotação para cima", que tornava um pouco mais difícil abrir venda nas ações. Os reguladores de diversos mercados menos desenvolvidos chegaram a proibir as operações vendidas de ações, em uma tentativa enganosa de suportar seus mercados.*

Ainda que haja restrições para que se operem vendas em ações, todos os mercados do mundo permitem as operações vendidas em futuros, opções e forex. Esses mercados simplesmente não poderiam existir sem as operações vendidas. Como já discutimos os métodos para abrir vendas nas ações, vamos agora examinar as operações vendidas em outros ativos que não ações.

Como um *trader* de ações, você tem de aprender a comprar e vender, mas operar vendido é opcional. Você pode ser um *trader* de sucesso sem nunca operar vendas. Durante décadas e até séculos, a corrente suave para cima do mercado de ações, já mencionada, inclina levemente o quadro a favor dos *bulls* (comprados). Mesmo nos *bear markets* (quedas), em que as oportunidades de compra são poucas e distantes, um *bull* experiente pode achar um setor que sobe enquanto os outros desabam. Ainda assim,

---

Nota do Tradutor: No Brasil, temos essa proibição: só é possível abrir venda de ações no *intraday*. Para se manterem vendidos em ações, é necessário alugá-las como tomador, adquirindo a posse sobre as ações, e depois vendê-las.

Operando Vendido em outros Ativos

um *trader* de ações que sabe operar vendido tem uma vantagem definitiva sobre um *bull* permanente, especialmente durante os *bear markets*. Essa é a razão pela qual tenho de encorajá-lo a aprender a operar vendido.

Enquanto somente uma minoria dos *traders* de ações opera vendas, uma grande quantidade de operações vendidas acontece no forex, em futuros e nas opções. Para falar a verdade, o volume de operações vendidas nos futuros e forex é exatamente igual ao das compras! Para cada contrato comprado, há também um contrato vendido. Um *trader* de futuros que nunca opera vendido é uma curiosidade. Um *trader* de opções que nunca abre vendas (isto é, nunca lança opções) provavelmente é um perdedor. E um *trader* de forex que não opera vendas simplesmente não existe. Se qualquer uma dessas afirmações lhe parece incorreta agora, você vai compreender totalmente o que estou dizendo no fim deste capítulo.

As operações vendidas são parte dos mercados de derivativos, mas isso cria um problema para o autor. A única forma de abordar completamente as operações vendidas em futuros, opções e forex é escrever um livro inteiro nesses mercados. Essa cobertura enorme e completa está fora do escopo deste projeto. Como podemos resolver tal dilema?

Em vez de ensinar a você o A-Z dos futuros, opções e forex, vou iniciar cada seção fornecendo referências do que considero os melhores livros de cada mercado. Isso vai ajudá-lo a aprender as bases dos futuros, opções e forex antes de se aprofundar em como operar vendas neles. Então, quando chegarmos a cada seção, vamos direto para as operações vendidas, sem nos atolarmos na mecânica e nos detalhes de cada veículo operacional.

Se você entende de futuros, opções ou forex, pode pegar os métodos que aprendeu no mercado de ações e aplicá-los aqui. Vamos nos concentrar nos aspectos exclusivos desses mercados que influenciam as operações vendidas.

Pronto?

Vamos em frente!

OPERANDO VENDIDO EM FUTUROS

Quando você compra uma ação, adquire parte de um negócio existente. Quando você adquire um contrato futuro, não compra nada, mas apenas entra em um contrato que está ligado à compra futura de uma *commodity*. A pessoa que está do lado oposto de seu *trade* entra em um contrato para

> ## Futuros: Literatura Recomendada
>
> *Winning in the Futures Markets*, de George Angell, é o melhor livro introdutório para os *traders* de futuros (e o único livro desse autor que recomendo). *The Futures Game*, de Teweles e Jones, é uma minienciclopédia que ensinou gerações de *traders* de futuros (certifique-se de que está comprando a edição mais recente). *Economics of Futures Trading*, de Thomas A. Hieronymus, é um livro profundo, mas está fora de catálogo há muito tempo – tente encontrar uma cópia usada. Por último, mas não menos importante, há um capítulo sobre futuros em meu livro *Aprenda a operar no mercado de ações*.

venda no futuro. Para cada comprado, há um vendido; para cada promessa de compra, uma promessa de venda. Essas promessas são garantidas por depósitos de margem dos dois lados.

Ninguém expressou a filosofia e os princípios básicos dos *trades* com futuros melhor do que Thomas Hieronymus em seu *Economics of Futures Trading*. Um dos livros mais profundos e mais inteligentes sobre futuros, infelizmente deixou de ser impresso há décadas. Provavelmente porque não é um livro do tipo "como fazer", ninguém se preocupa mais em lançá-lo. Às vezes algumas cópias usadas aparecem em sites de venda de livros. Vagando pela minha antiga cópia, quero dividir com você diversas citações, antes de entrarmos no tópico de operar vendas de futuros.

Claro que, nas operações vendidas em futuros, não há uma tola "regra da cotação para cima". Quando você coloca uma ordem de venda de um futuro, não faz diferença se é uma ordem para vender uma posição previamente comprada ou para abrir uma nova operação vendida.

Não há proibição contra o "insider trading". Você pode acompanhar o comportamento dos *insiders* por meio do relatório de "compromissos dos *traders*", publicado regularmente pela Comissão de Operações com Futuros de Commodities (CFTC).*

A maioria das operações vendidas nos mercados futuros é mantida pelos comerciantes ou *hedgers*,** que são os verdadeiros *insiders*. Você pode

---

*Nota do Tradutor: Desconheço haver relatório semelhante nos mercados futuros do Brasil.

**Nota do Tradutor: Hedge é uma operação de defesa, ou seguro. Uma pequena operação na direção contrária da operação principal. Os mercados futuros são muito utilizados para dar proteção, como uma empresa com dívida em dólares pode adquirir contratos futuros em dólar para se proteger de uma eventual subida do dólar. O termo *hedge* é usado no mercado brasileiro.

Operando Vendido em outros Ativos

Hieronymus nos futuros

O mercado é uma balança de julgamentos: para cada bom julgamento, há um mau julgamento. Operar futuros é um jogo excitante, cujo resultado é mantido em dinheiro.

Um contrato de *commodities* tem vida curta. Logo, fábulas especulativas em ações podem ser perpetuadas por muito tempo, mas excessos especulativos em *commodities*, para cima ou para baixo, são logo derrubados pelo teste do primeiro dia de entregas.

O suprimento coletado por um pequeno período deve durar até a próxima colheita estar disponível. Há um – e apenas um – preço médio que fará com que o fornecimento limpe o mercado.

O preço atual reflete o julgamento composto dos *traders* em prever o preço de equilíbrio. O julgamento composto de todos os mercados participantes é que o equilíbrio foi atingido e os preços não vão mudar. Mas nenhum dos indivíduos que fazem parte da composição considera que o equilíbrio foi atingido; caso contrário, eles não teriam uma posição no mercado. Obviamente, o composto está sempre errado.

Assumir uma posição em um mercado implica desafiar o julgamento agregado – dizer que o mercado está em erro.

Cada especulador deve identificar e fazer as próprias operações. Todavia, mais importante que isso: ele deve manter-se fora do jogo dos outros. O mercado vai contar a própria história e sua única tarefa é conseguir rapidamente ouvir o que ele tem a dizer.

Tentar espremer aquele último pedaço de oportunidade é querer dar uma de engraçadinho com o mercado; desdenhar da inteligência do mercado. Os locais estão no negócio do ajuste fino.

No agregado, os participantes no grosso empatam e acabam sendo perdedores devido às quantias pagas em comissões, corretagem e taxas.

Os grandes colaboradores do jogo são as pessoas que, raras vezes, se mantêm em uma posição por muito tempo.

As pessoas que não operam regular e consistentemente estão entre os maiores colaboradores do jogo.

A existência de estoques leva a um custo de armazenamento. O efeito acaba sendo forçar o aumento contínuo dos preços dos futuros. Mas, se o valor básico não se modifica por um tempo, um aumento contínuo dos futuros não é possível. De acordo com isso, a estrutura total de preços deve colapsar periodicamente.

De Hieronymus, Thomas A.
Economics of Future Trading, 1971

tentar explicar isso dizendo que a maioria dos *insiders* são produtores que vendem futuros como *hedge* por estarem com os estoques cheios, mas essa seria uma explicação superficial. Você acha mesmo que os *hedgers* como um grupo ficam continuamente se posicionando no mercado futuro para perder dinheiro, mês após mês e ano após ano? Longe disso! O que significa, então, que eles tendem a estar posicionados fortemente nas vendas?

Por exemplo, um grande agronegociante pode vender contratos futuros para garantir um bom preço para uma colheita que ainda não foi reunida. Mas isso é apenas parte do jogo. Qualquer *hedger* que honra suas calças administra a divisão de futuros como um centro de lucros, e não somente como uma agência de seguros de preços. Eles esperam ganhar dinheiro naquelas vendas.

Os futuros, de modo diferente das ações, têm chão e teto naturais. Uma ação pode voar até a lua ou desabar e desaparecer. Isso não pode ocorrer nos contratos futuros, em que o custo de produção cria um fundo para os preços, e o preço de substituição, um teto. Esses níveis, entretanto, são, de certa forma, flexíveis, e não totalmente rígidos.

Conforme os preços futuros variam entre esses dois níveis, um fator muito importante, apontado por Hieronymus, entra em jogo. As *commodities* incorrem em custos diversos como estocagem, financiamento, seguros e transporte, e esses custos são inseridos em seus preços. Se esses processos nunca tivessem uma pausa, mês após mês, os preços subiriam gradualmente até alturas inebriantes. O que acontece, em vez disso, é que as altas estáveis e relativamente lentas dos preços são cortadas por quedas breves mas violentas, levando os preços de volta a níveis realísticos – e depois o processo se reinicia.

Pense nas dunas da praia, na margem do oceano. Conforme as ondas batem na areia, constroem as dunas. Em algum ponto, as dunas caem pelo próprio peso, e o processo todo se reinicia. Isso é exatamente o que você vê na maioria dos mercados futuros – construções lentas seguidas de colapsos repentinos.

Ainda que haja muitas oportunidades de compra nos mercados futuros, este é um livro sobre vendas e operações vendidas. Essa é a razão pela qual vamos pular as compras e dar uma olhada mais de perto nas operações vendidas nos futuros (Figura 8.1). Aqui podemos nos aproveitar de sua propensão para altas relativamente estáveis e lentas e quedas agudas e rápidas.

O cacau é um mercado que tem fama de ser bem difícil de operar. Um jornalista americano que costumava escrever sob o pseudônimo de Adam Smith nos anos 70 brincava dizendo que, se você, alguma vez, tivesse vontade de operar contratos futuros de cacau, o melhor a fazer seria deitar e esperar a vontade passar. O cacau é conhecido por suas violentas variações. Como você pode ver na Figura 8.1, a maior parte de sua violência é para baixo.

Operando Vendido em outros Ativos

Futuros

Quando você compra uma ação, torna-se sócio de uma empresa. Quando você compra um contrato futuro, não passa a ser dono de nada, mas entra em um contrato ligado a uma compra futura de uma mercadoria, seja uma quantia de trigo ou alguns títulos do governo. A pessoa que vende aquele contrato assume a obrigação de entregá-lo. O dinheiro que você paga por uma ação vai para o vendedor, mas, em futuros, seu dinheiro de margem fica com a corretora como garantia de que você vai aceitar a entrega quando o contrato vencer. Eles costumavam chamar o dinheiro de margem de dinheiro honesto. Enquanto nas ações você paga juros por alugar margem, nos futuros você pode fazer o oposto: receber juros sobre sua margem.

Cada contrato futuro tem uma data de vencimento, com contratos para datas diferentes sendo vendidos a preços diferentes. Alguns profissionais analisam o *spread* entre os meses para prever reversões. A maioria dos *traders* de futuros não espera e fecha seus contratos de forma precoce, estabelecendo lucros e prejuízos em dinheiro vivo. Ainda assim, a existência de uma data de vencimento e de entrega das mercadorias força as pessoas a agirem, oferecendo controle de realidade bastante útil. Uma pessoa pode ficar sentada em uma ação perdedora por 10 anos, iludindo a si mesma de que é somente perda no papel. Nos futuros, a realidade na forma da data de vencimento sempre força o sonhador a acordar.

Os futuros podem ser muito atraentes para aqueles que têm boas habilidades de administração de capital. Eles prometem altas taxas de retorno, mas exigem disciplina de ferro. Quando você abordar os *trades* pela primeira vez, é melhor ficar com as ações, que se movimentam mais lentamente. Quando você tiver amadurecido como *trader*, dê uma olhada nos futuros. Eles podem ser a coisa certa para você, se você for muito disciplinado.

Os futuros, de modo diferente das ações, têm chão e teto naturais. Esses níveis não são rígidos, mas antes de comprar ou vender, tente descobrir se você está mais perto do chão ou do teto. O preço do chão (fundo) dos futuros é o custo de produção. Quando um mercado cai abaixo desse valor, os produtores interrompem a produção, a oferta cai e os preços sobem. Se há uma abundância de açúcar e seu preço nos mercados mundiais cai abaixo do custo de produção, os principais produtores vão começar a interromper suas operações. Há exceções, como quando um país desesperadamente pobre vende *commodities* nos mercados mundiais para adquirir moedas com valor, enquanto paga aos trabalhadores domésticos com o dinheiro local desvalorizado. O preço pode afundar abaixo do custo de produção, mas não pode ficar lá por muito tempo.

O teto para a maioria das *commodities* é o custo de substituição. Uma *commodity* pode substituir outra se o preço estiver correto. Por exemplo, com um aumento no preço do milho, um dos principais alimentos dos animais, pode sair mais barato alimentá-los com trigo. À medida que mais fazendeiros trocam para o trigo e reduzem as compras de milho, acabam com o combustível que fez o preço do milho aumentar. Um mercado no meio de uma histeria pode subir um pouco acima de seu teto, mas não pode ficar lá por muito tempo. Seu retorno aos níveis normais oferece grandes oportunidades de lucro para os *traders* mais experientes. Aprender ao longo da história pode ajudá-lo a se manter calmo enquanto os outros estão perdendo a cabeça.

Adaptado de *Aprenda a operar no mercado de ações*
Alexander Elder
Campus/Elsevier, 2005

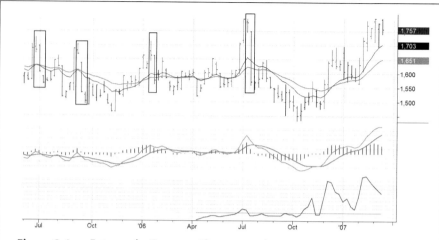

Figura 8.1 Futuros de Cacau, gráfico semanal

Aqui, o cacau parece ter entrado em uma acumulação de longo prazo, aproximadamente entre $1.800 e $1.500 por tonelada. Quando ele cai para menos de $1.500, está perto de um fundo, e quando sobe acima de $1.700, entra em uma zona em que se depara com o risco definitivo de bater com a cabeça no teto.

Mesmo em um mercado de ações relativamente pacífico, os ralis tendem a durar mais que as quedas. Aqui, nos futuros, as quedas tendem a ser comprimidas em variações agudas de preços. Mesmo na acumulação relativamente plana do cacau, você pode ver que a maioria dos ralis leva de semanas a meses, enquanto a maioria das quedas dura apenas uma semana. Elas percorrem uma grande distância como uma bala, matando os velhos *bulls* (touros) e abrindo caminho para um novo avanço gradual.

Altas lentas e superficiais fazem com que os iniciantes pensem que suas compras estão seguras, que os preços vão continuar a subir. Depois, algum evento súbito, como uma ventania, fura o balão deles, e o ar escapa com um grande assovio! Os vendidos, muitos deles *traders* profissionais, limpam a área enquanto os *traders* comuns são expulsos, e a próxima rodada do jogo está pronta para começar. No canto direito da Figura 8.2, o ouro está no meio de uma alta vagarosa e estável, parecendo bem tranquilo, como se estivesse dizendo: "Tudo está muito bem, venha cá, psiu, psiu."

Um *trader* experiente olha para a escala de tempo embaixo do gráfico diário (Figura 8.3) e percebe que a alta já dura um mês e meio e percorreu $42. Ele sabe que, se comprar ouro aqui, tem de absolutamente usar *stops* – e *stops* rígidos. Além disso, pode fazer sentido usar uma ordem do tipo

Operando Vendido em outros Ativos

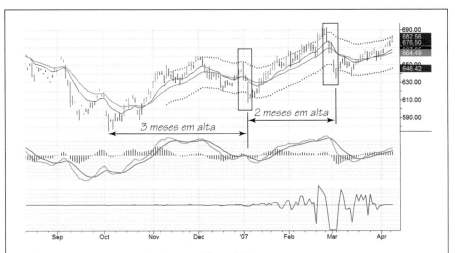

Figura 8.2   Futuros do Ouro, gráfico diário

Arraste-se para cima lentamente e desabe de uma vez: levou mais de 3 meses para que o ouro subisse de $575 para $660 – mas somente três dias para que ele desabasse até $606. A alta seguinte, de $607 a $692, demorou mais de 2 meses – seguida por uma queda até $635, em somente 4 dias. Aquelas altas longas e graduais levam a maioria dos *traders* a uma falsa sensação de segurança.

stopar e reverter.* Eu não sou um grande fã dessas ordens, mas elas podem fazer sentido durante ralis mais lentos, pois se iniciam em uma posição vendida, junto com o *stop* da posição anterior comprada.

Concluindo, vamos ver alguns *traders* com futuros de meu diário (Figura 8.4). Esse *trade* demonstra como um *trader* pode capitalizar na tendência dos futuros de produzir movimentos deflacionários rápidos.

O Suco de Laranja (SL) chamou minha atenção enquanto eu fazia meu trabalho do fim de semana. Na maioria dos fins de semana, levo mais ou menos uma hora para rever todos os mercados futuros principais dos Estados Unidos. Uma das muitas vantagens dos futuros é que existem bem poucos. É fácil acompanhar todos os futuros; ao contrário do que ocorre com milhares de ações.

O balão de preços estourou logo após a abertura na segunda-feira. A alta lenta foi furada, deixando escapar o ar quente que mantinha o SL no alto (Figura 8.5).

---

*Nota do Tradutor: Ordens que, além de *stopar* a posição anterior, iniciam uma nova posição na outra direção. Desconheço a possibilidade de se automatizarem essas ordens no Brasil.

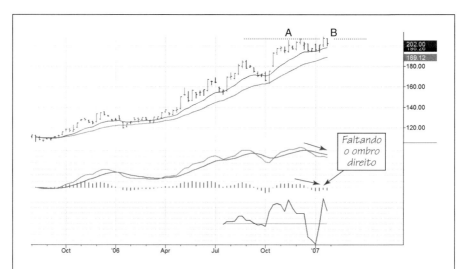

Figura 8.3   Futuros de Suco de Laranja, gráfico semanal

Este gráfico semanal de Suco de Laranja (SL) mostrou rompimento para um novo topo acompanhado de uma divergência de queda – um dos padrões mais atraentes na análise técnica. No ponto B, o SL rompeu acima do nível do topo A, mas não conseguiu se manter no alto e voltou para o canal de preços. As Linhas MACD traçaram uma divergência de alta. O Histograma-MACD demonstrou um padrão extremamente poderoso que Jackie Patterson, membro do Grupo Spike, chamou de "um ombro direito faltando" (na verdade, Jackie usou um termo mais elaborado, que eu simplifiquei um pouco).

Na área A, o Histograma-MACD subiu para bem acima da linha zero, criando um ombro esquerdo. Em seguida, ela desabou para baixo de zero, "quebrando as costas do touro". Mais tarde, no ponto B, o Histograma-MACD não conseguiu se elevar acima da linha zero. Simplesmente subiu na direção do zero e depois caiu. Este gráfico semanal estava berrando para que se abrissem vendas. Há algum tempo, o rali já vinha ocorrendo e o relógio estava tocando para que viesse uma daquelas quedas agudas que ocorrem quando a bolha estoura.

SL 3/7	Venda	Data	Canal Sup.	Canal Inf.	Max. do Dia	Min. do Dia	Nota
Entrada	$202,50	29-jan-2007	212,50	188,25	$203,80	$195,25	85%
Saída							
Prej./Lucro						Trade	

SL 3/7	Venda	Data	Canal Sup.	Canal Inf.	Max. do Dia	Min. do Dia	Nota
Entrada	$202,50	29-jan-2007	212,50	188,25	$203,80	$195,25	85%
Saída	$185,50	31-jan-2007			$189,25	$184,20	74%
Prej./Lucro						Trade	70%

Operando Vendido em outros Ativos

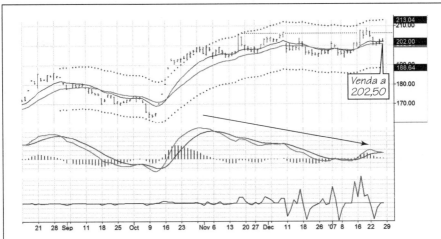

Figura 8.4 Futuros de Suco de Laranja, gráfico diário, entrada

O gráfico diário mostrou um rompimento falso de topo acompanhado por uma divergência de baixa das Linhas do MACD. Ainda que esse sinal não tenha sido tão forte aqui como nos gráficos semanais, certamente não os contradizia. É totalmente normal que ou o semanal ou o diário enviem um sinal melhor – e, sempre que isso acontece, o semanal supera o diário. Decidi abrir venda de SL logo após a abertura na segunda-feira, a não ser que houvesse um rali extremamente forte na abertura ou se os preços entrassem em colapso antes que eu pudesse entrar.

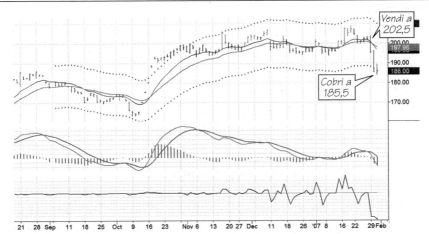

Figura 8.5 Futuros de Suco de Laranja, gráfico diário, saída

Quando os preços foram para baixo da linha inferior do canal nos gráficos diários, meu alvo havia sido atingido e eu cobri minhas vendas no SL. O *trade* estava completo em dois dias. Talvez a queda fosse continuar, mas, com meu alvo atingido, eu não tinha mais razão alguma para permanecer no *trade*.

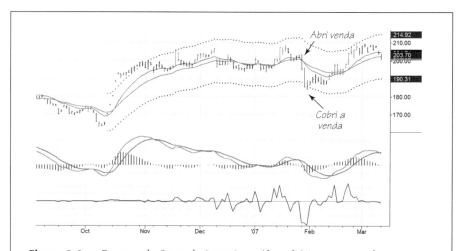

Figura 8.6   Futuros de Suco de Laranja, gráfico diário, acompanhamento

Em retrospecto, olhando para o Suco de Laranja (SL) quase dois meses depois, tanto a entrada quanto a saída faziam bastante sentido. No canto direito do gráfico, o SL está começando a afundar novamente, indicando uma provável derrapada para baixo.

Esse foi um *trade* que causou muita satisfação tanto emocional quando financeira – espero que mais de meus *trades* sejam assim (Figura 8.6). A entrada fazia todo sentido e os sinais de saída eram claros.

Alguns *traders* profissionais de futuros dizem que o grande dinheiro está no lado das compras – comprando barato e segurando na felicidade e na tristeza. Não importa se você é um *trader* de compras ou de vendas, é sempre bom saber que os futuros tendem a ter altas longas e vagarosas e quedas rápidas e violentas que ferem os comprados que demoram a sair e produzem recompensas espetaculares para os vendidos.

LANÇANDO OPÇÕES

Nas opções, como em qualquer outro campo, há uma linha divisória aguda entre dois grupos de pessoas. De um lado, estão os iniciantes e apostadores que perdem dinheiro ano após ano. Do outro lado, os profissionais, ganhando a vida de forma estável a partir do mercado de opções.

Você sabe onde essa linha está traçada?

O grande Warren Buffett é um homem brilhante e, como tantos outros gestores de capital de sucesso, um jogador também. Ele até costumava

Operando Vendido em outros Ativos

> ## Opções: Literatura Recomendada
>
> Todo *trader* de opções deve ler *Options as a Strategic Investment*, de Lawrence McMillan. Você deve utilizá-lo como um manual, em vez de lê-lo de uma vez. Muitos profissionais leem *Option Volatility and Pricing Strategies*, de Sheldon Natenberg. *Options: Investing Without Fear*, de Harvey Friedntag, tem um belo ângulo sobre o lançamento coberto.
>
> *Nota do Tradutor:* Veja também *Investindo em opções* (Campus/Elsevier).

publicar uma correspondência sobre apostas em cavalos. Buffett deu risadas quando disse que, quando você senta a uma mesa de pôquer, tem de saber, em 15 minutos, quem vai fornecer o dinheiro para os ganhadores. Se você não sabe a resposta, essa pessoa é você!

A grande linha divisória nas opções é entre os compradores e os lançadores.* De um lado da linha, estão os vencedores, que lançam opções. Do outro lado, os perdedores, que as compram.

Eu nunca conheci uma pessoa sequer que tenha construído capital comprando opções.

Ah, todo comprador de opções vai contar sobre um *trade* de grande sucesso ou mesmo alguns no mercado de opções. Mas são apenas glórias passageiras** – totalmente diferente de ter uma curva ascendente de longo prazo em seu capital. Essas vitórias ocasionais são como os prêmios de uma máquina caça-níqueis – suficiente para manter os perdedores motivados a jogar mais dinheiro fora.

As opções tendem a atrair os pobres iniciantes porque o jogo é mais barato do que o das ações. Muitos compram opções como um substituto para as ações, e eu sempre digo a essas pessoas que elas estão perseguindo uma ilusão mortal. A diferença fundamental entre as opções e as ações é que as primeiras são ativos que se extinguem. Quando você compra uma opção, tem de estar certo sobre a ação, certo sobre a extensão de seu movimento e certo em seu *timing*. Isso seria como tentar jogar uma bola por dentro de três aros em movimento em um parque de diversões.

Nota do Tradutor: Lançar opções significa operar a venda de opções.

**Nota do Tradutor:* O autor usou a expressão *flashes in the pan*, que, em uma tradução literal, seria *brilhos na frigideira*. A expressão é utilizada nos Estados Unidos para denotar coisas que duram pouco tempo, são transitórias ou têm um momento de brilho, como *os 15 minutos de fama*.

Um iniciante pode se mostrar otimista quanto a uma ação, comprar suas *calls*,* olhar a ação subir e, ainda assim, perder dinheiro. Ele pode estar certo na tendência, mas, se a ação leva mais do que o esperado para atingir o alvo, a opção vai morrer sem valor. Depois de perder algumas vezes, o iniciante pode, então, decidir comprar uma opção de prazo bem longo. Mas aí ele descobre que as opções de longo prazo são muito caras.

Certa vez, uma mulher que era formadora de mercado** no pregão da Bolsa da América me disse: "Opções são o mercado da esperança. Você pode comprar esperança ou vender esperança. Eu sou um profissional – vendo esperança. Venho para o pregão pela manhã, descubro no que as pessoas estão depositando esperança, coloco um preço na esperança e vendo para elas."

Os lucros no mercado de opções estão no lançamento, e não na compra.

Quando você lança opções, começa cada *trade* recebendo dinheiro de outra pessoa. Um comprador esperançoso dá algum dinheiro para um lançador que, quase sempre, é um *trader* bem mais experiente. Como dizem os advogados, a propriedade é 90% da lei. É mais fácil guardar o dinheiro que outras pessoas dão a você. O trabalho dos lançadores de opções é pegar o dinheiro dos compradores, e não deixá-lo escorregar.

Os pobres compradores de opções estão se contorcendo no vento enquanto ficam querendo transformar esperança em dinheiro. Enquanto isso, os vendedores de opções ficam esperando o tempo passar. Um lançador de opções abriu venda em um ativo que se extingue com o tempo e, à medida que o tempo vai corroendo o valor desse ativo, vai custar ao vendido cada vez menos para cobrir sua venda. Seu valor pode cair até abaixo de zero, e então ele não vai ter nem de pagar comissão para cobrir sua posição vendida.

É fácil para um lançador de sucesso de opções se sentir magnânimo e dar um pouco de dinheiro de volta para o pobre comprador. Se ele vendeu uma opção por \$1 e agora aquela opção está cotada em alguns centavos, não há muita razão para se manter nela até o vencimento. Ele já ganhou a grande parte do que estava disponível naquele *trade* e não há a menor necessidade de tentar espremer os últimos centavos. Se ele recomprar a opção por \$0,10, por exemplo, fechará o *trade*, escapará a qualquer risco futuro e estará com a mente tranquila para procurar outra opção para lançar.

**Nota do Tradutor: CALL* = Opção de compra; *PUT* = Opção de venda.
***Nota do Tradutor: Market maker*, agentes de liquidez das bolsas.

Operando Vendido em outros Ativos

Nas opções, como em tantas coisas na vida, você ganha por fazer coisas de forma diferente das massas. Como a massa de *traders* normalmente compra opções, é uma boa ideia tomar o caminho inverso e lançar opções.

Viver bem é a melhor vingança. À medida que sua experiência aumenta, será muito bom ganhar com aquilo que mata a maioria dos *traders* de opções – tempo – e convertê-lo em fonte de lucros.

A principal decisão a tomar quando você for operar venda de opções é se vai lançar coberto ou descoberto. No lançamento coberto, você lança contra as ações que possui. No lançamento descoberto, você cria opções a partir do ar, garantindo suas operações com capital de margem que fica preso. Vamos rever essas escolhas quanto ao lançamento de opções.

Lançamento Coberto

Se você possui uma ação cujo potencial de alta parece limitado, pode vender opções sobre suas ações. Você vai receber dinheiro imediatamente pela venda e depois esperar que uma de três coisas aconteça:

- Se a ação permanecer relativamente estável e não atingir o preço de exercício da opção, você vai ficar com o prêmio, recebendo retorno total.
- Se a ação cair, você também vai ficar com o prêmio da opção, abatendo parte da queda de sua ação.
- Se a ação subir acima do preço de exercício da opção, ela será exercida. Você vai manter o prêmio além do ganho de capital do preço de compra da ação ao nível de exercício. Como há um grande universo de ações interessantes lá fora, você pega seu capital liberado e procura por novas oportunidades.

Depois que você abre a venda de uma ação, pode vender *puts* (opções de venda),* selecionando um preço de exercício abaixo de seu alvo para a queda. Se a ação ficar estável, você mantém o prêmio da opção. Se ela subir, você também mantém o prêmio, reduzindo sua perda na posição vendida na ação. Se a ação cair abaixo do preço de exercício da *put*, sua posição será exercida. Você vai manter o prêmio e também o ganho de capital na ação.

Nota do Tradutor: Nos mercados brasileiros, até este momento não há liquidez nas opções de venda suficiente para que o pequeno investidor monte operações. De qualquer forma, estudar e conhecer as opções de venda, as chamadas *puts*, é sempre útil e possibilita grandes oportunidades quando finalmente elas se tornarem mais negociadas no Brasil.

A principal razão para lançar coberto é potencializar os retornos e reduzir as perdas em um grande portfólio de ações. É um negócio trabalhoso. Não é suficiente ir lá e lançar opções cobertas em apenas poucas ações – isso seria muito trabalho para um pequeno retorno. Para fazer sentido econômico, o lançamento coberto tem de ser feito para um grande número de ações. À medida que seu portfólio de ações aumenta, o lançamento coberto passa a fazer cada vez mais sentido. O administrador de um portfólio de ações diversificado multimilionário deve a seus investidores procurar colocar aquele portfólio em um programa de lançamento coberto.

Lançamento Descoberto

A irascível, altamente promissora, mas potencialmente perigosa, área dos negócios com opções é o lançamento descoberto de opções. Enquanto os investidores conservadores lançam opções de compra (*calls*) sobre suas ações, os lançadores descobertos criam opções a partir do ar. Os lançadores descobertos andam em uma linha estreita, protegidos somente pelo seu dinheiro e habilidades; eles têm de ser absolutamente disciplinados em realizar lucros ou reduzir as perdas.

Todos nós temos nossos mercados e métodos favoritos, e as pessoas mais sérias tendem a se especializar. Quando comecei a trabalhar nesta seção do livro, chamei a dra. Diane Buffalin de Michigan, uma lançadora de opções bastante experiente, e lhe pedi alguns exemplos de seus *trades*.

Diane parecia borbulhar enquanto falava de seu amor pelo lançamento de opções.

> Eu venho fazendo muitos *trades* com opções entediantes. É tão simples que eu poderia ensinar à minha neta como fazer. Eu disse a ela – você frequenta uma escola de artes, pode reconhecer linhas. Eu posso mostrar a você – quando aquelas linhas pararem de ir para baixo, é hora de vender uma *put* (opção de venda).
>
> Gosto de pegar dinheiro e não gosto de pagar. A felicidade é vender uma opção que morre sem valor. Eu já levei minhas operações para diversos contadores que me disseram que havia um problema com elas; não apareciam os preços de compra. Eu tive de explicar a eles que eu havia vendido opções e depois elas morreram sem valor.

Operando Vendido em outros Ativos

Adoro o lançamento descoberto. O problema com o lançamento coberto é que, para fazer dinheiro em uma opção, você tem de perder algum na ação, e eu não gosto disso. Eu olho para ações que gostaria de ter que estão em queda. Quando elas param de cair, vendo *puts* e recolho um prêmio de 10%.

Eu me sinto como um *dealer** em um cassino, fazendo dinheiro dos egos dos jogadores. Aqueles rapazes e moças exibidos não param de vir, usando correntes de ouro. Eles jogam centenas de dólares em minha mesa em troca de algumas fichas amarelas. A roleta fica girando e eles se divertem, mas, na terceira sexta-feira do mês,** a roda para de girar, e então eu recolho o dinheiro. Tento não sorrir demais, para não mostrar a eles o quanto fico feliz em tê-los como clientes.

Sou psicóloga, mas a companhia de seguros paga a mesma taxa, não importa se dou um bom aconselhamento ao paciente ou não. Os *trades* são o único negócio em que você é pago em proporção ao quanto é sabido. Mas você tem de trabalhar duro. As pessoas vivem me pedindo para ensiná-las a lançar opções. Eu dou a elas algumas ações para acompanhar e lhes digo para manter uma listagem diária de preços, junto com diversos preços de opções. Nem uma única pessoa sequer que veio até mim conseguiu manter essa lista por um mês. Preguiçosos.

Uma ação pode subir, cair ou andar de lado. Se você compra uma ação ou uma opção, tem uma forma de fazer dinheiro e duas formas de perder. Quando vendo uma opção, tenho duas formas de ganhar dinheiro, e às vezes até mesmo três. A hora de vender uma opção é quando uma ação para de se mexer e, quanto mais agudo e intenso tiver sido seu movimento, mais vão pagar a você pela opção.

Aqui vão dois *trades* simples com opções em duas ações bem populares: ATI (Allegheny Technologies) e CHL (China Mobil). Em 6 de março de 2007, ambas as ações entraram em um padrão do qual eu gosto. Rastreio visualmente meus gráficos atrás desse padrão porque não entendo o suficiente de computadores para criar uma forma eletrônica de fazer isso.

O mercado de ações havia caído com força em 27 de fevereiro e ainda estava formando um fundo. Por causa da alta volatilidade, as *puts* tinham um pouco mais de prêmio. Isso era bom. É melhor vender mercadorias caras do que baratas – há mais lucro inserido no preço (Figura 8.7).

---

*Nota do Tradutor: Distribuidor de cartas, dados, ou quem cuida da roleta nos cassinos.
**Nota do Tradutor: Ela está se referindo ao vencimento das opções. No Brasil, ocorre na terceira segunda-feira do mês.

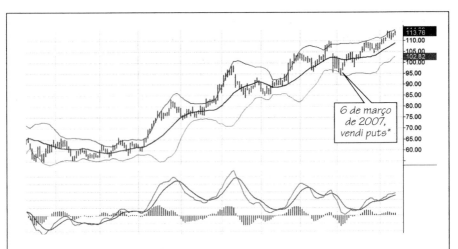

Figura 8.7 ATI, gráfico diário

A ATI atingiu o fundo da Banda de Bollinger em 5 de março e estava se recuperando: o MACD parou de ir para baixo – esse foi meu gatilho. Naquela ocasião, eu tinha duas escolhas. Eu poderia comprar 1.000 ações a 97, mas isso colocaria $97 mil de meu dinheiro em risco após uma queda expressiva do mercado. Alternativamente, eu poderia vender uma *put* e receber em torno de $4.800 pela minha promessa de comprar uma boa ação a um desconto de $2 em relação ao preço atual. Eu vendi a *put* de abril de 1995 por $4,80, recebendo $4.800. Agora, ela vale somente $0,05, e vou deixá-lo vencer e ter outro zero em minha coluna de compras.

Nota do Tradutor: É importante frisar que o *trade* descrito como muitos outros nesta seção é uma venda de *put*, ou opção de venda. A venda de uma *put* ganha com a alta do mercado, por isso iniciou a venda em um suporte. As *calls* (opções de compra) têm o direcionamento usual, a compra ganha na alta e a venda na queda; com as *puts*, ocorre o contrário, pois são o direito de vender (ao contrário das *calls*, que são o direito de comprar). Por ser o direito de vender uma ação ou outro ativo a determinado preço, esse direito vale menos quando a ação sobe e mais quando a ação cai. Reitero que, até este momento, não há liquidez nas opções de venda nos mercados brasileiros, mas, para entender os *trades* descritos, precisamos de um mínimo conhecimento delas.

O lado negativo é que eu poderia ter ganho muito mais dinheiro comprando a ação que agora está a 113, mas aí eu teria de colocar no mercado $97 mil de capital de risco, e eu gosto de dormir à noite e não precisar tomar antiácidos. Na verdade, eu fiz muito mais dinheiro na ação, pois continuei vendendo *puts* em preços de exercício maiores, da mesma forma que você aumentaria sua posição em uma ação.

Eu também vendi *puts* (opções de venda) da China Mobil (CHL) no mesmo dia, pela mesma razão (Figura 8.8). A ação estava a $44,5, e sua *put*

Operando Vendido em outros Ativos

de 45 para junho estava a $4,80. Selecionei junho porque era onde estava me dando 10%, que é o que eu gosto de receber. Acredito que, em três meses, a ação não vai cair abaixo de 45. Se ela cair e eu tiver de comprá-la, receberei um desconto de 10%.

As pessoas me perguntam o tempo todo: "Se vender opções é tão bom, por que não tem mais gente fazendo isso?" Eu acho que é porque a maioria dos *traders* de opções gosta de jogar. Eles buscam dicas, mas têm pouca paciência de jogar opções como se fosse xadrez. Comprar opções envolve pouco dinheiro (em torno de 10% do preço da ação), mas vendê-las envolve um capital mais considerável. A maioria das correto-

Figura 8.8   CHL, gráfico diário

Inicialmente, parecia que eu estava errada sobre essa ação, à medida que ela ia caindo durante a queda das bolsas da Ásia. Ela caiu para $41,70 uma semana depois, mas eu não larguei minha posição. A opção estava com uma perda de $300, mas a ação ainda estava acima do meu ponto de *break-even** e o tempo estava definitivamente a meu favor. Atualmente, a ação está a $45,90, a opção está com um lucro de $1.500, e ela ainda tem mais dois meses para fazer os outros $1.500. Parece que a única coisa melhor do que estar certo e ganhar dinheiro é estar errado e ganhar dinheiro da mesma forma!

*Nota do Tradutor: Break-even poderia ser traduzido literalmente como empate. Utiliza-se o termo no mercado financeiro para denotar um ponto ou preço de um ativo em que sua operação não ganha nem perde. A partir daquele ponto, você passa a ter lucro, ou prejuízo, mas naquele ponto seria como um empate. Muitas vezes, utiliza-se no mercado brasileiro o termo em inglês, mas, em outras, utiliza-se "Ponto de Equilíbrio".

234   **Aprenda a Vender e Operar Vendido**

ras não permite que você venda *puts* a não ser que tenha ao menos $100 mil na conta; algumas exigem $250 mil e dois anos de experiência. As corretoras dizem que estão tentando proteger você, mas elas deixam que você compre opções, o que envolve uma probabilidade maior de perder dinheiro; e não deixam que você abra venda nas opções, o que implica uma probabilidade bem menor de perder dinheiro.

Se você vende uma *put*, a pior coisa que pode acontecer é que vai comprar uma ação a um preço predeterminado. O que isso tem de horrível? Milhões de investidores e *traders* não fazem isso todo dia? Então, eu só vendo *puts* (opções de venda) em ações que compraria de qualquer forma, a um preço que eu pagaria com prazer. A única diferença é que, se a ação subir, tenho o lucro sem colocar meu capital no mercado. Na verdade, meu capital está em títulos seguros, recebendo juros. E qual é a pior coisa que pode acontecer se você vender uma *call* (opção de compra) descoberta? Você termina com uma posição vendida em uma ação volátil. Não é exatamente isso que a maioria dos *traders* profissionais faz de qualquer forma? Eu amo as opções porque pego logo meu lucro. E a "pior coisa que pode acontecer" não resulta em grande problema para mim.*

---

*Nota do Tradutor: No Brasil, a situação é um pouco diferente. No caso do lançamento descoberto de *puts* (opções de venda), funcionaria como ela colocou se a venda fosse feita em uma ação que o investidor deseja comprar e ele tem o dinheiro para comprar ao preço de exercício da *put*. Ao agir assim, limita-se, de certa forma, o risco do lançamento descoberto. O problema é que, até este momento, não temos liquidez (número de negócios por dia) suficiente nas *puts* no Brasil para que o pequeno investidor se beneficie delas. Com o amadurecimento de nosso mercado, é provável que isso venha a acontecer. No caso das *calls* (opções de compra), não se recomenda, especialmente aos iniciantes, o lançamento descoberto. Em nosso mercado não funciona da forma como ela descreveu porque não temos a venda descoberta de ações aqui, a não ser no *intraday*, e o processo de aluguel de ações é um pouco mais complexo e dispendioso do que lá. O ideal é que, especialmente o iniciante, em nosso mercado, se restrinja ao lançamento coberto ou travado de *calls* (opções de compra). Para informações sobre essas operações, há exemplos em meu site Bastter.com e em meu livro *Investindo em opções* (Campus/Elsevier).

Operando Vendido em outros Ativos

FOREX*

Enquanto os capítulos em futuros e opções começaram com listas de livros recomendados, não posso oferecer uma lista desse tipo aqui. Não há um único livro sobre *trades* em forex que eu possa recomendar e dizer com confiança?: "É bom; leia." Você vai ter de pegar partes e pedaços de vários livros de forex.

O mercado de forex tem diversos segmentos distintos, e sua escolha de onde operar terá grande impacto em suas chances de vencer ou perder. As diferenças entre os *traders* no mercado de forex me fazem lembrar o sistema de classes em um país do Terceiro Mundo. Há poucos cidadãos ricos, uma grande massa de gente pobre que provavelmente nunca conseguirá uma parte justa das riquezas e uma classe média bem pequena, tentando manter seus ganhos tênues.

O grande dinheiro está no mercado interbancário, em que os negociadores operam dezenas de milhões por *trade*. A classe média está nos futuros do forex, apanhando dos *gaps* de abertura porque os futuros operam quase ininterruptamente. No fundo da pirâmide, estão os pobres coitados com pequenas contas em agentes de forex.

Jogadores, perdedores e iniciantes pobremente capitalizados estão sempre atrás da próxima grande chance de ficar ricos logo. Há alguns anos, eles costumavam gastar quantias estranhas nas bolsas de valores, de onde se mudaram para a compra de opções. Depois de perder suas calças e muitas outras roupas, a massa dos *quero-ficar-rico-rápido* migrou para o mercado de forex.

Nota do Tradutor: FOREX (Foreign Exchange) ou Mercado Internacional de Divisas está associado ao câmbio de moedas. Ele é o maior mercado do mundo, em termos de volume de dinheiro movimentado: são mais de $3,2 trilhões diariamente (de acordo com a versão em língua inglesa da Wikipedia, acessada em 8 de dezembro de 2007), o que representa 32 vezes mais do que a soma de todas as bolsas dos Estados Unidos e quase 1.400 vezes o volume negociado na Bovespa em 2007. Inclui trocas entre grandes bancos, bancos centrais, corporações multinacionais, governos e outras instituições financeiras. Pequenos investidores são uma parte muito pequena desse mercado, e só podem participar indiretamente por meio de brokers ou bancos. (*Fonte*: Wikipedia)

Observação: Apesar de o forex não ser um mercado normalmente viável para o pequeno investidor, quem, ainda assim, for se aventurar deve verificar junto à CVM (Comissão de Valores Mobiliários) quanto à legalidade do processo e das instituições. Há questões legais ainda pendentes quanto às operações de forex no Brasil para pequenos investidores, especialmente na Internet.

236   Aprenda a Vender e Operar Vendido

O problema com o forex é que muitas casas grandes de forex operam como uma *bucket shop*.* Quando você coloca uma ordem para comprar ou vender, elas dão a você o que chamam de confirmação. Na verdade, quase nunca há um *trade* de verdade, mas somente uma anotação contábil na corretora de forex. Não importa o que você deseja operar, a agência de forex ocupará o lado oposto do *trade*, sabendo bem que os clientes vão perder na média. Sonhadores de olhos brilhantes são atingidos por diversos raios, o que faz com que eles caiam mais rápido.

As agências de forex oferecem margens absurdas que chegam a 400:1. Lembre-se de que você tem de pagar 50% de margem nas ações, e aproximadamente 5% nos futuros.** A margem de 0,2% no forex faz com que nenhuma gestão de capital e de risco adequada seja possível.

Além de lhe cobrar *spread* quando você compra ou vende, a agência de forex cobra juros sobre sua "posição" não existente. Na verdade, não há uma posição real; apenas uma anotação contábil na corretora, já que sua ordem não foi para lugar algum. Quando se faz uma *cross*,*** a agência de forex vai pagar menos do que a taxa básica na ponta comprada da operação cambial e cobrar mais do que a taxa básica na parte vendida da operação.

Quando você opera ações, a corretora não se importa se você ganha ou perde dinheiro. Ela se limita a executar suas ordens e recebe comissões. Em muitas agências de forex, em vez de transmitirem ordens para o mercado, os corretores apenas jogam contra seus clientes. As lojas de forex estão apostando contra você em todos os *trades*. Isso significa que, para você ganhar dinheiro, o corretor tem de perder. Esse é um sistema extremamente falho. A bolsa de valores foi purgada de sua maldade quase um século atrás, mas a limpeza ainda não chegou às agências de forex.

Os proprietários de agências de forex sabem que a maioria dos perus é maldita por causa da falta de habilidades, excesso de emoções e má capita-

---

Nota do Tradutor: Corretora que ocupa o lado oposto das ordens do cliente sem enviá-las para o mercado organizado. Seu lucro vem da perda dos clientes e, para que elas tenham lucro e possam sobreviver, os clientes têm de obrigatoriamente perder. Como já se disse, antes de operar forex no Brasil, deve-se certificar junto à CVM quanto à legalidade do processo.

**Nota do Tradutor*: No Brasil, as margens são um pouco diferentes e variam de acordo com a volatilidade do mercado, mas se aproximam disso.

***Nota do Tradutor*: A chamada *direta na casa*. Dois clientes da mesma corretora fazem a mesma operação em direções opostas e a corretora apenas contabiliza as operações sem enviar para a bolsa.

Operando Vendido em outros Ativos

lização. Para que transmitir uma ordem para o mercado e dividir o dinheiro com outra pessoa? Os custos dos *spreads*, comissões e juros nas posições que ficam nas agências de forex, se forem para o mercado, colocam os pregos nos caixões dos jogadores.

Os corretores mais experientes monitoram a posição total de seus clientes e, quando elas ficam muito pesadas para um lado, digamos $1 milhão, eles jogam esse risco no mercado interbancário. Algumas agências vão mais longe – quando a posição dos clientes atinge um extremo, operam contra eles.

Uma agência que fosse realmente honesta, transmitindo as ordens para serem executadas no mercado, sofreria uma terrível desvantagem em comparação às *bucket shops*. As *bucket shops* sempre podem cobrar menos que uma agência honesta porque não têm de pagar os custos de execução. Tenho certeza de que há algumas agências de forex decentes e administradas adequadamente, mas o sistema atual joga contra elas.

Os governos em volta do mundo certamente falharam em limpar os negócios com forex. Espero que, no futuro, alguns empresários privados utilizando a tecnologia da Internet possam criar um campo mais justo para os pequenos *traders* de forex. Até que tal sistema transparente surja, tenho apenas uma palavra para você: Cuidado!

Se você não tem dezenas de milhões de dólares para jogar no mercado interbancário e é esperto o suficiente para não se meter com as *bucket shops*, só resta uma alternativa: futuros de forex. Estes foram operados pela primeira vez nas estações do pregão da Chicago Mercantile Exchange (Bolsa de Mercadorias de Chicago) nos anos 70. Ela pagou ao vencedor do prêmio Nobel de economia, Milton Friedman, para que escrevesse um artigo explicando a necessidade econômica dos futuros de forex. Hoje, é claro, os futuros de forex operam em muitos países em diferentes continentes. Mais importante ainda: eles operam eletronicamente, dando acesso a um negócio bem estabelecido e transparente que gira o mundo.*

Por que alguém iria a uma *bucket shop*, e não aos futuros do forex? Possivelmente por conta da mesma razão pela qual as pessoas compram bilhetes de loteria com poucas chances e grandes promessas. Para operar um futuro de forex, provavelmente você vai ter de depositar alguns milhares de dólares de margem. Ao mesmo tempo, algumas agências de forex permitem que você abra uma

---

Nota do Tradutor: No Brasil, na Bolsa de Mercadorias e Futuros (BM&F), temos os mercados futuros de dólar e de euro.

conta com somente $50 enquanto oferecem uma "proteção" de 100:1, o que significa que você pode comprar $5 mil em forex com seu pequeno depósito. Claro que você não "compra" nada, a não ser um recibo daquela *bucket shop* que depois cobra juros do total de $5 mil.

Não é necessário dizer que, para operar futuros de forex, você tem de saber operar futuros em primeiro lugar. Como já se mencionou, este livro não pretende ser um texto introdutório para os operadores de futuro. Há muitos livros sobre esse tópico, e meus favoritos estão listados nas seções anteriores. Meu objetivo aqui é somente apontar as diferenças entre as operações vendidas com forex e com ações.

As operações vendidas são uma parte do forex porque todo *trade* em forex é um *spread trade*.* Não importa se você compra uma moeda, automaticamente entra na venda de outra. Comprar forex sem abrir venda ao mesmo tempo é impossível, algo como encontrar uma moeda com apenas um lado.

Todos os *trades* são medidos em dinheiro. Dependendo de onde você vive, vai lidar com dólares ou libras ou yen e assim por diante. Se sua conta é em dólares e você compra euro, enquanto está comprado em euro, está automaticamente vendido em dólares. Se você abrir venda de francos suíços naquela mesma conta, estará automaticamente entrando na compra em dólares.

Um *trader* de forex pode sair de sua moeda local operando as chamadas "cruzes". Por exemplo, ERAUD significa operar compra de euro, e venda de dólar australiano. SWFJPY significa abrir compra de francos suíços e venda de yen. Todo *trade* de forex é um *spread trade*. Quando você fala que vai comprar forex, automaticamente significa abrir venda em outro forex – você não pode comprar ou vender apenas um lado da moeda.

Diversos estudos confirmaram que o mercado de forex está entre os que mais mantêm tendências no mundo (Figuras 8.9 e 8.10). Quando uma moeda entra em uma tendência definida, seja para cima ou para baixo, ela pode permanecer assim por anos. Isso acontece porque, no longo prazo, o valor de uma moeda de um país depende das políticas do governo. Quando um novo governo assume o poder e começa a implementar suas políticas econômicas, uma moeda tende a entrar em uma tendência de longo prazo. Quando não há tendência, é claro, a moeda anda de lado. No curto

---

**Nota do Tradutor:* Assumir simultaneamente uma posição comprada e uma posição vendida em dois ativos diferentes para lucrar pelo movimento positivo de um e negativo de outro.

Operando Vendido em outros Ativos

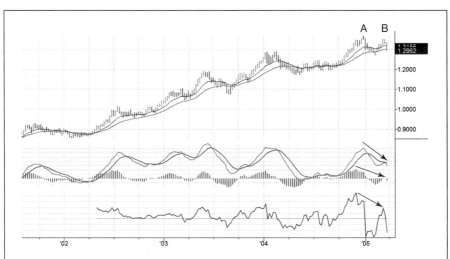

Figura 8.9 Euro, gráfico semanal

O gráfico mostra uma alta de quatro anos no euro contra o dólar americano. Essa tendência, determinada por fundamentos da economia, parecia impossível de ser parada. O operador podia comprar euro e segurar ou tentar operar os movimentos (um amigo meu sentiu-se loucamente apaixonado por uma mulher e se sentiu incapaz de operar; colocou seus ativos em euro e, na época do casamento, estava lucrando $300 mil). No canto direito do gráfico, há múltiplas e importantes divergências de baixa. Os *bulls* (comprados) estão saudáveis e poderosos no pico A, que foi seguido por uma correção normal para a zona de valor. O rali para o pico B se fez acompanhar de divergências de baixa proeminentes das Linhas de MACD e do Índice de Força; a divergência do Histograma-MACD foi de um tipo particularmente sinistro – a falta de um ombro direito. Os sinais para vender e abrir operações vendidas eram altos e claros.

e até no médio prazo, há muitas pausas para reforçar a tendência. Esses movimentos contra a tendência são suficientemente frequentes e grandes para permitir oportunidades de *trades* de curto prazo, bem como para exterminar os pobres perus* mãos fracas.**

Quando você começar a planejar seus *trades* em forex, é importante ter em mente que um tipo de *trade* que funciona bem no mercado de ações

---

Nota do Tradutor: Aparentemente, nos Estados Unidos, chamam de perus o que chamamos aqui de sardinhas, que são os pequenos investidores que não estudam nem se prepararam adequadamente e ficam perdidos no mercado apenas sustentando o sistema.
**Nota do Tradutor:* Operadores que não suportam os pequenos movimentos contra sua operação e pulam fora, só para ver o mercado voltar depois.

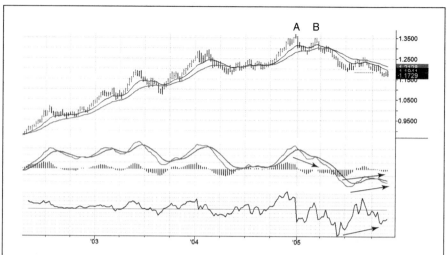

Figura 8.10 Euro, gráfico semanal, acompanhamento

A reversão para baixo do euro inicialmente foi desprezada pela massa compradora otimista com o euro. Conforme a queda se aprofundou, a massa finalmente acordou e começou a procurar um fundo, para se carregar para a próxima perna de alta. Quando o euro caiu abaixo de seu último fundo, eles jogaram a toalha. Nesse ponto, foi que o sinal de compra emergiu, quase um espelho dos sinais de compra no topo: um rompimento falso para baixo, com divergências de queda em todos os indicadores. Não se pode esperar um sinal melhor para cobrir suas vendas e entrar na compra.

pode ser bem problemático no mercado de forex. O *swing trading*, que envolve manter uma posição por alguns dias até poucas semanas, é muito mais propenso a violinos no forex do que no mercado de ações.

A razão para essa dificuldade é que o forex opera continuamente, 24 horas por dia, todos os dias, e o que você vê nos gráficos em seu fuso horário é apenas um segmento da atividade mundial total. A grande quantidade de *trades* acontece quando você está dormindo ou fora do monitor. É difícil apostar em um cavalo que fica correndo em volta da pista enquanto você está sonhando em sua cama.

Para evitar esse problema, você pode ir para os *trades* de prazo muito longo ou os de prazo muito curto. Você pode colocar uma pequena posição com um *stop* bem amplo e tentar mantê-la na alegria e na tristeza, cavalgando uma tendência de longo prazo. Alternativamente, você pode dar um zoom no canto direito do gráfico e fazer *day-trade* de forex, fechando suas posições no fim do dia e evitando o risco da madrugada.

Conclusão

Muitos *traders* compram de forma bem patética. Quando uma ação vai na direção deles, tendem a realizar lucros muito precocemente, devido a insegurança e medo. Quando uma ação vai contra eles, seguram-na com raiva, sem saber o que fazer, como se fosse um cachorrinho bagunçando sua sala e roendo seu tapete. Eles não estabelecem alvos de lucro nem pensam em *stops*.

Essa abordagem vaga e indecisa dos *trades* e dos investimentos tende a refletir a forma como muitos vivem. Eles adiam as decisões difíceis, como se tivessem todo o tempo do mundo. Ainda que a situação atual deles seja uma bagunça, ficam sonhando que, nas palavras de uma canção da Broadway, "o sol vai nascer amanhã". Na verdade, o tempo delas é limitado e, com a forma como eles tomam decisões, amanhã tende a ser ainda pior do que hoje.

Estruturar sua vida está fora do escopo deste livro, mas podemos certamente começar a estruturar seus *trades*. Quais são seus objetivos de lucro e sua tolerância a perdas? Como você vai administrar riscos e manter registros? Quando você vai vender todas as ações que possui? Como vai capitalizar as quedas operando vendas? Essas são as perguntas-chave às quais tem de ser capaz de responder bem melhor agora, depois de ter trabalhado ao longo deste livro.

Os *trades* não são uma busca trivial. No início deste livro, discutimos a necessidade de se exercer um controle rígido, pela aplicação das Regras dos 2% e dos 6%. Você está totalmente livre para tornar esses números mais rígidos, como muitos profissionais o fazem, mas nunca deve aliviá-los.

Dividi com você uma descoberta que levei mais de uma década para fazer e que teve um impacto altamente positivo em meus *trades* pessoais e de meus alunos. O fator único mais importante em seu sucesso ou fracasso é a qualidade de seus registros. Os iniciantes perdem horas incontáveis jogando com a janela de tempo do estocástico ou os controles do Índice de Força Relativa. Esses itens valem centavos em comparação com a importância de se manterem bons registros dos *trades*. Neste livro, demonstrei quais registros devem ser mantidos e como utilizá-los. Você vai seguir essas instruções? Vai tentar evoluir a partir delas?

Demos uma olhada rápida em como comprar, mas passamos a maior parte do tempo discutindo como vender e como operar vendido. É essencial estabelecer alvos de lucro, bem como níveis de *stop-loss* para cada ação que você comprar. Discutimos diversas formas de determiná-los. Você tem de escolher as técnicas que se encaixam em seu estilo pessoal e incorporá-las a seus *trades*.

Se, como a maioria dos *traders*, você nunca operou vendido, recomendo que encontre uma ação que odeia, uma ação que você acha que vai desabar, e abrir venda de apenas um pouco dela. Faça isso algumas vezes, pratique as operações vendidas com quantidades bem pequenas. Você não é obrigado a se tornar um operador ativo de vendas, mas, se decidir se especializar em compras, e não em vendas, quero que faça essa escolha como uma pessoa livre, e não por ignorância ou medo.

Um tópico que não abordamos é o aspecto fiscal dos *trades*. Não sou *expert* nesse tópico e posso sugerir que estude essa área e procure aconselhamento profissional.

Uma das grandes atrações dos *trades* é sua promessa de liberdade. Outra é que os *trades* são uma caminhada por toda a vida em que você melhora à medida que envelhece. Memória, paciência e experiência – as virtudes da idade – são ativos essenciais para os *trades*. Mas primeiro, para poder se beneficiar de sua experiência, você precisa sobreviver e permanecer no jogo por tempo suficiente para aprender a jogá-lo direito. Você tem de ajustar sua administração de capital e de risco de modo que nenhuma perda prematura ou sequência de perdas o expulse do jogo. Você também tem de estabelecer seu sistema de registros para que possa aprender a partir da experiência.

Se você aceitar seriamente a mensagem deste livro e aplicar suas regras, instruções e lições, tem uma estrada fascinante à sua frente. Escrevi este livro para ajudá-lo a tomar as decisões corretas em diversas encruzilhadas cruciais da estrada.

Desejo sucesso a você.

Conclusão

LIDANDO COM OS LUCROS – O DIVIDENDO PESSOAL

Como Oscar Wilde disse 100 anos atrás: "Todo idealista verdadeiro está atrás de dinheiro – porque o dinheiro significa liberdade, e a liberdade, na análise final, significa vida." O dinheiro pode ser um motivador poderoso – eu me lembro sendo guiado duramente pelo meu desejo de poder passar mais tempo com meus filhos, em vez de estar em uma chamada no hospital; de morar em uma casa mais bonita; de ir para o Caribe para escapar do inverno do norte e assim por diante.

Quando você começa a ganhar dinheiro, é importante saber o que é suficiente, quando é chegada a hora de pular fora do carrossel. Sempre há uma cenoura maior para se perseguir – uma casa maior, um carro mais veloz, um brinquedo de última geração. Se você não trocar de marcha quando estiver bem, pode passar o resto da vida atrás do todo-poderoso dólar – e esta seria uma vida bem triste. Lembre-se: o objetivo é a liberdade, e não um brinquedo mais brilhante.

Sua solução para esse desafio será tão exclusiva quanto você é. Posso contar a você um pouco sobre minhas escolhas, mas quando você começar a implementar as próprias soluções, eu gostaria de saber sobre elas.

Algo que continuo a fazer e que não guarda relação com a busca de dinheiro é escrever livros. Os royalties que recebo não podem nem começar a cobrir os lucros dos quais abro mão tirando milhares de horas e um monte de energia de meus *trades*. Gosto do trabalho de escritor e a recompensa de lidar com os leitores que se sentem atraídos por meus livros.

Minha outra busca é o ensino. Cerca de dois anos atrás, fui voluntário para ensinar em um curso denominado "Dinheiro e *Trades*" em uma escola local. Para fazer com que a experiência fosse mais real para a garotada, abri uma conta de $40 mil para minha classe. Eu disse aos alunos que, se tivéssemos prejuízo na conta ao fim do ano letivo, eu o assumiria, mas se tivéssemos lucro, eu doaria metade para a escola e distribuiria a outra metade entre os membros da classe.

À medida que o ano passava, eu me surpreendia vendo que eu me concentrava mais nessa pequena conta do que na minha própria. Terminamos com um bom ano. Os rapazes e as moças adoraram a experiência, e a escola continua me convidando. Ensinar em uma classe de alunos e tomar decisões diante de um grupo me fizeram lembrar daqueles atletas que ganham vantagem especial por estarem jogando na frente de sua torcida.

O Dividendo Pessoal

Uma de minhas prioridades iniciais era fazer o melhor uso possível dos lucros de meus *trades* e isso incluía construir a base de meu capital e pagar minha hipoteca. Um número de fatores me levou a repensar o método pelo qual eu estava espalhando meu sucesso. Com base em minha filosofia de *trade-como-um-negócio*, pensei: "Negócios de sucesso rendem dividendos." Estabeleço objetivos bem agressivos a cada trimestre – basicamente, tentando trazer para casa mais dinheiro dos *trades* do que ganhei em meu trabalho. Desde que eu consiga 100% ou mais do objetivo que estabeleci para mim em cada trimestre, crio um pote de 5% dos lucros do trimestre como um dividendo. Isso, então, é dividido entre os recipientes, que podem fazer o que quiserem com o dinheiro.

Ninguém falou do programa de dividendos no início. O primeiro dividendo para o Q4-2002 foi entregue pessoalmente, como uma surpresa. Minha apresentação foi prender com um clipe um monte de dólares em um cartão. Com certeza, o impacto surtiu o efeito desejado!

Hoje, os recipientes incluem seis agentes principais, além de uma instituição de caridade local que faz um trabalho maravilhoso focado no cuidado preventivo. Os dividendos de 5% não mudam o mundo, mas são bem apreciados pelos recipientes.

Há alguns trimestres não consigo atingir meu objetivo, e isso torna cada trimestre novo, com todo mundo interessado em como estou me saindo! Deixo as pessoas saberem durante o terceiro mês de cada trimestre se o dividendo é "provável ou não". Ele certamente me ajudou a ficar mais concentrado – e ajudar minha família de forma metódica adiciona uma dimensão bastante recompensadora para o trabalho. Gosto de ter meus "acionistas".

De *The Unconventional Trader*
Robert Bleczinski

Em fevereiro de 2007, Bob Bleczinski, um dos graduados de meus seminários, veio de Londres para Nova York a fim de receber um prêmio. Pedi que fizesse uma breve apresentação em nosso encontro mensal. Bob, pessoa muito focada e intensa, fez um resumo rápido de seu método de *trades*, que incluía o que ele chamava de "o dividendo pessoal". Ele havia estabelecido um objetivo de lucros para cada trimestre e, sempre que atingia este objetivo, tirava um percentual do lucro e distribuía entre as pessoas de sua lista.

Bob tinha uma irmã que, em uma época, era bem sarcástica sobre seus *trades*, chamando-os de simples apostas. Esse sarcasmo rapidamente evaporou depois que Bob fez uma lista de seus mais próximos e mais queridos, e sua irmã começou a receber os dividendos dela. Ela passou de crítica a fã.

Conclusão

A ideia do Bob me atraiu, mas eu a modifiquei para se encaixar em meu estilo pessoal. Estabeleci um alvo bem modesto, que não fosse estressante para mim: 4% por trimestre (um pouco mais que 16% anualizado). Aqueles primeiros 4% por trimestre são meus, mas qualquer coisa acima daquilo considero superlucro e divido 10% da quantidade com as pessoas de minha lista. Criei minha lista de forma diferente de Bob – ela inclui pessoas pelas quais tenho simpatia, que podem usar o dinheiro e que me ajudaram de alguma forma no passado.

O *trading* é uma atividade bem privada. Descobri que, ao dividir os frutos de meu sucesso entre as pessoas com as quais me preocupo, criei um grupo de fãs que acaba tendo impacto positivo em meu desempenho. Da mesma forma que me concentrei tanto na pequena conta da escola, eu me esforço para exceder o alvo de 4%, a fim de ter condições de distribuir o dividendo pessoal entre os que estão em minha lista.

É um grande prazer encontrar as pessoas das quais gosto e que foram importantes para mim, ou me ajudaram, e lhes dar os envelopes com um cartão amigável e algumas notas de $100. Explico a eles como os dividendos vieram e por que eles estão na lista. Agora não jogo mais o jogo dos *trades* sozinho, mas na frente de um banco cheio de torcedores que me dão apoio.

Referências

Allen, David. *A arte de fazer acontecer.* Rio de Janeiro: Campus/Elsevier, 2005.

Angell, George. *Winning in the Futures Markets.* New York, NY: McGraw Hill, 1990.

Appel, Gerald. *Technical Analysis: Power Tools for Active Investors.* Financial Times, Ramon, CA, 2005.

Bade, Margret. Personal communication, 2003.

Benyamini, Zvi. Personal communication, 2007

Bleczinski, Robert S. *The Unconventional Trader.* An unpublished paper, 2007.

Buffalin, Dr. Diane. Personal communication, 2007.

Deffeyes, Kenneth S. *Hubbert's Peak: The Impending World Oil Shortage.* Princeton, NJ: Princeton University Press, 2003.

Elder, Alexander. *Aprenda a operar no mercado de ações.* Rio de Janeiro: Campus/Elsevier, 2005.

Elder, Alexander. *Entries & Exits: Visits to 16 Trading Rooms.* Hoboken, NJ: John Wiley & Sons, 2006.

Elder, Alexander. *Como se transformar em um operador e investidor de sucesso.* Rio de Janeiro: Campus/Elsevier, 2004.

Faith, Curtis. *The Way of the Turtle.* New York, NY: McGraw Hill, 2007.

Friedentag, Harvey Conrad. *Options – Investing Without Fear.* Chicago, IL: International Publishing Corporation, 1995.

Gajowiy, Nils. Personal communication, 2007.

Grove, Nicholas. Personal communication, 2004.

Hieronymus, Thomas A. *Economics of Futures Trading.* New York, NY: Commodity Research Bureau, Inc., 1971.

Referências

Kreiz, Shai. Personal communication, 2007.

Linenberger, Michael. *Total Workday Control Using Microsoft Outlook*. Ramon, CA: New Academy Publishers, 2006.

Lovvorn, Kerry. Personal communication, 2007.

MacPherson, Malcolm. *The Black Box: All-New Cockpit Voice Recorder Accounts of In-flight Accidents*. New York, NY: Harper, 1998.

Mamis, Justin. *When to Sell: Inside Strategies for Stock-Market Profits*. New York, NY: Simon & Schuster, 1977.

McMillan, Lawrence G. *Options as a Strategic Investment*. Upper Saddle River, NJ: Prentice Hall, 2002.

Natenberg, Sheldon. *Option Volatility and Pricing*. New York, NY: McGraw Hill, 1994.

Pardo, Robert. *Design, Testing and Optimization of Trading Systems*. New York, NY: John Wiley & Sons, 1992.

Parker, Jeff. Personal communication, 2007.

Patterson, Jacqueline. Personal communication, 2006.

Rauschkolb, James. Personal communication, 2007.

Rhea, Robert. *The Dow Theory*. New York, NY: Barron's, 1932.

Smith, Adam. *The Wealth of Nations*. New York, NY: Bantam Classics, 2003.

Steidlmeier, J. Peter. Presentation at a TeleTrac conference, 1986.

Teweles, Richard J., and Frank J. Jones. *The Futures Game*, 3rd ed. New York, NY: McGraw Hill, 1998.

Weis, David. *Catching Trend Reversals*: a video. New York, NY: elder.com, 2007.

Weissman, Richard L. *Mechanical Trading Systems: Pairing Trader Psychology with Technical Analysis*. Hoboken, NJ: John Wiley & Sons, 2005.

Wilder, J. Welles, Jr. *New Concepts in Technical Trading Systems*. Greensboro, SC: Trend Research, 1976.

Winters, Deborah. Personal communication, 2007.

ÍNDICE

Ações
- alvo de lucro, identificação, 69
- decisões, 67-68
- expectativas, 108, 110
- grupos setoriais
  - classificação, 155
  - rastreando, 207
- IBM, análise, 176-177
- operando venda, 179
- relação risco-retorno, 69
- relatórios de lucros, impacto, 155, 156
- restrições, 216
- seleção, 184
- *stops* do público em geral, 123
- venda, 180
- visão multidimensional, 150

Acumulação de posição, plano de, 150-151

AK-47, Outlook, 45

Alvo de lucros
- alcançando, 159f
- estabelecendo, 70
- exemplo, 35
- nível de suporte/resistência, 99

Análise Fundamentalista, 198
- dificuldade, 9f
- impacto, 155
- sugestão de *trade*, 199

Análise Técnica, 5-6

Aprenda a operar no mercado de ações (Elder), 35, 59, 66, 135, 136-137

Árvore de tomada de decisão, 167
- escrevendo, 168
- explicação, 170
- regras, 167

Associação Australiana de Análise Técnica, 194

Ataque dos bears, 180

Ativos que não são ações, operando venda, 216

ATR. *Veja* Relação verdadeira
  média
Autoenvelope (programa), 83
  aparência, modificar a, 142

Bandas de Bolinger
  fundo, 232
  resposta do mercado às, 17
Baruch, Bernard, 162
Barulho
  nível médio, 137
  penetrações "barulhentas", 137
Barulho do motor, saída pelo,
  143-144
Bear markets, 71
Benyamini, Zvi, 185
Bleczinski, Bob, 244
Bolsa de Valores do Japão, 161
Bucket Shops, 235-237
Buffalin, Diane, 230
Buffett, Warren, 8, 66, 150
Bull markets, 71
  ações, compra, 123
  estágios, 71
  força, 103
  identificação, 10

Canais. *Veja* Envelopes
  abrindo venda, 197-198
  explicação, 56
  trading, 197-198
Canais de desvio padrão, 17
Canal superior
  realizando lucros, 86

CFTC. *Veja* Commodity Futures
  Trading Commision
Ciclos, impacto dos, 155
Coeficientes de Canal, 59
Colocação de ordens, 55
Comissão da corretora, 177
Comissão de Operações com
  Futuros de Commodities
  (CFTC), 218
  relatórios de
    comprometimento, 220
Comissões, 60, 111
Commodities
  contrato, tempo de vida
    do, 219
  teto e chão, 220
*Como se transformar num operador
  e investidor de sucesso* (Elder),
  27, 94, 135
Compra, tipos, 60-63
Conta de margem, acordo
  padrão, 177
Convergência Divergência da
  Média Móvel (MACD)
  divergência de alta, 76-77,
    98, 197
  Histograma-MACD, 17
    Comportamento, 98
    Divergência, 198-199
    nível de sobrecompra, 82
    pico alto, exemplo, 140
    uso, 144-146
  Linhas de MACD, 17
    divergência de baixa, 190
    divergência de queda,
      116f

Índice

Cruzes, *trades* de, 238
Curva do Capital, traçando a, 58
Custo de carreamento. *Veja*
Estoques

Day-*Trades, 130*
Deslizes (erros)
custo, 60
impacto, 112
redução, 121-123
Diário. *Veja* Diário Operacional;
Diário Visual
Diário Operacional
entradas, 45-46
essenciais, 75
manutenção, 44
Outlook, exemplo, 46f
relatório visual, 43
vantagem retrospectiva,
78-79
Diário visual, 43f
mantendo um, 207
Dias para Cobrir, 211, 212, 215
Diferenças na entrada, exemplo
de, 42f
Diferenças na saída, exemplo
de, 42f
Disciplina, 27-29
Divergência. *Veja* Divergências de
queda; Divergência de alta
Divergência de alta. *Veja* Média
Móvel; Convergência –
Divergência
do tipo que falta o ombro
direito, 83f

Divergências de queda, 48f
Veja também Índice de Força;
Indicadores; Média Móvel;
Convergência-Divergência
sinal, 101
Dividendos pessoais, 242-245
DJIA (Dow Jones Industrial
Average), 184f
Economics of Futures Trading
(Hieronymus), 218
Emoções, impacto das, 31
Entradas
graduando, 60
nota, percentual, 74
processo, 56-58
qualidade, 70-71
Entries & Exits (Elder), 13, 31,
53, 156
Envelopes (canais), 15-17,
79-105
Veja também Canais de desvio
padrão
eSignal, 137n
Estoques (custo de carreamento),
219

Fator de Aceleração, 135
Forex, 235-240
agências, 236
margens, 235
operando venda no,
218-219
problemas, 235-236
trading de futuros, 238
Friedntag, Harvey, 227

Fundos. *Veja* Mercado de ações
assimetria, 187-189
comprar, dificuldade de, 189
Futuros
atração, 13, 221
cháos e tetos, 220
contrato, data de vencimento, 221
operando venda nos, 217-226
recomendação na literatura, 218
Futuros em exemplos de *trades*
Açúcar, 89f, 90f
Cacau, 222f
Euro, 97f, 98f, 239f, 240f
Ouro, 126f, 127f, 128f, 129f, 223f
Suco de Laranja, 224f, 225f, 226f
Trigo, 87f, 88f

Gajowiy, Nils, 30
Gap de fuga, 145f
Gestão de Capital
objetivos, 32
regras, 40
stop protetor, 133
triângulo de ferro, 132
Graduação da venda, 57
Gráficos
exame, 15, 70
janela de cotações, notas
(escrevendo), 52f
mensagens de *trades*,
escrevendo, 52

movimentos direcionais/área de
trading, 6
notas, fazendo, 44-45
Gráficos semanais. *Veja* Ações
decisão estratégica, 197
Grau do *trade*, equação, 59
Grove, Nic, 123
Grupo Spike, 21, 206

Hieronymus, Thomas A., 218, 219
Hubbert's Peak, 8

Indicadores
ação de curto prazo, 99
divergências de baixa, 158f
Índice de Força
divergência de alta do, 128f
divergência de queda do, 153f, 190
queda forte do, 48f
uso do, 15, 17-18
Índice Nikkei de Ações, 161f
Índice Novo Topo-Novo Fundo
(NH-NL), 19-24
sinal de venda, 165
Insiders, 155
Instrumentos técnicos para
trades, 15
Interesse nas vendas, 210-214

Janela de cotações, 51-52
exemplo. *Veja* TradeStation

Índice

Kreiz, Shai, 199

Lançamento coberto, 229-230
Lançamento descoberto, 230-234
Linha do canal superior
  cálculo, 59
Linha inferior do canal, 195
  cálculo, 59
Lista de monitoração, 51
Lovvorn, Kerry, 21, 45, 70, 215
  stops móveis, uso dos, 139
  tática da Queda de
    Volatilidade, 142
Lucros nas ações, 133
Lucros parciais, realizando, 153
Lucros, importância dos, 155

Mack, Donald, 14
Manter registros, 1, 39
  impacto, 19
  importância, 27
  planilha, 42f
McMahon, James, 41
Média Móvel Exponencial
  (MME)
  aumento, 18
  cálculo da, 59
  movimento, 127f
  mudança de direção, 11f
  zona de valor, 78-79
Médias móveis
  consenso de valor, 59
  explicação, 10
  função, 16

Mente
  instrumento operacional, 27
  processo de filtragem, 26
Mercado
  análise, 39
  barulho, 74
  comportamento aleatório, 39
  comportamento
    maníaco-depressivo, 58-59
  conceitos dos *trades*,
    202, 204
  oportunidade, 183
  ordens de venda, influxo de
    tentações, 122
  ordens, 111-112
  plano de ação, 170
  policiamento, função do
    governo, 180
  risco, 183
  sino, tocando, 160-165
  sistema de dois partidos, 72
  volatilidade, 58
Mercado de ações
  análise, 207
  fundos, 187
Mercado Interbancário,
  235, 236
MetaStock, 137n
Método da queda da volatilidade,
  139-142
MM. *Veja* Médias móveis
MME. *Veja* Média móvel
  exponencial
Moedas, *trades* de, 97-98
Movimentos contra a
  tendência, 239

Nota de compra, equação, 56
Nota de saída, percentual, 147

Opções
  atração, 227
  lançamento, 226-229
  literatura, recomendações, 227
Operando vendas. *Veja*
  Tendências de queda; Futuros;
  Mercado; Ações; Topos
  candidatos, 211f
  fundamentos, 198-204
  vantagem/desvantagem, 180
Operar vendas, 175
  risco, 178
Ordem a mercado se atingida,
  111-112
Ordem de realização de lucros,
  colocando, 50
Ordem de *stop*, colocação,
  111-112
Ordem uma cancela a outra
  (OCO), 50
Ordens de *stopar* e reverter,
  222-223
Ordens limitadas, 111-113
Outlook (Microsoft)
  calendários, uso dos, 45, 50, 60

Parker, Jeff, 45
Penetração Média para Baixo, 137
Penetração Média para Cima, 137
Perda
  assumindo, 67

Performance
  deterioração, 32
  graduando, 55-56
Período de análise, 136-137
Períodos de tempo
  vantagens/desvantagens, 130
Piramidização, guias para, 38
Planejamento de *trades*
  escrevendo, 28
  implementação, 54-55
  processo de documentação,
    48-53
Planilha Excel, exemplo, 137n
Plano de ação, *Veja* Mercado;
  Traders
Preço
  ação de curto prazo, 99
  área do fundo, 115
  aumento, 71
  movimento, 61
  risco, 178
  valor, 2-3
  volume, impacto do, 17-18
Processo de tomada de decisão,
  167
  documentação, 186
Psicologia. *Veja* Psicologia de
  massas
  impacto, 155
  importância, iniciantes, 29-32
Psicologia das massas, 187

Rabbani, Sohail, 171
Rabo do Canguru, 102
Rauschkolb, Jim, 146

Índice

Realizações
    oportunidades, 146
    uso, 195-196
Regra da cotação para cima, 180
Regra de 2%
    explicação, 35
    guias de piramidização, 38
    limite de risco, 202
Regra de 6%
    guias de piramidização, 38
    uso, 34, 38
Regressão, impacto da, 94, 95
Relação de Interesse nas Vendas, 210-214
Relação risco-retorno, 74
Relação verdadeira média (ATR), 134
Reversões, 145
Rhea, Robert, 71
Risco
    controle, 32-34
    percepção, 107-108
    quantidade, 109
Risco em dólar por ação, cálculo, 110
Rompimento falso para baixo, 73
    divergência de queda, 98
Rompimento falso para cima, 94

S&P 500 (Standard and Poor's 500), 118f, 119f, 164f, 165f
Saídas, 144
    graduando, 60
    qualidade, 70-71
    tática, 144

Sistema de Impulso, 18
    método de veto, 18
    mudança no, 98
Sistema Parabólico, 135
Smith, Adam, 180, 220
SnagIt, software, 45
Solidão, 28
Steidlmayer, J. Peter, 2
Stop da Zona de Segurança, 136-139
Stop de Candelabro, 134
Stop no tempo, uso, 134
Stops. Veja Stops rígidos; *Stops* móveis; *Stops* protetores; *Stops* flexíveis
    decisões, 99
    estreitando, 122, 144
    mal-entendidos, 115-117
Stops flexíveis, 113-114
Stops móveis, 107-108, 133-136
Stops protetores, 112. *Veja* Gestão de Capital
Stops Rígidos, 113-114. *Veja também Stops* flexíveis
Swings de curto prazo, operando, 99

Tática sem nova máxima, 91
TC2007, 137n
    rastreando grupos, 207f
Tela tripla
    princípio, 131f, 132f
    trading system, 16
Tendência de alta
    identificação, 130

Tendência de queda
identificação, 148
operando venda nas, 194-198
persistência, 20
Tendências
reconhecimento, 146
Topos
abrindo venda nos, 189-194
ambição, impacto da, 187
assimetria, 187-189
sinais, 102
Touro, quebrando as costas do, 79
Trade de ações, 69, 75
Trade de curto prazo, 146
graduação, 198
identificação, 171-172
Trade de venda, entrada, 192
Trade posicional, 67
Trader's Governor (McMahon), 41
Traders
plano de ação, 178
decisões, 132
diário, importância do, 46-47
falha, 27
desenvolvimento, 30
vida pessoal, impacto, 32
relatórios, impacto, 39-40
simplicidade, 66
escolhas, 5-6
Traders Discricionários, 205f
stops, importância, 107
Traders sistemáticos, 58
regras dos *trades*,
desenvolvimento, 170
traders discricionários,
contraste, 144

Trades
compartilhando, 194
documentação, 41
entrada, 143
gestão de capital, questão
de, 36
graduação da performance, 58
graduação, 58-60
Iniciação, 135
perda, limitação, 35
Trades contra a tendência
vantagens/desvantagens, 11
Trades de curto prazo, 104
Trades de curto prazo,
oportunidades de, 239
Trades de prazo mais longo
alvos, 99
benefícios, 130
stops mais amplos, 132
stops, 133
traders, 173
trades, 171-172
Trades discricionários *versus Trades*
sistemáticos, 12-14
Trades na tendência
trades contra a tendência,
contraste, 10-12
Trades ruins, impacto dos, 107
TradeStation, 137n
janela de cotações, exemplo,
51f
uso, 21, 209
Trading de momentum,
abordagem, 61
Trading. Veja Trading contra
a tendência; *Trading* na

Índice

tendência
controle, 52-53
estilos
desenvolvimento, 75-76
lições, 104-105
psicologia, 32
sinais, reconhecimento dos,
26-27
sistema
plano de ação, 170
stops, ausência dos, 107
Triângulo de Ferro, 109-111. *Veja*
também Gestão de Capital

Valor
comprando, 60
consenso. *Veja* Médias móveis
Valor da conta, 37
Vendas
cobrindo, 205f
iniciação, 184-187

Vendendo
alvo, 69
árvore de decisão, 167-171
escolhas, 67-68
nível de resistência, 92-105
período de tempo, 67
qualidade, 57
relatórios de lucro, impacto,
155-160
stops, 106
tipos, 67-68
Violinos, 130

Wilde, Oscar, 243
Willain, Pascal, 156
Winters, Deborah, 190, 194

Zona de Valor, 9
Zonas de resistência, alvo, 92
Zonas de suporte, 92

Conheça outros livros da Alta Books

DE GERAÇÃO PARA GERAÇÃO

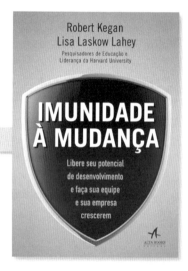

IMUNIDADE À MUDANÇA

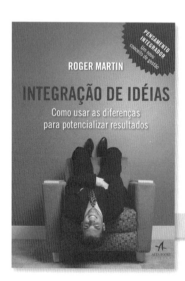

INTEGRAÇÃO DE IDÉIAS

O CORAÇÃO DA MUDANÇA

INTELIGÊNCIA FINANCEIRA NA EMPRESA

BIG DATA NO TRABALHO

CONDUZA A SUA CARREIRA